G. M Sinsel

Alphabetisches Ortsverzeichnis von Mittelfranken

G. M Sinsel

Alphabetisches Ortsverzeichnis von Mittelfranken

ISBN/EAN: 9783741168727

Hergestellt in Europa, USA, Kanada, Australien, Japan

Cover: Foto ©Lupo / pixelio.de

Manufactured and distributed by brebook publishing software
(www.brebook.com)

G. M Sinsel

Alphabetisches Ortsverzeichnis von Mittelfranken

Alphabetisches Ortsverzeichniß

von

Mittelfranken,

enthaltend

ein Verzeichniß sämmtlicher **Städte, Märkte, Dörfer, Weiler, Einödhöfe, Mühlen, Schlösser** ꝛc.

mit Angabe der **Bezirksämter und Gerichte,**

zu welchen sie gehören,

sowie der Entfernung jeden einzelnen Ortes vom einschlägigen

Bezirksamte, Stadt-, Land-, Bezirks-, Appellations-Gerichte und Schwurgerichtshofe.

Nach dem Stande vom Januar 1863

bearbeitet von

G. M. Sinfel,

Regierungs-Registratur-Functionär in Ansbach.

Zweite vermehrte Auflage.

Ansbach,
Druck und Verlag der Carl Junge'schen Buchhandlung.
1863.

Mittelfranken

ist eingetheilt in:

Bezirksämter.	Landgerichte.	Bezirksgerichte.
Ansbach	Ansbach / Leutershausen	Ansbach
Beilngries	Beilngries / Greding	Eichstädt
Dinkelsbühl	Dinkelsbühl / Wassertrüdingen	Ansbach
Eichstädt	Eichstädt / Kipfenberg	Eichstädt
Erlangen	Erlangen	Fürth
Feuchtwangen	Feuchtwangen / Herrieden	Ansbach
Fürth	Cadolzburg / Fürth	Fürth
Gunzenhausen	Gunzenhausen / Heidenheim	Ansbach / Eichstädt
Heilsbronn	Heilsbronn	Ansbach
Hersbruck	Hersbruck / Lauf	Nürnberg
Neustadt a/A.	Neustadt a.A. / Mkt. Erlbach	Windsheim
Nürnberg	Altorf / Nürnberg	Nürnberg
Rothenburg a/T.	Rothenburg a.T. / Schillingsfürst	Windsheim
Scheinfeld	Scheinfeld / Mkt. Bibart	
Schwabach	Schwabach / Roth	Fürth
Uffenheim	Uffenheim / Windsheim	Windsheim
Weißenburg	Weißenburg / Ellingen / Pappenheim	Eichstädt

Unmittelbare Magistrate.	Stadt- oder Stadt- und Landgerichte.	Bezirksgerichte.
Ansbach	Stadtgericht Ansbach	Ansbach
Dinkelsbühl	Stadt- und Landgericht Dinkelsbühl	Ansbach
Eichstädt	Stadt- und Landgericht Dinkelsbühl	Eichstädt
Erlangen	Stadt- und Landgericht Erlangen	Fürth
Fürth	Stadtgericht Fürth	Fürth
Nürnberg	Stadtgericht Nürnberg	Nürnberg
Rothenburg	Stadt- und Landgericht Rothenburg	Windsheim
Schwabach	Stadt- und Landgericht Schwabach	Fürth

Erklärung der Abkürzungen.

M. = Magistrat.

St. = Stadtgericht oder Stadt- und Landgericht.

Die neben den Ortsnamen mit einer Klammer eingeschlossenen Namen bezeichnen jene Gemeinden, zu welchen sie gehören.

A.

Namen der Orte.	Einverleibt dem Bezirksamte.	Stunden.	Landgerichte.	Stunden.	Bezirksgerichte.	Stunden.	Entfernung vom Sitze des Appell.-Ger. Eichstädt (Stunden)	Entfernung vom Sitze des Kreis-Ger. Ansbach (Stunden)
Abenberg	Schwabach	3 6/8	Roth	2 7/8	Fürth	9	14 6/8	6 6/8
Ablaßmühle	Beilngries	6	Greding	3 5/8	Eichstädt	3 4/8	3 6/8	20
Absberg	Gunzenhausen	3 1/8	Gunzenhausen	3 1/8	Ansbach	9 6/8	11 6/8	9 6/8
Abtsgreuth	Neustadt	3 6/8	Neustadt	3 4/8	Windsheim	8 1/8	34	14 6/8
Achmühle	Beilngries	2 6/8	Greding	1/8	Eichstädt	6 6/8	6 6/8	20 6/8
Adelheim	Nürnberg	7	Altdorf	1 1/8	Nürnberg	7	18 6/8	18 6/8
Adelhofen	Uffenheim	1 4/8	Uffenheim	1 4/8	Windsheim	5 5/8	31 6/8	12 4/8
Adelmannsdorf	Ansbach	4 6/8	Ansbach	4 6/8	Ansbach	4 6/8	24 6/8	4 6/8
Adelmannsdorf	Gunzenhausen	4 6/8	Gunzenhausen	4 6/8	Ansbach	5 4/8	17 5/8	5 4/8
Adelmannssitz	Ansbach	2 6/8	Ansbach	2 6/8	Ansbach	2 6/8	22 4/8	2 6/8
Adelschlag	Eichstädt	2 5/8	Eichstädt	2 6/8	Eichstädt	2 7/8	2 6/8	21 6/8
Adelsdorf	Neustadt	4 1/8	Erlbach	1 6/8	Windsheim	5 6/8	27	7 6/8
Adelshofen	Rothenburg	3	Rothenburg	3	Windsheim	5 1/8	30	10 6/8
Adlitz	Erlangen	1 6/8	Erlangen	1 6/8	Fürth	5 6/8	27	16 6/8
Aeyselsthal	Eichstädt	5 6/8	Eichstädt	5 6/8	Eichstädt	5 4/8	5 6/8	20 6/8
Aeußere Mühle (Unterndibert)	Ansbach	4 6/8	Ansbach	4 6/8	Ansbach	4 6/8	24 6/8	4 6/8
Agelmühle (Münchsteinach)	Neustadt	2 6/8	Neustadt	2 4/8	Windsheim	6 6/8	33	13 6/8
Aha	Gunzenhausen	6/8	Gunzenhausen	6/8	Ansbach	8 5/8	12 6/8	8 6/8
Aich	Heilsbronn	1	Heilsbronn	1	Ansbach	5	18 6/8	5
Aicha	Eichstädt	5 6/8	Eichstädt	5 6/8	Eichstädt	5 6/8	5 6/8	23
Aicha	Hersbruck	2 6/8	Hersbruck	2 6/8	Nürnberg	10 6/8	23 6/8	22 6/8
Aichamühle	Feuchtwangen	1 5/8	Feuchtwangen	1 5/8	Ansbach	6 6/8	21 6/8	6 6/8
Aichau	Feuchtwangen	2 6/8	Feuchtwangen	2 6/8	Ansbach	6 6/8	20	6 6/8
Aichen od. Platten	Neustadt	2 4/8	Neustadt	2 4/8	Windsheim	6 6/8	31 6/8	12 6/8
Aichenmühle (Offenhausen)	Nürnberg	7	Altdorf	2 6/8	Nürnberg	7	19 6/8	19 6/8
Aichenzell	Feuchtwangen	4/8	Feuchtwangen	4/8	Ansbach	7 6/8	22	7 6/8
Aichmühle (Kesselberg)	Beilngries	6 6/8	Greding	4	Eichstädt	4 6/8	4 6/8	18 6/8
Aidenau	Ansbach	7 6/8	Leutershausen	4 6/8	Ansbach	7 6/8	27 6/8	7 6/8

Namen der Orte.	Einverleibt dem Bezirksamte.	Stunden.	Landgerichte.	Stunden.	Bezirksgerichte.	Stunden.	Entfernung vom Sitze des Appell.-Ger. Eichstädt.	Schw.-Ger. Ansbach.
							Stunden.	
Aischmühle	Uffenheim	3 5/8	Windsheim	1 4/8	Windsheim	1 5/8	27 1/8	7 1/8
Alberndorf	Ansbach	1 5/8	Ansbach	1 5/8	Ansbach	1 5/8	18 4/8	1 5/8
Albersreuth	Schwabach	2 5/8	Schwabach	2 5/8	Fürth	7 5/8	16 5/8	9
Alesheim	Weißenburg	2 5/8	Ellingen	2 4/8	Eichstädt	9 5/8	9 5/8	10 5/8
Alexandermühle (Wernsbach)	Ansbach	2 1/8	Ansbach	2 1/8	Ansbach	2 5/8	21 5/8	2 4/8
Alfalter	Hersbruck	1 5/8	Hersbruck	1 4/8	Nürnberg	9 5/8	25 7/8	21 4/8
Alfershausen	Beilngries	7	Greding	4 4/8	Eichstädt	8	8	16
Algersdorf	Hersbruck	3	Hersbruck	3	Nürnberg	10 4/8	27	22 5/8
Alitzberg	Fürth	4	Cadolzburg	2 5/8	Fürth	4	25 4/8	10
Allerheiligen	Schwabach	2 1/8	Schwabach	2 1/8	Fürth	5 4/8	18	12 5/8
Allmannsdorf	Weißenburg	3 5/8	Ellingen	2 5/8	Eichstädt	10 4/8	10 4/8	11 4/8
Almoshof	Nürnberg	4	Nürnberg	4	Nürnberg	4	22	13 4/8
Almosmühle	Eichstädt	1 5/8	Eichstädt	1 5/8	Eichstädt	1 5/8	1 5/8	21 5/8
Altdorf	Beilngries	4 5/8	Greding	3 5/8	Eichstädt	4	4	20 5/8
Altdorf	Nürnberg	6	Altdorf	—	Nürnberg	6	17 5/8	17 4/8
Altenberg	Fürth	1 4/8	Fürth	1 4/8	Fürth	1 4/8	21 5/8	11 5/8
Altenberg	Eichstädt	6 5/8	Kipfenberg	1 5/8	Eichstädt	6 5/8	6 5/8	25 4/8
Altenbrunn	Eichstädt	3 5/8	Eichstädt	3 5/8	Eichstädt	3 5/8	3 5/8	21 5/8
Altenbuch	Neustadt	2 4/8	Neustadt	2 1/8	Windsheim	6 5/8	31 4/8	12 5/8
Altendettelsau	Heilsbronn	1 4/8	Heilsbronn	1 4/8	Ansbach	4 4/8	18 5/8	4 5/8
Altendorf	Eichstädt	4 5/8	Eichstädt	4 5/8	Eichstädt	4 5/8	4 5/8	19 5/8
Altenfurth	Nürnberg	2 5/8	Altdorf	4 5/8	Nürnberg	2 5/8	17 4/8	18 5/8
Altengreuth	Rothenburg	4 5/8	Schillingsfürst	1 1/8	Windsheim	8 5/8	25 4/8	8
Altenmuhr	Gunzenhausen	1 7/8	Gunzenhausen	1 7/8	Ansbach	6	14	8
Altensittenbach	Hersbruck	5/8	Hersbruck	5/8	Nürnberg	7 5/8	24	19 5/8
Altenspeckfeld	Scheinfeld	2	Bibart	1	Windsheim	6 5/8	33 5/8	14 5/8
Altenthann	Nürnberg	5 5/8	Altdorf	1 5/8	Nürnberg	6 5/8	16	16 5/8
Altentrüdingen	Dinkelsbühl	6 5/8	Wassertrüdingen	1	Ansbach	8	16	8
Altersberg	Feuchtwangen	2 5/8	Feuchtwangen	2 5/8	Ansbach	9 5/8	24 5/8	9 5/8
Altershausen	Neustadt	3 5/8	Neustadt	3 5/8	Windsheim	8 5/8	31 5/8	14 5/8
Alte Veste	Fürth	1	Fürth	1	Fürth	1	22	11 5/8
Altheim	Uffenheim	7 4/8	Windsheim	3 1/8	Windsheim	3 1/8	29 5/8	10 5/8
Altheimersberger-hof	Weißenburg	4 5/8	Pappenheim	1 1/8	Eichstädt	7 5/8	7 5/8	18
Altkatterbach	Neustadt	5	Erlbach	2	Windsheim	6 5/8	27 5/8	7 5/8
Altmannsberg	Beilngries	3 5/8	Beilngries	3 5/8	Eichstädt	12 4/8	12 4/8	24 5/8
Altmannshausen	Scheinfeld	1 5/8	Bibart	5/8	Windsheim	6 5/8	33 5/8	14
Altschauerberg	Neustadt	2 4/8	Erlbach	1 5/8	Windsheim	8 5/8	29	8 5/8
Altselingsbach	Neustadt	4 1/8	Erlbach	1 1/8	Windsheim	4 5/8	28 5/8	7 5/8
Altziegenrück	Neustadt	3 5/8	Erlbach	5/8	Windsheim	4 5/8	26 5/8	7 5/8

Namen der Orte.	Einverleibt dem Bezirksamte.	Stunden.	Landgerichte.	Stunden.	Bezirksgerichte.	Stunden.	Entfernung vom Sitze des Appell.-Ger. Eichstädt Stunden.	Schw.-Ger. Ansbach Stunden.
Alzenhof	Fürth	1 5/8	Fürth	1 5/8	Fürth	1 1/8	23 4/8	12 5/8
Ameisenbruck	Feuchtwangen	1/8	Feuchtwangen	6/8	Ansbach	7 4/8	21 4/8	7 4/8
Ammelbruch	Dinkelsbühl	3 6/8	Wassertrüdingen	3 6/8	Ansbach	8	19 6/8	8
Ammerndorf	Fürth	4 6/8	Cadolzburg	1 5/8	Fürth	4 6/8	22 6/8	7 4/8
Ammonsschönbrunn	Feuchtwangen	3	Feuchtwangen	3	Ansbach	6 6/8	19 4/8	6 6/8
Amtmannsdorf	Beilngries	1 6/8	Beilngries	1 4/8	Eichstädt	10 6/8	10 6/8	25
Andorf	Neustadt	5 6/8	Erlbach	2 6/8	Windsheim	4 6/8	24 6/8	6 5/8
Anfelden	Ansbach	5 5/8	Leutershausen	4	Ansbach	5 5/8	24 6/8	5 5/8
Angerhof (Dentlein)	Feuchtwangen	3	Feuchtwangen	3	Ansbach	8 5/8	20 4/8	8 5/8
Angerhof (Sigersroth)	Feuchtwangen	2 4/8	Feuchtwangen	2 4/8	Ansbach	5 6/8	20 4/8	5 6/8
Ansbach	M. Ansbach	--	St. Ansbach	—	Ansbach	—	19 6/8	—
Anwanden	Fürth	2 6/8	Cadolzburg	3 1/8	Fürth	2 6/8	21 6/8	9 5/8
Appelsberg	Erlangen	1 4/8	Erlangen	1 4/8	Fürth	5 5/8	26 6/8	16 4/8
Appelsberg	Hersbruck	2 6/8	Hersbruck	2 5/8	Nürnberg	10 6/8	24	22 5/8
Appenfelden	Scheinfeld	2 4/8	Scheinfeld	2 6/8	Windsheim	8 5/8	36 6/8	17 6/8
Appenstetten	Beilngries	5 5/8	Greding	3 6/8	Eichstädt	7 6/8	7 6/8	17 6/8
Arberg	Feuchtwangen	6	Herrieden	4	Ansbach	5 5/8	15 6/8	5 5/8
Archshofen	Feuchtwangen	1 4/8	Feuchtwangen	1 6/8	Ansbach	6 4/8	23 6/8	6 4/8
Armenhaus (Pleinfeld)	Weißenburg	2	Ellingen	1	Eichstädt	8 6/8	8 6/8	13 4/8
Arnsberg	Eichstädt	4 6/8	Kipfenberg	1 6/8	Eichstädt	4 6/8	4 6/8	24 4/8
Arnshöchstädt	Neustadt	4 6/8	Neustadt	4 6/8	Windsheim	8 5/8	33 6/8	13 6/8
Artelshofen	Hersbruck	3 4/8	Hersbruck	3 4/8	Nürnberg	11 5/8	26 6/8	23 6/8
Arzbach	Rothenburg	4 6/8	Schillingsfürst	3	Windsheim	12	29 6/8	10
Arzlohe	Hersbruck	2 4/8	Hersbruck	2 6/8	Nürnberg	10 4/8	23 5/8	22 5/8
Asbach	Schwabach	3 5/8	Roth	1 5/8	Fürth	8 6/8	13 6/8	9 5/8
Asbachhof	Uffenheim	1 5/8	Uffenheim	1 6/8	Windsheim	5 6/8	31 6/8	12 6/8
Aschbuch	Beilngries	2	Beilngries	2	Eichstädt	9	9	24
Aspertshofen	Hersbruck	1 4/8	Hersbruck	1 4/8	Nürnberg	8 5/8	25 6/8	20 6/8
Attenhofen	Beilngries	2	Greding	1 6/8	Eichstädt	8 6/8	8 6/8	20 6/8
Attenzell	Eichstädt	5	Kipfenberg	2	Eichstädt	5	5	24 4/8
Atzenhofen	Ansbach	4 6/8	Leutershausen	1 5/8	Ansbach	4 6/8	22 4/8	4 6/8
Au	Hersbruck	2 5/8	Lauf	3	Nürnberg	7 6/8	25 6/8	19 6/8
Au	Nürnberg	5 5/8	Altdorf	6/8	Nürnberg	5 5/8	16 6/8	17
Aub	Ansbach	2 1/8	Ansbach	2 1/8	Ansbach	2 1/8	19 6/8	2 1/8
Aub	Feuchtwangen	5 1/8	Herrieden	3	Ansbach	3 6/8	18 6/8	3 6/8
Aue	Beilngries	5 4/8	Greding	2 6/8	Eichstädt	7	7	17 6/8
Aue	Gunzenhausen	2 4/8	Gunzenhausen	2 4/8	Ansbach	6 6/8	13 4/8	6 6/8

Namen der Orte.	Einverleibt bem Bezirksamt.	Stunden.	Landgericht.	Stunden.	Bezirksgericht.	Stunden.	Appell.-Ger. Stunden.	Schw.-Ger. Stunden.	
Auerbach (Auerbruch)	Ansbach	4	Leutershausen	1¾	Ansbach	4	24	4	
Auernheim	Gunzenhausen	8	Heidenheim	2½	Eichstädt	10⁴⁄₈	10⁴⁄₈	13⁶⁄₈	
Auernhofen	Uffenheim	2⁵⁄₈	Uffenheim	2⁵⁄₈	Windsheim	6⁴⁄₈	32⁴⁄₈	13	
Auffirchen	Dinkelsbühl	4	Wassertrüdingen	2⁴⁄₈	Ansbach	11¼	18⁴⁄₈	11¼	
Authof	Weißenburg	2	Ellingen	2	Eichstädt	7⁴⁄₈	7⁴⁄₈	14⁴⁄₈	
Aumühle (Oyb)	Ansbach	⁷⁄₈	Ansbach	⁷⁄₈	Ansbach	⁷⁄₈	19	⁷⁄₈	
Aumühle (Naffenseis)	Eichstädt	3⁴⁄₈	Eichstädt	3⁴⁄₈	Eichstädt	3⁴⁄₈	3⁴⁄₈	23	
Aumühle (Burgbernheim)	Uffenheim	3⁴⁄₈	Windsheim	2⁴⁄₈	Windsheim	2⁴⁄₈	27⁴⁄₈	8	
Aumühle (Weißenburg)	Weißenburg	⁴⁄₈	Weißenburg	⁴⁄₈	Eichstädt	5⁴⁄₈	5⁴⁄₈	13⁴⁄₈	
Aurach	Feuchtwangen	3⁴⁄₈	Herrieden	2⁴⁄₈	Ansbach	4	21⁴⁄₈	4	
Aurau	Schwabach	3	Roth	1¼	Fürth	8⁴⁄₈	14	9⁴⁄₈	

B.

Bachhausen	Beilngries	4⁴⁄₈	Beilngries	4⁴⁄₈	Eichstädt	13	13	21⁴⁄₈	
Bachmühle	Fürth	2⁴⁄₈	Fürth	2⁴⁄₈	Fürth	2⁴⁄₈	25	10⁴⁄₈	
Bachmühle	Heilsbronn	2⁴⁄₈	Heilsbronn	2⁴⁄₈	Ansbach	4	18⁴⁄₈	4	
Bachmühle	Altenberg	6⁴⁄₈	Altdorf	2	Nürnberg	6¼	15¼	16⁴⁄₈	
Babenhausen	Eichstädt	9⁴⁄₈	Kipfenberg	3⁴⁄₈	Eichstädt	9⁴⁄₈	9⁴⁄₈	22⁴⁄₈	
Bäckersmühle	Beilngries	4⁴⁄₈	Beilngries	4⁴⁄₈	Eichstädt	14⁴⁄₈	14⁴⁄₈	25¼	
Bärenschanze	M. Nürnberg	⁶⁄₈	St. Nürnberg	⁶⁄₈	Nürnberg	⁶⁄₈	21⁶⁄₈	11⁴⁄₈	
Balleinsmühle	Gunzenhausen	4	Heidenheim	1⁴⁄₈	Eichstädt	12	12	11⁴⁄₈	
Balersdorf	Erlangen	2⁴⁄₈	Erlangen	2⁴⁄₈	Fürth	6	27⁴⁄₈	17⁴⁄₈	
Balersdorfermühle	Erlangen	1⁴⁄₈	Erlangen	1⁴⁄₈	Fürth	5⁴⁄₈	27	16⁴⁄₈	
Balmhofen	Rothenburg	6⁴⁄₈	Schillingsfürst	2⁴⁄₈	Windsheim	10	23	8	
Ballersdorf	Fürth	5⁴⁄₈	Cadolzburg	1⁴⁄₈	Fürth	5⁴⁄₈	24⁴⁄₈	6⁴⁄₈	
Ballmannshof	Heilsbronn	3⁴⁄₈	Heilsbronn	3⁴⁄₈	Ansbach	3⁴⁄₈	18⁴⁄₈	3⁴⁄₈	
Ballstadt	Ansbach	2⁴⁄₈	Ansbach	2⁴⁄₈	Ansbach	2⁴⁄₈	22	2⁴⁄₈	
Ballenmühle (Rohrmühle)	Gunzenhausen	4⁴⁄₈	Heidenheim	⁶⁄₈	Eichstädt	12⁴⁄₈	12⁴⁄₈	12	
Bammersdorf	Feuchtwangen	7⁴⁄₈	Herrieden	5	Ansbach	3⁴⁄₈	17	3⁴⁄₈	
Banderbach	Fürth	1⁴⁄₈	Cadolzburg	1⁴⁄₈	Fürth	1⁴⁄₈	22⁴⁄₈	9¼	
Banzenweiler	Feuchtwangen	1	Feuchtwangen	1	Ansbach	6⁴⁄₈	23	6⁴⁄₈	
Banzermühle	Weißenburg	2⁴⁄₈	Ellingen	1⁴⁄₈	Eichstädt	9⁴⁄₈	9⁴⁄₈	12⁴⁄₈	
Bartelsbautrach	Heilsbronn	3⁴⁄₈	Heilsbronn	3⁴⁄₈	Ansbach	8¼	16⁴⁄₈	8⁴⁄₈	

Namen der Orte.	Einverleibt dem Bezirksamte.	Stunden.	Landgerichte.	Stunden.	Bezirksgerichte.	Stunden.	Entfernung vom Sitze des Appell.-Ger. Eichstädt (Stunden)	Schw.-Ger. Ansbach (Stunden)
Baſtenau	Rothenburg	4	Schillingsfürſt	2 1/8	Windsheim	11 3/8	29	9 3/8
Baudenbach	Neuſtadt	2 4/8	Neuſtadt	2 4/8	Windsheim	5 3/8	32 3/8	43 3/8
Baumfeld	Eichſtädt	4	Kipfenberg	4 3/8	Eichſtädt	4	4	23 3/8
Bauzenweiler	Ansbach	4 3/8	Leutershauſen	1	Ansbach	4 3/8	23 3/8	4 3/8
Bechhofen	Feuchtwangen	4 4/8	Herrieden	3	Ansbach	5	17	5
Bechhofen	Heilsbronn	2 1/8	Heilsbronn	2 4/8	Ansbach	5	17 3/8	5
Bechhofen	Schwabach	2 3/8	Roth	2 3/8	Fürth	8	15	9 3/8
Bechthal	Weiſſenburg	4 3/8	Weiſſenburg	4 3/8	Eichſtädt	4 3/8	4 3/8	17 3/8
Beckenmühle	Feuchtwangen	2 3/8	Feuchtwangen	2 3/8	Ansbach	7	19 3/8	7
Beerbach	Heilsbronn	5 3/8	Heilsbronn	5 1/8	Ansbach	8	14 4/8	8
Beerbach	Hersbruck	5 1/8	Lauf	2 3/8	Nürnberg	4 4/8	25 3/8	16 3/8
Beerbach	Neuſtadt	2 3/8	Neuſtadt	2 3/8	Windsheim	3 4/8	30	10 4/8
Beermühle	Dinkelsbühl	2 3/8	Dinkelsbühl	2 3/8	Ansbach	13 3/8	20 3/8	13 3/8
Behringersdorf	Hersbruck	5	Lauf	2	Nürnberg	2 3/8	24 3/8	14 4/8
Beierberg	Dinkelsbühl	4	Waſſertrüdingen	3 4/8	Ansbach	7	19 4/8	7
Beilngries	Beilngries	—	Beilngries	—	Eichſtädt	10	10	23 3/8
Bellermühle	Eichſtädt	5	Kipfenberg	1 3/8	Eichſtädt	5	5	24 4/8
Bellershauſen	Rothenburg	3	Schillingsfürſt	1	Windsheim	10 3/8	28	8 3/8
Belmbrach	Schwabach	4	Roth	3/8	Fürth	9 3/8	14 3/8	12 1/8
Belzmühle	Weiſſenburg	3	Ellingen	2 4/8	Eichſtädt	10	10	12 3/8
Benzendorf	Hersbruck	5 3/8	Lauf	3 3/8	Nürnberg	6 3/8	26 3/8	18
Berbersbach	Rothenburg	4 4/8	Schillingsfürſt	2	Windsheim	7 3/8	24 4/8	5 4/8
Berching	Beilngries	2 4/8	Beilngries	2 4/8	Eichſtädt	11	11	22 3/8
Bergel Mkt.	Uffenheim	4 4/8	Windsheim	2 4/8	Windsheim	2 4/8	26	6 4/8
Bergen	Weiſſenburg	3 3/8	Ellingen	3 3/8	Eichſtädt	6 3/8	6 3/8	15 4/8
Bergershof	Gunzenhauſen	6	Heidenheim	2 3/8	Eichſtädt	13	13	14
Berghaus	Dinkelsbühl	4	Waſſertrüdingen	2 3/8	Ansbach	9	18 3/8	9
Berghof	Heilsbronn	3/8	Heilsbronn	3/8	Ansbach	5	19 4/8	5
Berglein	Ansbach	4 3/8	Ansbach	4 3/8	Ansbach	4 3/8	23 3/8	4 3/8
Bergmühle	Dinkelsbühl	4 4/8	Waſſertrüdingen	3	Ansbach	8 4/8	19	8 3/8
Bergmühle	Weiſſenburg	4 3/8	Weiſſenburg	4 3/8	Eichſtädt	4 3/8	4 3/8	17 3/8
Bergnershof	Weiſſenburg	3 3/8	Pappenheim	1	Eichſtädt	7	7	15 3/8
Bergnerszell	Feuchtwangen	1 3/8	Feuchtwangen	1 3/8	Ansbach	8 3/8	23 3/8	8 3/8
Bergtheim	Neuſtadt	2 4/8	Neuſtadt	2 3/8	Windsheim	7 3/8	32 3/8	13 3/8
Bergtheim	Uffenheim	2	Uffenheim	2	Windsheim	8	32 3/8	13
Bergtshofen	Uffenheim	2 1/8	Windsheim	3	Windsheim	3	28 3/8	8 3/8
Berletshauſen	Eichſtädt	5 3/8	Kipfenberg	2 3/8	Eichſtädt	5 3/8	5 3/8	22 3/8
Bernau	Feuchtwangen	1 3/8	Feuchtwangen	1 3/8	Ansbach	8 3/8	21 3/8	8 3/8
Bernbach	Fürth	2 1/8	Fürth	2 4/8	Fürth	2 1/8	24 3/8	10 4/8
Berndorf	Ansbach	4	Leutershauſen	3	Ansbach	4	23 4/8	4
Bernhardsmühle	Schwabach	5	Roth	1 3/8	Fürth	10 3/8	14 3/8	13

Namen der Orte.	Einverleibt dem Bezirksamte.	Stunden.	Landgerichte.	Stunden.	Bezirksgerichte.	Stunden.	Entfernung vom Sitze des Appell.-Ger. Eichstädt (Stunden)	Schw.-Ger. Ansbach (Stunden)
Bernhardswend	Dinkelsbühl	2 3/8	Dinkelsbühl	2 3/8	Ansbach	8 3/8	19 3/8	8 3/8
Bernhardswinden	Ansbach	1 3/8	Ansbach	1 3/8	Ansbach	1 3/8	16 3/8	1 3/8
Bernhof	Hersbruck	4 3/8	Lauf	4 3/8	Nürnberg	9 3/8	27 3/8	21
Bernlohe	Schwabach	4 3/8	Roth	1 3/8	Fürth	10	13	11 3/8
Bernsdorf	Schwabach	4 3/8	Roth	1	Fürth	9 4/8	14	11 3/8
Beroldsheim	Uffenheim	4 3/8	Windsheim	2	Windsheim	2	29 4/8	10
Berolzheim	Gunzenhausen	4 3/8	Heidenheim	2 3/8	Eichstädt	10 3/8	10 3/8	12
Bersbronn	Rothenburg	4 4/8	Schillingsfürst	1 3/8	Windsheim	10 4/8	28 3/8	8 3/8
Bertelsdorf	Schwabach	2 4/8	Schwabach	2 4/8	Fürth	3	19 3/8	9 3/8
Bertholdsdorf	Heilsbronn	2 4/8	Heilsbronn	2 4/8	Ansbach	6 4/8	17	6 3/8
Bettenfeld	Rothenburg	2	Rothenburg	2	Windsheim	8 3/8	30 4/8	11 3/8
Bettwar	Rothenburg	1 3/8	Rothenburg	1 3/8	Windsheim	6 1/8	30 4/8	11
Betzendorf	Heilsbronn	1 4/8	Heilsbronn	1 4/8	Ansbach	5 3/8	21	5 3/8
Betzmannsdorf	Heilsbronn	1	Heilsbronn	1	Ansbach	6	19 4/8	6
Beutellohe	Ansbach	2 3/8	Ansbach	2 3/8	Ansbach	2 3/8	22 3/8	2 3/8
Beutelmühle	Gunzenhausen	2 3/8	Gunzenhausen	2 3/8	Ansbach	9	11 3/8	9
Beutenmühle	Dinkelsbühl	1 1/8	Dinkelsbühl	1 1/8	Ansbach	10 3/8	22 4/8	10 3/8
Bibart	Scheinfeld	1	Bibart	—	Windsheim	5 3/8	32 3/8	13 3/8
Biberbach	Beilngries	1	Beilngries	1	Eichstädt	11	11	22
Biberbach	Feuchtwangen	1 3/8	Feuchtwangen	1 3/8	Ansbach	9 3/8	23 3/8	9 3/8
Biburg	Beilngries	7	Greding	4 1/8	Eichstädt	5 3/8	5 3/8	17 4/8
Biederbach	Gunzenhausen	3 3/8	Gunzenhausen	3 1/8	Ansbach	5 3/8	16	5 3/8
Bieg	Ansbach	4 3/8	Leutershausen	2	Ansbach	4 3/8	24 3/8	4 3/8
Biermühl	Beilngries	4	Beilngries	4	Eichstädt	10 4/8	10 4/8	24 4/8
Biefenhard	Eichstädt	3 1/8	Eichstädt	3 1/8	Eichstädt	3 7/8	3 3/8	23
Bieswang	Weißenburg	5 4/8	Pappenheim	1 4/8	Eichstädt	5 1/8	5 3/8	16 3/8
Binzenmühle	Uffenheim	7 3/8	Windsheim	3 3/8	Windsheim	3 4/8	25 3/8	5 3/8
Binzenweiler	Rothenburg	6	Schillingsfürst	2 1/8	Windsheim	10 4/8	24 4/8	6 4/8
Binzwangen	Ansbach	5 4/8	Leutershausen	3 3/8	Ansbach	5 4/8	26	5 4/8
Birkach	Ansbach	3 4/8	Leutershausen	3 4/8	Ansbach	3 4/8	23	3 4/8
Birkach	Dinkelsbühl	5 4/8	Wassertrüdingen	3 3/8	Ansbach	5 4/8	18 3/8	5 4/8
Birkach	Feuchtwangen	2	Feuchtwangen	2	Ansbach	6	20 3/8	6
Birkach	Scheinfeld	1 3/8	Scheinfeld	1 3/8	Windsheim	6 3/8	34 4/8	15
Birkach	Uffenheim	5 4/8	Windsheim	4 4/8	Windsheim	4 1/8	26 3/8	7
Birkenfeld	Neustadt	1/8	Neustadt	1/8	Windsheim	4 1/8	31	11 4/8
Birkenfeld	Ansbach	2 3/8	Ansbach	2 3/8	Ansbach	2 1/8	22	2 3/8
Birkenhof	Gunzenhausen	3 4/8	Gunzenhausen	3 4/8	Ansbach	8	11 4/8	8
Birkenhof	Heilsbronn	1 3/8	Heilsbronn	1 4/8	Ansbach	6	18 3/8	6
Birkenmühle	Rothenburg	4 4/8	Schillingsfürst	2	Windsheim	7 7/8	24 4/8	8 4/8
Birkenmühle	Weißenburg	3 3/8	Ellingen	3	Eichstädt	10 3/8	10 3/8	10

Namen der Orte.	Einverleibt dem Bezirksamte.	Stunden.	Landgerichte.	Stunden.	Bezirksgerichte.	Stunden.	Entfernung vom Orte bis zum Appell.-Ger. Eichstädt. Stunden.	Kreis-Reg. Ansbach. Stunden.
Birkensee	Nürnberg	7	Altdorf	2	Nürnberg	7	19 4/8	19
Birkhof	Beilngries	1 1/8	Greding	1 4/8	Eichstädt	9	9	20 7/8
Birkhof	Eichstädt	1 7/8	Eichstädt	1 7/8	Eichstädt	1 7/8	1 7/8	18
Birkhof	Weißenburg	1/8	Weißenburg	6/8	Eichstädt	6 6/8	6 6/8	13 6/8
Birklein	Weißenburg	3 1/8	Ellingen	3	Eichstädt	11	11	11 6/8
Birklingen	Scheinfeld	3 6/8	Bibart	2 6/8	Windsheim	8 1/8	35 6/8	16 6/8
Birkthalmühle	Eichstädt	6 1/8	Kipfenberg	4/8	Eichstädt	6 1/8	6 6/8	24 6/8
Birnbaum	Neustadt	3 6/8	Neustadt	3 7/8	Windsheim	7 7/8	32	12 4/8
Birnthon	Nürnberg	4 6/8	Altdorf	2 6/8	Nürnberg	4 6/8	17 4/8	16
Bislohe	Fürth	1	Fürth	1	Fürth	1	23	12
Bittelhof	Feuchtwangen	2 6/8	Feuchtwangen	2 4/8	Ansbach	5 6/8	20 4/8	5 6/8
Biß	Eichstädt	9	Kipfenberg	2 6/8	Eichstädt	9	9	25 6/8
Biesen und Karlshof	Weißenburg	1 4/8	Ellingen	6/8	Eichstädt	8	8	12 6/8
Bleichenhänsle	Nürnberg	1 6/8	Nürnberg	1 6/8	Nürnberg	1 6/8	23 3/8	13 6/8
Bleibenschloß	Beilngries	4	Greding	1 7/8	Eichstädt	5 4/8	20	5 6/8
Bleiche s. Neue	Bleiche							
Bleicherhof	Fürth	3 7/8	Cadolzburg	7/8	Fürth	3 7/8	22 6/8	6 6/8
Bleiweißgarten	M. Nürnberg	6/8	St. Nürnberg	6/8	Nürnberg	6/8	21 6/8	12 4/8
Bleiweiß	Nürnberg	6/8	Nürnberg	6/8	Nürnberg	1/8	21 6/8	12 6/8
Blosenmühle s.	Obere und Untere	Blo	senmühle					
Blumhaus	M. Rothenburg	4/8	St. Rothenburg	4/8	Windsheim	7 6/8	29 6/8	9 4/8
Blümleinsmühle	Neustadt	3 6/8	Erlbach	6/8	Windsheim	5 7/8	27 6/8	8 6/8
Blumenberg	Eichstädt	1 6/8	Eichstädt	1 6/8	Eichstädt	1 6/8	1 6/8	19
Bockenfeld	Rothenburg	1 4/8	Schillingsfürst	2 6/8	Windsheim	8 6/8	25 4/8	8 6/8
Böcken	Feuchtwangen	2 6/8	Feuchtwangen	2 6/8	Ansbach	6 6/8	19 6/8	6 6/8
Böhmfeld	Eichstädt	4 4/8	Kipfenberg	3 6/8	Eichstädt	4 4/8	4 4/8	24
Böhming	Eichstädt	5 7/8	Kipfenberg	6/8	Eichstädt	5 4/8	5 7/8	25
Bölleinsmühle	Heilsbronn	4	Heilsbronn	4	Ansbach	5 6/8	17 6/8	6 6/8
Böllersmühle	Rothenburg	2 4/8	Schillingsfürst	1 6/8	Windsheim	9 6/8	28 6/8	9 6/8
Böllingsdorf	Heilsbronn	1	Heilsbronn	1	Ansbach	6	20 4/8	6
Böschleinsmühle	Weißenburg	2 6/8	Ellingen	1 7/8	Eichstädt	9 6/8	9 6/8	12 4/8
Bösennördlingen	Rothenburg	4 4/8	Schillingsfürst	1 7/8	Windsheim	10 7/8	28 6/8	9 6/8
Bösmühle	Weißenburg	6/8	Weißenburg	6/8	Eichstädt	6 6/8	6 6/8	12 6/8
Bohrmannshof	Eichstädt	2 7/8	Eichstädt	2 7/8	Eichstädt	2 7/8	2 7/8	16 6/8
Bohrsbach	Ansbach	3 1/8	Ansbach	3 1/8	Ansbach	3 1/8	22 6/8	3 4/8
Bondorf	Hersbruck	8 6/8	Lauf	8 4/8	Nürnberg	7 6/8	25 6/8	19 6/8
Bonnhof	Heilsbronn	6/8	Heilsbronn	6/8	Ansbach	5 4/8	20 7/8	5 6/8
Bonnhof	Weißenburg	2 4/8	Pappenheim	3	Eichstädt	8	8	15 6/8
Bonnlanden	Feuchtwangen	1 4/8	Feuchtwangen	1 4/8	Ansbach	6 4/8	23 6/8	6 6/8
Borbach	Neustadt	3 1/8	Erlbach	3 6/8	Windsheim	7 7/8	30 6/8	11 7/8

Namen der Orte.	Einverleibt dem Bezirksamte.	Stunden.	Landgerichte.	Stunden.	Bezirksgerichte.	Stunden.	Entfernung vom Sitze des Appel.-Ger. Eichstädt. Stunden.	Schw.-Ger. Ansbach. Stunden.
Borsteinsmühle	Rothenburg	1¾	Schillingsfürst	2¾	Windsheim	9	28¾	8¾
Bortenberg	Rothenburg	6	Schillingsfürst	2¼	Windsheim	10	23¾	6¾
Bottenbach	Neustadt	1¾	Neustadt	1¾	Windsheim	15¼	30¾	10¾
Bottenweiler	Rothenburg	5¼	Schillingsfürst	3	Windsheim	12	25¾	8¾
Botzenweiler	Dinkelsbühl	1	Dinkelsbühl	1	Ansbach	1¼	20¼	11¾
Borau	Ansbach	4¾	Ansbach	4¾	Ansbach	4¾	24¾	4¾
Borbrunn	Heilsbronn	3¾	Heilsbronn	3¾	Ansbach	8	18¾	3
Boxdorf	Erlangen	3	Erlangen	3	Fürth	1¼	23¾	12¾
Brachbach	Uffenheim	7	Windsheim	3	Windsheim	3	24¾	6¼
Brackenlohr	Uffenheim	1¾	Uffenheim	1¼	Windsheim	5¼	31¾	12¾
Bräuersdorf	Neustadt	3¾	Erlbach	2¾	Windsheim	7¼	29¾	10¾
Bräunleinsberg	Hersbruck	2	Lauf	1	Nürnberg	2	24¼	19
Brand	Gunzenhausen	1¾	Gunzenhausen	1¾	Ansbach	7¼	12¼	7¾
Brand	Erlangen	4	Erlangen	4	Fürth	6¾	25¼	17
Brandermühle	Erlangen	4	Erlangen	4	Fürth	6¼	25¾	17¾
Brandhof	Neustadt	3¾	Erlbach	2¼	Windsheim	7¼	29¾	10¾
Braumühle	Weißenburg	¾	Ellingen	¾	Eichstädt	7¼	7¼	12¾
Braunsbach	Fürth	1	Fürth	1	Fürth	1	22¾	12
Breitenau	Feuchtwangen	2¾	Feuchtwangen	2¾	Ansbach	7¼	24¾	7¾
Breitenau	Uffenheim	6¼	Windsheim	2¾	Windsheim	2¾	25¼	6
Breitenbrunn	Nürnberg	8	Altdorf	2¾	Nürnberg	8	20	20
Breitenfurth	Beilngries	3¼	Beilngries	3¼	Eichstädt	12¾	12¾	24
Breitenfurth	Eichstädt	3¼	Eichstädt	3¾	Eichstädt	3¾	8¼	22
Breitenlohe	Scheinfeld	3¾	Scheinfeld	3¾	Windsheim	8¾	34¾	14¾
Breitenlohe	Schwabach	2¼	Roth	1¼	Fürth	7¾	14¾	10¼
Bremerhof	Heilsbronn	4¾	Heilsbronn	4¼	Ansbach	6¼	15¾	6¼
Bremerstall	Fürth	¾	Fürth	¾	Fürth	¾	23	12¾
Brennhof	Dinkelsbühl	1¾	Dinkelsbühl	1¾	Ansbach	11¾	20	11¾
Brezengarten	Nürnberg	¾	Nürnberg	¾	Nürnberg	¾	22¾	12¾
Brodswinden	Ansbach	1¼	Ansbach	1¼	Ansbach	1¼	18	1¾
Brodswindermühle	Ansbach	1¾	Ansbach	1¼	Ansbach	1¾	18	1¾
Brombach	Gunzenhausen	1¼	Gunzenhausen	1¼	Ansbach	7¾	12	7¾
Bronnamberg	Fürth	2	Cadolzburg	1¾	Fürth	2	22	8¾
Bronnenhaus	Rothenburg	4¾	Schillingsfürst	¾	Windsheim	9¾	28¾	7¾
Bronnenmühle	M. Rothenburg	¾	St. Rothenburg	¾	Windsheim	7¼	29¾	9¾
Bronnermühle	Fürth	4¾	Cadolzburg	2¼	Fürth	4¾	23	8¾
Bruck	Dinkelsbühl	4¾	Wassertrüdingen	5	Ansbach	6	20	6
Bruck	Erlangen	1	Erlangen	1	Fürth	3¼	25	14¾
Bruckberg	Ansbach	3¼	Ansbach	3¼	Ansbach	3¼	22¾	8¼
Bruckhof	Scheinfeld	2¼	Bibart	1¼	Windsheim	7¾	37¾	17¾

Namen der Orte.	Einverleibt dem Bezirksamte.	Stunden.	Landgerichte.	Stunden.	Bezirksgerichte.	Stunden.	Entfernung vom Sitze des Appell.-Ger. Eichstädt. Stunden.	Entfernung vom Sitze des Ober.-Ger. Ansbach. Stunden.
Bruckmühle	Gunzenhausen	4	Heidenheim	1 5/8	Eichstädt	12	12	11 4/8
Bruckmühle (Diespeck)	Neustadt	7/8	Neustadt	7/8	Windsheim	5 6/8	31	11 6/8
Bruckwirthshaus	Ansbach	2 6/8	Ansbach	2 6/8	Ansbach	2 4/8	22 6/8	2 6/8
Brücklesmühle	Schwabach	5	Roth	1 6/8	Fürth	10 6/8	14 6/8	13
Brünst	Ansbach	2	Ansbach	2	Ansbach	2	21 4/8	2
Brünst	Feuchtwangen	3 4/8	Herrieden	6/8	Ansbach	3 6/8	20	3 6/8
Brunn	Dinkelsbühl	5 5/8	Wassertrüdingen	3	Ansbach	6 6/8	18 5/8	6 6/8
Brunn	Heilsbronn	3 6/8	Heilsbronn	3 6/8	Ansbach	6 6/8	16 6/8	6 6/8
Brunn	Neustadt	2 6/8	Erlbach	3	Windsheim	7 6/8	30 6/8	10 6/8
Brunn	Nürnberg	3 6/8	Altdorf	2 6/8	Nürnberg	3 5/8	16 6/8	15 6/8
Brunneck	Beilngries	4 5/8	Greding	3 5/8	Eichstädt	4	4	20 6/8
Brunnenweihermühle	Neustadt	2 6/8	Erlbach	2 6/8	Windsheim	7	30	10 6/8
Brunnmühle	Eichstädt	2 6/8	Eichstädt	2 6/8	Eichstädt	2 6/8	2 6/8	23 6/8
Brunst mit Weihenkirchberg	Rothenburg	5 4/8	Schillingsfürst	1 7/8	Windsheim	9 6/8	23 6/8	6 6/8
Brunzendorf	Rothenburg	1	Rothenburg	1	Windsheim	7 4/8	29 6/8	10 6/8
Bubenheim	Weißenburg	2 4/8	Ellingen	3 4/8	Eichstädt	8	8	12 6/8
Bubenmühle	Fürth	4 6/8	Cadolzburg	1 7/8	Fürth	4 6/8	22 6/8	7
Bubenreuth	Erlangen	1 6/8	Erlangen	1 5/8	Fürth	5	26 4/8	16 6/8
Bubenroth	Eichstädt	3 4/8	Eichstädt	3 4/8	Eichstädt	3 4/8	3 4/8	22 6/8
Buch am Wald	Ansbach	5 5/8	Leutershausen	2	Ansbach	5 6/8	24 6/8	6 6/8
Buch	Eichstädt	7 4/8	Kipfenberg	1 4/8	Eichstädt	7 4/8	7 6/8	24 6/8
Buch	Fürth	1 4/8	Fürth	1 6/8	Fürth	1 4/8	22 6/8	15 6/8
Buch	Uffenheim	8 6/8	Windsheim	4 4/8	Windsheim	4 4/8	28	6 6/8
Buchbach	Scheinfeld	3 6/8	Scheinfeld	3 6/8	Windsheim	6 6/8	34 6/8	15 6/8
Buchen	Neustadt	2	Erlbach	1	Windsheim	4 4/8	28 6/8	8 6/8
Buchenhüll	Eichstädt	1 6/8	Eichstädt	1 6/8	Eichstädt	1 5/8	1 6/8	21
Buchheim	Uffenheim	2 6/8	Uffenheim	2 6/8	Windsheim	2	28	8 4/8
Buchhof	Dinkelsbühl	4 4/8	Wassertrüdingen	2 6/8	Ansbach	11 6/8	18 6/8	11 6/8
Buchhof	Dinkelsbühl	2	Wassertrüdingen	2	Ansbach	8 6/8	22 6/8	8 6/8
Buchhof	Scheinfeld	2 6/8	Bibart	2	Windsheim	3 6/8	32 6/8	12 6/8
Buchklingen	Neustadt	2	Erlbach	2 6/8	Windsheim	6 4/8	29 4/8	10
Buchmühle	Ansbach	1 6/8	Ansbach	1 6/8	Ansbach	1 5/8	18 4/8	1 6/8
Buchmühle s. Heckelmühle								
Buchmühle	Scheinfeld	3 6/8	Scheinfeld	3 6/8	Windsheim	8 4/8	34 6/8	15 6/8
Buckenhof	Erlangen	1	Erlangen	1	Fürth	5	25 4/8	17
Buckenmühle	Heilsbronn	3 6/8	Heilsbronn	3 4/8	Ansbach	7 4/8	16 6/8	7 6/8
Buchhaus s. Schwaimbachshof								
Buckmühle	Gunzenhausen	2 6/8	Heidenheim	1 5/8	Eichstädt	14	14	10

Namen der Orte.	Einverleibt dem Bezirksamte.	Stunden.	Landgerichte.	Stunden.	Bezirksgerichte.	Stunden.	Entfernung vom Sitze des Appell.-Ger. Eichstädt. Stunden.	Schw.-Ger. Ansbach. Stunden.
Buderhof	Hersbruck	4 6/8	Lauf	4 4/8	Nürnberg	9 3/8	27 6/8	21
Büberg	Eichstädt	6	Kipfenberg	2	Eichstädt	6	6	25 4/8
Büchelberg	Ansbach	4 1/8	Leutershausen	1 5/8	Ansbach	4 5/8	22 4/8	4 1/8
Büchelberg	Gunzenhausen	1 6/8	Gunzenhausen	1 7/8	Ansbach	6 6/8	13 6/8	6 6/8
Büchenbach	Schwabach	2 1/8	Roth	1 6/8	Fürth	7 4/8	15	11
Bug	Erlangen	4 6/8	Erlangen	4 6/8	Fürth	7 3/8	26 5/8	17 6/8
Bühl	Feuchtwangen	2 5/8	Feuchtwangen	2 6/8	Ansbach	6 2/8	22 6/8	6 6/8
Bühl	Hersbruck	4 6/8	Lauf	3 4/8	Nürnberg	8 2/8	26 5/8	20
Bühlberg	Uffenheim	6 6/8	Windsheim	2 1/8	Windsheim	2 4/8	27 5/8	8 3/8
Bühlhütten	Gunzenhausen	5 2/8	Heidenheim	3 4/8	Eichstädt	9 4/8	9 4/8	13 5/8
Bürg	Beilngries	6 4/8	Greding	4	Eichstädt	4 7/8	4 7/8	16 6/8
Bürglein	Heilsbronn	1 3/8	Heilsbronn	1 5/8	Ansbach	6 4/8	20 6/8	6 3/8
Büschelbach	Heilsbronn	2 4/8	Heilsbronn	2 4/8	Ansbach	3 4/8	19 4/8	3 4/8
Büttelbronn	Weißenburg	5 1/8	Pappenheim	3 1/8	Eichstädt	9 6/8	9 3/8	17 2/8
Buhlsbach	Ansbach	2 6/8	Ansbach	2 2/8	Ansbach	2 2/8	21 6/8	2 1/8
Bullach	Hersbruck	5	Lauf	2	Nürnberg	5 4/8	25 6/8	17 5/8
Burg	Weißenburg	2 1/8	Ellingen	2 5/8	Eichstädt	8	8	14 4/8
Burgambach	Scheinfeld	5/8	Scheinfeld	5/8	Windsheim	6 4/8	35	15 4/8
Burgbernheim	Uffenheim	4 4/8	Windsheim	2 6/8	Windsheim	2 6/8	27	7 4/8
Burgfarrnbach	Fürth	1 2/8	Fürth	1 2/8	Fürth	1 2/8	23 6/8	12 6/8
Burggrafenhof	Fürth	4 6/8	Cadolzburg	2	Fürth	4 6/8	26	9
Burggriesbach	Beilngries	4	Beilngries	4	Eichstädt	11 4/8	11 4/8	19 6/8
Burggrub	Scheinfeld	4	Scheinfeld	4	Windsheim	9 6/8	38 6/8	19
Burghaslach	Scheinfeld	3 4/8	Scheinfeld	3 4/8	Windsheim	8 6/8	36	15 4/8
Burghausen	Rothenburg	3 4/8	Rothenburg	3 6/8	Windsheim	4	26 6/8	6 6/8
Burghöchstadt	Scheinfeld	3 7/8	Scheinfeld	3 7/8	Windsheim	8 4/8	35 1/8	15 6/8
Burgoberbach	Feuchtwangen	6 4/8	Herrieden	2 6/8	Ansbach	2	18 4/8	2
Burgsalach	Weißenburg	2 6/8	Weißenburg	2 6/8	Eichstädt	6	6	16
Burgstall	Dinkelsbühl	1	Dinkelsbühl	1	Ansbach	9 6/8	21 6/8	9 6/8
Burgstall	Neustadt	2 4/8	Neustadt	2 1/8	Windsheim	6 7/8	31 4/8	12
Burgstall	Rothenburg	1 6/8	Rothenburg	1 1/8	Windsheim	7 6/8	30	10 4/8
Burgstallhöfe	Dinkelsbühl	3	Dinkelsbühl	3	Ansbach	13 4/8	21 7/8	18 4/8
Burgstallmühle	Dinkelsbühl	6 5/8	Wassertrüdingen	4 1/8	Ansbach	5	18 4/8	5
Burgthann	Nürnberg	6 6/8	Altdorf	1 6/8	Nürnberg	6 1/8	15 6/8	16 4/8
Burk	Dinkelsbühl	3 6/8	Wassertrüdingen	4 7/8	Ansbach	6 6/8	20 6/8	6 6/8
Buschschwabach	Fürth	5 4/8	Cadolzburg	3 4/8	Fürth	5 6/8	20 6/8	7
Buttendorf	Fürth	4 1/8	Cadolzburg	1 1/8	Fürth	4 1/8	21 6/8	7 4/8
Butzenberg	Beilngries	3	Beilngries	3	Eichstädt	10	10	24 6/8
Butzenmühle	Scheinfeld	2 5/8	Scheinfeld	2 5/8	Windsheim	7 1/8	38 4/8	14
Buxheim	Eichstädt	4 6/8	Eichstädt	4 6/8	Eichstädt	4 6/8	4 6/8	24 6/8

Namen der Orte.	Einverleibt dem						Entfernung vom Orte des	
	[illegible]	Stunden.	Landgerichte.	Stunden.	[illegible]	Stunden.	Appell.-Ger. [illegible]	[illegible]
							Stunden.	
C.								
Cadolzburg	Fürth	$9^{6}/_{8}$	Cadolzburg	—	Fürth	$3^{4}/_{8}$	$23^{6}/_{8}$	$8^{6}/_{8}$
Cadolzhofen	Rothenburg	$3^{6}/_{8}$	Rothenburg	$3^{6}/_{8}$	Windsheim	$4^{4}/_{8}$	$26^{6}/_{8}$	$6^{6}/_{8}$
Carhof	Feuchtwangen	$1^{1}/_{8}$	Feuchtwangen	$1^{1}/_{8}$	Ansbach	$5^{6}/_{8}$	$26^{6}/_{8}$	$5^{6}/_{8}$
Charlottenhof	s. Wessachhof							
Charmühle	Feuchtwangen	$1^{1}/_{8}$	Feuchtwangen	$1^{1}/_{8}$	Ansbach	$5^{6}/_{8}$	$26^{6}/_{8}$	$5^{6}/_{8}$
Chausseehaus	Neustadt	1	Neustadt	1	Windsheim	$5^{1}/_{8}$	$30^{6}/_{8}$	11
Chausseehaus (Gattenhofen)	Rothenburg	1	Rothenburg	1	Windsheim	$6^{1}/_{8}$	29	$9^{6}/_{8}$
Chausseehaus (Neusitz)	Rothenburg	$^{6}/_{8}$	Rothenburg	$^{6}/_{8}$	Windsheim	$6^{6}/_{8}$	$28^{6}/_{8}$	$8^{6}/_{8}$
Chausseehaus (Günzersreuth)	Schwabach	$2^{1}/_{8}$	Schwabach	$2^{1}/_{8}$	Fürth	$7^{6}/_{8}$	$16^{6}/_{8}$	$8^{6}/_{8}$
Christenmühle	Schwabach	$3^{4}/_{8}$	Schwabach	$3^{4}/_{8}$	Fürth	$5^{6}/_{8}$	$18^{6}/_{8}$	7
Claffheim	Feuchtwangen	7	Herrieden	$2^{4}/_{8}$	Ansbach	$1^{6}/_{8}$	$18^{6}/_{8}$	$1^{6}/_{8}$
Claramühle	Hersbruck	$3^{4}/_{8}$	Hersbruck	$3^{4}/_{8}$	Nürnberg	$11^{6}/_{8}$	23	$23^{6}/_{8}$
Clarsbach	Fürth	$5^{6}/_{8}$	Cadolzburg	$2^{6}/_{8}$	Fürth	$5^{6}/_{8}$	$21^{6}/_{8}$	7
Clebdorf	Hersbruck	$1^{4}/_{8}$	Hersbruck	$1^{6}/_{8}$	Nürnberg	$8^{6}/_{8}$	$24^{6}/_{8}$	$20^{6}/_{8}$
Clonsbach	Ansbach	$4^{6}/_{8}$	Leutershausen	1	Ansbach	$4^{6}/_{8}$	$23^{6}/_{8}$	$4^{6}/_{8}$
Colmberg Mkt.	Ansbach	4	Leutershausen	$1^{6}/_{8}$	Ansbach	4	$24^{6}/_{8}$	4
Colmberg Bergschloß	Ansbach	$4^{4}/_{8}$	Leutershausen	$2^{1}/_{8}$	Ansbach	$4^{4}/_{8}$	25	$4^{6}/_{8}$
Contumazgarten	M. Nürnberg	$^{6}/_{8}$	St. Nürnberg	$^{6}/_{8}$	Nürnberg	$^{4}/_{8}$	$21^{6}/_{8}$	$11^{6}/_{8}$
Cronheim	Gunzenhausen	$2^{1}/_{8}$	Gunzenhausen	$2^{1}/_{8}$	Ansbach	$9^{6}/_{8}$	$14^{6}/_{8}$	$9^{6}/_{8}$
Custenlohr	Uffenheim	$1^{6}/_{8}$	Uffenheim	$1^{4}/_{8}$	Windsheim	$3^{6}/_{8}$	$29^{6}/_{8}$	$10^{6}/_{8}$
D.								
Dachsbach	Neustadt	$3^{1}/_{8}$	Neustadt	$3^{1}/_{8}$	Windsheim	$7^{6}/_{8}$	$32^{6}/_{8}$	$13^{6}/_{8}$
Dagenbach	Neustadt	$5^{6}/_{8}$	Erlbach	$2^{6}/_{8}$	Windsheim	4	$25^{6}/_{8}$	$8^{6}/_{8}$
Dambach	Dinkelsbühl	$5^{4}/_{8}$	Wassertrüdingen	2	Ansbach	7	$17^{6}/_{8}$	7
Dambach	Fürth	$^{6}/_{8}$	Fürth	$^{6}/_{8}$	Fürth	$^{1}/_{8}$	22	12
Dannhausen	Weißenburg	$4^{4}/_{8}$	Ellingen	$4^{6}/_{8}$	Eichstädt	$6^{6}/_{8}$	$6^{6}/_{8}$	$16^{6}/_{8}$
Dattelhof	Dinkelsbühl	$2^{4}/_{8}$	Dinkelsbühl	$2^{4}/_{8}$	Ansbach	8	$19^{6}/_{8}$	8
Daubersbach	Ansbach	$5^{6}/_{8}$	Ansbach	$5^{4}/_{8}$	Ansbach	$5^{1}/_{8}$	$24^{6}/_{8}$	$5^{6}/_{8}$
Dauersmühle	Ansbach	$2^{1}/_{8}$	Ansbach	$2^{1}/_{8}$	Ansbach	$2^{1}/_{8}$	$21^{6}/_{8}$	$2^{1}/_{8}$
Dautenwinden	s. Ober- und Unter Dautenwinden							
Deberndorf	Fürth	$5^{6}/_{8}$	Cadolzburg	$1^{4}/_{8}$	Fürth	$5^{4}/_{8}$	$24^{6}/_{8}$	7
Dechendorf	Schwabach	$2^{6}/_{8}$	Schwabach	$2^{6}/_{8}$	Fürth	$6^{6}/_{8}$	17	$8^{6}/_{8}$

Namen der Orte.	Einverleibt dem Rentämter.	Stunden.	Landgerichte.	Stunden.	Bezirksgerichte.	Stunden.	Entfernung vom Sitze des Appell.-Ger. Eichstädt	Schw.-Ger. Ansbach
							Stunden.	
Deckersberg	Hersbruck	1 6/8	Hersbruck	1 4/8	Nürnberg	9 1/8	22 4/8	21 5/8
Defersdorf	Fürth	5	Cadolzburg	3 6/8	Fürth	5	20 4/8	7 4/8
Defflersdorf	Feuchtwangen	3 6/8	Feuchtwangen	3 6/8	Ansbach	6 1/8	18 4/8	6 2/8
Degersheim	Gunzenhausen	4 6/8	Heidenheim	1 5/8	Eichstädt	11 6/8	11 6/8	12 2/8
Dehnberg	Hersbruck	3 6/8	Lauf	1	Nürnberg	5 6/8	24 6/8	17 4/8
Demantsfürth	Neustadt	4	Neustadt	4	Windsheim	8 4/8	33 6/8	14 6/8
Demantshof	s. Dittmannshof							
Denkendorf	Eichstädt	7	Kipfenberg	1 4/8	Eichstädt	7	7	25 6/8
Dennenlohe	Dinkelsbühl	6 4/8	Wassertrüdingen	2	Ansbach	7	16 2/8	7
Dentlein am Forst	Feuchtwangen	2 7/8	Feuchtwangen	2 3/8	Ansbach	8	20	8
Denzelmühle	Neustadt	4 6/8	Erlbach	1 4/8	Windsheim	6 4/8	28	8 4/8
Deßmannsdorf	Ansbach	1 1/8	Ansbach	1 1/8	Ansbach	1 1/8	18 6/8	1 1/8
Dettendorf	Neustadt	1 6/8	Neustadt	1 5/8	Windsheim	6 4/8	31 4/8	11 6/8
Dettenheim	Weißenburg	1 4/8	Pappenheim	2 4/8	Eichstädt	8 4/8	8 4/8	15
Dettwang	M. Rothenburg	4/8	St. Rothenburg	4/8	Windsheim	7 6/8	29 4/8	9 6/8
Deuenbach	Dinkelsbühl	2 7/8	Dinkelsbühl	2 6/8	Ansbach	8 4/8	22 4/8	8 4/8
Deumenten	Nürnberg	4/8	Nürnberg	4/8	Nürnberg	4/8	22 6/8	12 4/8
Deutenbach	Schwabach	2 4/8	Schwabach	2 4/8	Fürth	2 6/8	19 6/8	10 6/8
Deutenheim	Scheinfeld	3 5/8	Bibart	2 6/8	Windsheim	2 7/8	30 6/8	11
Dickmühle	Weißenburg	4	Pappenheim	1 6/8	Eichstädt	7 6/8	7 6/8	14 6/8
Dickersbronn	Dinkelsbühl	1 2/8	Dinkelsbühl	1 6/8	Ansbach	9 1/8	21 6/8	9 2/8
Diebach	Neustadt	1 2/8	Neustadt	1 5/8	Windsheim	4 6/8	31 6/8	12
Diebach	Rothenburg	2 7/8	Schillingsfürst	2	Windsheim	9 4/8	29	9 6/8
Diepersdorf	Nürnberg	4 6/8	Altdorf	3	Nürnberg	4 4/8	19 6/8	16 6/8
Diepoltsdorf	Hersbruck	4 4/8	Lauf	3 6/8	Nürnberg	8 4/8	26 6/8	20 6/8
Dierersdorf	Feuchtwangen	5 6/8	Herrieden	2	Ansbach	2 6/8	18	2 6/8
Diespeck	Neustadt	6/8	Neustadt	6/8	Windsheim	5 4/8	31	11 4/8
Dietenbronn	Ansbach	4 6/8	Leutershausen	2	Ansbach	4 1/8	22 6/8	4 1/8
Dietenhofen	Neustadt	7 5/8	Erlbach	4 1/8	Windsheim	9	25	5 4/8
Dietenholz	Neustadt	8 6/8	Erlbach	3 5/8	Windsheim	5 7/8	25 6/8	6 1/8
Dietersberg	Beilngries	4 4/8	Beilngries	4 4/8	Eichstädt	11 2/8	11 6/8	25 2/8
Dietersdorf	Schwabach	1 4/8	Schwabach	1 4/8	Fürth	4	18 6/8	10 6/8
Dietersheim	Neustadt	1 6/8	Neustadt	1 6/8	Windsheim	3 2/8	31	11 4/8
Dietershofen	Hersbruck	2 5/8	Hersbruck	2 7/8	Nürnberg	10 6/8	26 6/8	22 6/8
Dieterstetten	Dinkelsbühl	1 6/8	Dinkelsbühl	1 6/8	Ansbach	11 7/8	21	11 7/8
Dietfurth	Weißenburg	3 6/8	Pappenheim	1 4/8	Eichstädt	7 4/8	7 4/8	15
Dietrichshof	Neustadt	4	Erlbach	1	Windsheim	5 6/8	26 6/8	7 5/8
Dinkelsbühl	M. Dinkelsbühl	—	St. Dinkelsbühl	—	Ansbach	10 4/8	21 7/8	10 4/8
Dippoldsberg	Neustadt	5 6/8	Erlbach	1 6/8	Windsheim	6 1/8	27 4/8	8
Dirnhof	Nürnberg	1 1/8	Nürnberg	1 1/8	Nürnberg	1 1/8	22	12
Distelmühle	Beilngries	2 4/8	Greding	6/8	Eichstädt	7	7	20 6/8

Namen der Orte.	Einweisung dem — Bezirksamte.	Stunden.	Landgerichts.	Stunden.	Bezirksgerichts.	Einzeln.		
Diltenheim	Gunzenhausen	2⅛	Heidenheim	2	Eichstädt	12⅛	12⅛	10
Dittmannsdorf	Gunzenhausen	2⅛	Gunzenhausen	2⅛	Ansbach	6⅛	13⅛	6⅛
Dirnhausen	Erlangen	5⅛	Greding	3	Eichstädt	7⅛	7⅛	17⅛
Doctormühle	Uffenheim	2⅛	Uffenheim	2⅛	Windsheim	6⅛	32⅛	18⅛
Döslingen	Gunzenhausen	6⅛	Heidenheim	3⅛	Eichstädt	12	12	14⅛
Dörflein	Ansbach	4⅛	Ansbach	4⅛	Ansbach	4⅛	23⅛	4⅛
Dörlbach	Nürnberg	6⅛	Altdorf	1	Nürnberg	6⅛	16⅛	17⅛
Dörndorf	Eichstädt	8⅛	Kipfenberg	2	Eichstädt	8⅛	8⅛	25⅛
Dollstein	Eichstädt	4⅛	Eichstädt	4⅛	Eichstädt	4⅛	4⅛	19⅛
Dombach im Loch	Ansbach	1⅛	Ansbach	1⅛	Ansbach	1⅛	18⅛	1⅛
Dombühl	Rothenburg	5	Schillingsfürst	1⅛	Windsheim	10⅛	25⅛	7
Domherrnmühle	Scheinfeld	5⅛	Bibart	4⅛	Windsheim	9⅛	36⅛	17⅛
Doos	Nürnberg	1⅛	Nürnberg	1⅛	Nürnberg	1⅛	22	12
Dorfgütingen	Feuchtwangen	1⅛	Feuchtwangen	1⅛	Ansbach	6⅛	23⅛	6⅛
Dorfkemmathen	Dinkelsbühl	3⅛	Dinkelsbühl	3⅛	Ansbach	8⅛	18⅛	8⅛
Dorfmühle	Scheinfeld	1⅛	Scheinfeld	1⅛	Windsheim	6⅛	34⅛	18⅛
Dorfmühle	Uffenheim	⅛	Uffenheim	⅛	Windsheim	4⅛	30⅛	11
Dornberg	Ansbach	1⅛	Ansbach	1⅛	Ansbach	1⅛	20⅛	1⅛
Dornberg	Feuchtwangen	2	Feuchtwangen	2	Ansbach	6	24	6
Dornhausen	Ansbach	5⅛	Leutershausen	2⅛	Ansbach	5⅛	25	5⅛
Dornhausen	Gunzenhausen	1⅛	Gunzenhausen	1⅛	Ansbach	9⅛	10⅛	9⅛
Dornheim	Scheinfeld	3⅛	Bibart	2⅛	Eichstädt	7⅛	33⅛	13⅛
Dornmühle	Gunzenhausen	5⅛	Heidenheim	3⅛	Eichstädt	8⅛	9⅛	13⅛
Dorsbrunn	Heidenburg	3	Ellingen	2⅛	Eichstädt	9⅛	9⅛	11
Dottenheim	Uffenheim	7⅛	Windsheim	2⅛	Windsheim	2⅛	29⅛	10
Düren	Dinkelsbühl	3⅛	Wassertrüdingen	3⅛	Ansbach	8⅛	18⅛	8⅛
Dürrenbuch	Neustadt	3⅛	Gribach	1⅛	Windsheim	8⅛	29	9⅛
Dürrenbach	Scheinfeld	2⅛	Scheinfeld	2⅛	Windsheim	8⅛	36⅛	17⅛
Dürrenfernbach	Fürth	5⅛	Kadolzburg	2⅛	Fürth	5⅛	26	7⅛
Dürrenhembach	Schwabach	5	Schwabach	5	Fürth	7⅛	19	15⅛
Dürrenhof	Gunzenhausen	2⅛	Gunzenhausen	2⅛	Ansbach	5⅛	15⅛	5⅛
Dürrenhof	N. Nürnberg	⅛	St. Nürnberg	⅛	Nürnberg	⅛	22⅛	12⅛
Dürrenhof	N. Rothenburg	⅛	St. Rothenburg	⅛	Windsheim	8	29⅛	10
Dürrenmungenau	Heilsbronn	5	Heilsbronn	5	Ansbach	7⅛	15	7⅛
Dürnhof	Breitenburg	⅛	Ellingen	1⅛	Eichstädt	7⅛	7⅛	12⅛
Dürrwangen	Dinkelsbühl	2⅛	Dinkelsbühl	2⅛	Ansbach	6⅛	20⅛	8⅛
Düsselbach	Herzbruck	2⅛	Herzbruck	2⅛	Nürnberg	10	25⅛	22
Dutzenteich	Nürnberg	1⅛	Nürnberg	1⅛	Nürnberg	1⅛	22	12⅛
Dutzendthal	Scheinfeld	3⅛	Bibart	2⅛	Windsheim	2⅛	30⅛	10⅛

Namen der Orte.	Einverleibt dem Rentämter.	Stunden.	Landgerichte.	Stunden.	Bezirksgerichte.	Stunden.	Entfernung vom Sitze des Appell.-Ger. Eichstädt.	Schw.-Ger. Ansbach.
							Stunden.	

E.

Ebach	Hersbruck	6 1/8	Lauf	3	Nürnberg	5 4/8	26 4/8	17 6/8
Ebenhof	Ansbach	4 1/8	Ansbach	4 1/8	Ansbach	4 1/8	23 6/8	4 1/8
Eberhardshof	Nürnberg	1 2/8	Nürnberg	1 2/8	Nürnberg	1 2/8	21 4/8	11 4/8
Ebersbach	Heilsbronn	4 1/8	Heilsbronn	4 2/8	Ansbach	8	16	8
Ebersbach	Neustadt	3 2/8	Erlbach	3 6/8	Windsheim	8	30 6/8	11 2/8
Ebersdorf	Neustadt	6	Erlbach	3	Windsheim	5 4/8	25 2/8	5 6/8
Eberswang	Eichstädt	2 4/8	Eichstädt	2 4/8	Eichstädt	2 4/8	2 4/8	18 6/8
Ebertshof	Rothenburg	5 6/8	Schillingsfürst	4 3/8	Windsheim	12 4/8	30 4/8	11
Ebertsmühle	Rothenburg	4 4/8	Schillingsfürst	1 2/8	Windsheim	10 6/8	27 6/8	8 6/8
Eckardshof	Rothenburg	1/8	Rothenburg	1/8	Windsheim	7 2/8	29 2/8	9 2/8
Eckartsweiler	Rothenburg	6	Schillingsfürst	2 2/8	Windsheim	9 6/8	23 1/8	5 4/8
Eckenberg	Neustadt	4	Erlbach	4	Windsheim	8 4/8	31 2/8	11 4/8
Eckenhaid	Hersbruck	5 4/8	Lauf	2 4/8	Nürnberg	5 2/8	26 2/8	17
Eckenhof	Neustadt	2 7/8	Neustadt	2 7/8	Windsheim	7 1/8	33	13 4/8
Eckenmühle	Hersbruck	5 4/8	Lauf	2 6/8	Nürnberg	5 2/8	26 2/8	17
Eckershof	Schwabach	2 4/8	Schwabach	2 4/8	Fürth	3	19	9 2/8
Eckersmühlen	Schwabach	4 6/8	Roth	1 4/8	Fürth	10	14 4/8	12 7/8
Eckmannshofen	Beilngries	5 6/8	Greding	3	Eichstädt	7	7	17 2/8
Ebersfeld	Gunzenhausen	1 2/8	Gunzenhausen	1 6/8	Ansbach	8 6/8	13 7/8	8 6/8
Egelmühle	Schwabach	6 4/8	Roth	4 6/8	Fürth	12	12 6/8	9 4/8
Egelsbach	Neustadt	4 2/8	Neustadt	4 3/8	Windsheim	6 4/8	34 4/8	15
Egelsee	Hersbruck	3 4/8	Lauf	1	Nürnberg	5 4/8	24 4/8	17 2/8
Egenhausen	Ansbach	5 2/8	Leutershausen	5 2/8	Ansbach	5 2/8	24 4/8	5 2/8
Egensbach	Nürnberg	7	Altdorf	2 1/8	Nürnberg	7	19 4/8	19
Egersdorf	Fürth	3 4/8	Cadolzburg	4/8	Fürth	3 2/8	22 6/8	8 6/8
Eggenhof	Erlangen	1 6/8	Erlangen	1 6/8	Fürth	5 4/8	25 6/8	17 2/8
Eggensees	Neustadt	1 2/8	Neustadt	1 2/8	Windsheim	6 1/8	30 6/8	11 2/8
Eggenthal	Gunzenhausen	4 2/8	Heidenheim	6/8	Eichstädt	12 2/8	12 2/8	12
Egglofswinden	Ansbach	1 2/8	Ansbach	1 2/8	Ansbach	1 2/8	20 2/8	1 2/8
Egidi Eck.	Weißenburg	4	Weißenburg	4	Eichstädt	4 6/8	4 6/8	18 3/8
Eglasmühle	Beilngries	1 4/8	Beilngries	1 4/8	Eichstädt	11 4/8	11 4/8	22 2/8
Eglofsdorf	Beilngries	2	Beilngries	2	Eichstädt	10	10	25
Egweil	Eichstädt	4	Eichstädt	4	Eichstädt	4	4	23 4/8
Ehe	Neustadt	1 2/8	Neustadt	1 6/8	Windsheim	5 4/8	31 4/8	12
Ehingen	Dinkelsbühl	4 6/8	Wassertrüdingen	2 2/8	Ansbach	7 6/8	18 2/8	17 6/8
Ehlheim	Gunzenhausen	3 4/8	Heidenheim	2 2/8	Eichstädt	12 2/8	12 2/8	10 6/8
Ehrenschwinden	Dinkelsbühl	5 2/8	Wassertrüdingen	3	Ansbach	6 4/8	18	6 4/8
Eibach	Schwabach	2 2/8	Schwabach	2 4/8	Fürth	2 4/8	19 4/8	10 6/8

Namen der Orte.	Einverleibt dem Bezirksamte.	Stunden.	Landgerichte.	Stunden.	Bezirksgerichte.	Stunden.	Entfernung vom Sitze des Appell.-Ger. Eichstädt (Stunden)	Entfernung vom Sitze des Schw.-Ger. Ansbach (Stunden)
Eibburg	Dinkelsbühl	7	Wassertrüdingen	2 4/8	Ansbach	7 6/8	16 6/8	7 6/8
Eibwang	Eichstädt	5 5/8	Kipfenberg	2 2/8	Eichstädt	5 5/8	5 1/8	22 6/8
Eichelberg	Uffenheim	7 3/8	Windsheim	2 7/8	Windsheim	2 1/8	27 4/8	8 3/8
Eichelhof	Beilngries	1 1/8	Beilngries	1 4/8	Eichstädt	11 6/8	11 6/8	25 6/8
Eichenberg	Gunzenhausen	2	Gunzenhausen	2	Ansbach	6 6/8	13 7/8	8 6/8
Eichholz	Rothenburg	6 1/8	Schillingsfürst	2 3/8	Windsheim	9 4/8	23	5
Eichig	Hersbruck	3 5/8	Lauf	1 7/8	Nürnberg	6 3/8	24 4/8	18 3/8
Eichmühle	Neustadt	4 1/8	Erlbach	1 1/8	Windsheim	5 1/8	26 4/8	7
Eichmühle	Uffenheim	6 4/8	Windsheim	1 6/8	Windsheim	1 3/8	28 6/8	9
Eichstädt	M. Eichstädt	—	St. Eichstädt	—	Eichstädt	—	—	19 6/8
Einersdorf	Neustadt	5	Erlbach	2	Windsheim	5 6/8	25 6/8	6 3/8
Einersheim	Scheinfeld	4 6/8	Bibart	3 3/8	Windsheim	8 4/8	37	17 6/8
Eisenhammer	Schwabach	4 6/8	Roth	1 6/8	Fürth	9 6/8	15	12 5/8
Eisenhammer s. Oberer Eisenhammer								
Eisenmühle	Ansbach	5 1/8	Leutershausen	5 6/8	Ansbach	5 6/8	25	5 6/8
Eisenmühle	Uffenheim	3 6/8	Windsheim	7/8	Windsheim	1/8	27 5/8	8 6/8
Eisler	Dinkelsbühl	6 6/8	Wassertrüdingen	4/8	Ansbach	8 6/8	15 6/8	8 6/8
Eismannsberg	Beilngries	4	Beilngries	4	Eichstädt	13 3/8	13 3/8	24 4/8
Elbersroth	Feuchtwangen	2 4/8	Feuchtwangen	2 1/8	Ansbach	5 6/8	20 4/8	5 6/8
Elbleinsmühle	Feuchtwangen	2 4/8	Feuchtwangen	2 6/8	Ansbach	5 5/8	21 6/8	5 6/8
Elgersdorf	Neustadt	3 6/8	Erlbach	2 4/8	Windsheim	7 1/8	30	10 6/8
Ellenbach	Hersbruck	6/8	Hersbruck	6/8	Nürnberg	8 6/8	23 7/8	20 6/8
Ellingen	Weißenburg	1	Ellingen	—	Eichstädt	7 6/8	7 6/8	12 5/8
Ellwingshofen	Rothenburg	2 1/8	Rothenburg	2 1/8	Windsheim	5 1/8	30	10 4/8
Elpersdorf	Ansbach	1 1/8	Ansbach	1 6/8	Ansbach	1 6/8	18 6/8	1 6/8
Elpersdorf	Heilsbronn	3 6/8	Heilsbronn	3 4/8	Ansbach	6 5/8	16	6 6/8
Eltersdorf	Erlangen	1 4/8	Erlangen	1 1/8	Fürth	2 4/8	24 4/8	13 5/8
Emmelsdorf	Neustadt	3 7/8	Neustadt	3 7/8	Windsheim	7 6/8	31 6/8	12 6/8
Emmetsheim	Weißenburg	1	Ellingen	2 1/8	Eichstädt	7 6/8	7 6/8	12 7/8
Emsing	Beilngries	5 4/8	Greding	2 6/8	Eichstädt	4	4	20
Emskirchen	Neustadt	2 4/8	Erlbach	2 4/8	Windsheim	7 1/8	23 6/8	10 3/8
Enderndorf	Gunzenhausen	3 6/8	Gunzenhausen	3 6/8	Ansbach	9 6/8	11 5/8	9 6/8
Endsee	Rothenburg	2 4/8	Rothenburg	2 4/8	Windsheim	4 3/8	28 6/8	9 6/8
Engelhof	Schwabach	6 1/8	Roth	4 1/8	Fürth	11 6/8	13 4/8	9
Engelthal	Hersbruck	1 4/8	Hersbruck	1 5/8	Nürnberg	7 6/8	20 7/8	19 3/8
Enhofen	Weißenburg	2 6/8	Ellingen	2 4/8	Eichstädt	8 3/8	8 3/8	14 6/8
Enkering	Eichstädt	7 3/8	Kipfenberg	2 3/8	Eichstädt	7 6/8	7 6/8	22 4/8
Entenberg	Nürnberg	6 1/8	Altdorf	2 3/8	Nürnberg	6 1/8	19 7/8	18 6/8
Entmersberg	Hersbruck	3 4/8	Lauf	3 4/8	Nürnberg	8 5/8	26 5/8	20
Enzendorf	Hersbruck	3 4/8	Hersbruck	3 6/8	Nürnberg	10 4/8	26 6/8	22 7/8
Enzenreuth	Hersbruck	3 1/8	Lauf	2 4/8	Nürnberg	7 1/8	25 3/8	19

Namen der Orte.	Einverleibt dem Rentämter.	Stunden.	Landgerichte.	Stunden.	Bezirksgerichte.	Stunden.	Entfernung vom Sitze des Appell.-Ger. Eichstädt	Schw.-Ger. Ansbach
							Stunden.	
Enzlar	Scheinfeld	2 3/8	Bibart	1 5/8	Windsheim	7	34 6/8	14 6/8
Equarhofen	Uffenheim	3	Uffenheim	3	Windsheim	6 4/8	32	12 4/8
Erasbach	Beilngries	4	Beilngries	4	Eichstädt	12 4/8	12 4/8	21 5/8
Ergersheim	Uffenheim	2 4/8	Uffenheim	2 4/8	Windsheim	2 1/8	28 4/8	9
Erichsmühle	Schwabach	2 5/8	Schwabach	2 5/8	Fürth	5 4/8	18	12 4/8
Ergenbrechtshofen	Uffenheim	4	Windsheim	1	Windsheim	1	28 4/8	9
Erkertshofen	Beilngries	6 5/8	Greding	4 1/8	Eichstädt	3	3	19 6/8
Erlabrunn	Scheinfeld	1 5/8	Scheinfeld	1 5/8	Windsheim	7	35 4/8	15 4/8
Erlach	Rothenburg	6	Schillingsfürst	2 3/8	Windsheim	8 6/8	23 6/8	5 4/8
Erlachskirchen	Fürth	5	Cadolzburg	3 6/8	Fürth	5	26 4/8	10 4/8
Erlachsmühle	Neustadt	4	Erlbach	2 6/8	Windsheim	7 3/8	29 4/8	10
Erlangen	M. Erlangen	—	St. Erlangen	—	Fürth	4	25 3/8	15
Erlbach	Ansbach	4 4/8	Leutershausen	5/8	Ansbach	4 4/8	23	4 4/8
Erlbach	Neustadt	3	Erlbach	—	Windsheim	4 6/8	27 4/8	7 4/8
Erlbach	Rothenburg	1 4/8	Rothenburg	1 4/8	Windsheim	7 1/8	28 4/8	8 4/8
Erlenmühle	Heilsbronn	3 6/8	Heilsbronn	3 6/8	Ansbach	3 4/8	18	3 4/8
Erlenstegen	Nürnberg	1 4/8	Nürnberg	1 4/8	Nürnberg	1 4/8	23 4/8	13 5/8
Erlingsdorf	Weissenburg	3 7/8	Ellingen	3	Eichstädt	11	11	11 6/8
Erlingshofen	Eichstädt	5 6/8	Kipfenberg	3 4/8	Eichstädt	5 6/8	5 6/8	23 6/8
Erlmühle (Tenilein)	Feuchtwangen	2 4/8	Feuchtwangen	2 4/8	Ansbach	7 6/8	20 6/8	7 6/8
Erlmühle	Uffenheim	3 1/8	Windsheim	2 7/8	Windsheim	2 7/8	27 4/8	8
Ermetzhofen	Ansbach	6 4/8	Leutershausen	4 3/8	Ansbach	6 4/8	27	6 4/8
Ermetzhofen	Uffenheim	2	Uffenheim	2	Windsheim	3 1/8	29 6/8	9 6/8
Erndorf	Ansbach	4 4/8	Leutershausen	6/8	Ansbach	4 4/8	23 4/8	4 4/8
Ernersdorf	Beilngries	3	Beilngries	3	Eichstädt	11 5/8	11 5/8	23 4/8
Ernhofen	Nürnberg	6 5/8	Altdorf	1	Nürnberg	6 1/8	18	18
Erzberg	Rothenburg	4 6/8	Schillingsfürst	2 6/8	Windsheim	11 6/8	29 6/8	9 6/8
Erzgrube	Weissenburg	3 7/8	Ellingen	3 6/8	Eichstädt	7	7	15 6/8
Erzgrube s. Grabschwart								
Erzleitenmühle	Fürth	2 3/8	Cadolzburg	6/8	Fürth	2 6/8	24	9 6/8
Esbach	Dinkelsbühl	1 6/8	Dinkelsbühl	1 6/8	Ansbach	10 5/8	23	10 5/8
Esbach (Aichenzell)	Feuchtwangen	6/8	Feuchtwangen	6/8	Ansbach	7 6/8	22 6/8	7 6/8
Esbach (Leidendorf)	Feuchtwangen	6	Herrieden	3 5/8	Ansbach	3 1/8	16 6/8	3 6/8
Esbach (Neunstetten)	Feuchtwangen	5	Herrieden	1	Ansbach	2 7/8	20 6/8	2 6/8
Esbach	Uffenheim	7 1/8	Windsheim	3	Windsheim	3	24 6/8	5 6/8
Eschenau	Erlangen	4 4/8	Erlangen	4 6/8	Fürth	6 6/8	25 4/8	17

Namen der Orte.	Einverleibt dem Bezirksamte.	Einw.	Landgericht.	Einw.	Bezirksgerichte.	Einw.	Appell. Ger. Einsch.	Reg. Haupt.	Schw. Ger. Kreises. Einw.
Eschenbach	Feuchtwangen	2¹	Feuchtwangen	2¹/₂	Ansbach	8¹/₂	20¹/₂		8¹/₂
Eschenbach Stadt	Heilsbronn	4¹	Heilsbronn	4¹	Ansbach	5	17¹/₂		5
Eschenbach	Herrsbruck	2	Herrsbruck	2	Nürnberg	10	24¹/₂		22
Eschenbach	Neustadt	3¹/₂	Erlbach	¹/₂	Windsheim	5¹/₂	27¹/₂		7¹/₂
Eselsmühle	Neustadt	3¹	Neustadt	3¹/₂	Windsheim	8	33¹/₂		14¹/₂
Eselsmühle	Scheinfeld	4¹	Sibart	3¹/₂	Windsheim	8¹/₂	37¹/₂		17¹/₂
Espenlohe	Eichstädt	5¹/₂	Eichstädt	5¹/₂	Eichstädt	5¹/₂	5¹/₂		22¹/₂
Eselsberg	Beilngries	4¹/₂	Greding	2	Eichstädt	5¹/₂	5¹/₂		19¹/₂
Eslingen	Weißenburg	6¹/₂	Pappenheim	2¹/₂	Eichstädt	4¹/₂	4¹/₂		18¹/₂
Ettenstadt	Weißenburg	2¹/₂	Ellingen	2¹/₂	Eichstädt	8	8		14¹/₂
Egelheim	Scheinfeld	3¹/₂	Sibart	2¹/₂	Windsheim	2¹/₂	31		11¹/₂
Euerlsdorf	Nürnberg	7¹	Altorf	2	Nürnberg	7¹/₂	15¹/₂		17¹/₂
Euerwang	Beilngries	3¹	Greding	1¹/₂	Eichstädt	6¹/₂	6¹/₂		21¹/₂
Eulenhof (Breitenau)	Feuchtwangen	2	Feuchtwangen	2	Ansbach	7¹/₂	24¹/₂		7¹/₂
Eulenhof	Weißenburg	3¹/₂	Pappenheim	1¹/₂	Eichstädt	8¹/₂	8¹/₂		14¹/₂
Eyb	Ansbach	¹/₂	Ansbach	¹/₂	Ansbach	¹/₂	19		¹/₂
Eyerlohe	Ansbach	3¹/₂	Leutershausen	1¹	Ansbach	3¹/₂	22		3¹/₂
Eysölden	Beilngries	8	Greding	5¹/₂	Eichstädt	9	9		16¹/₂

F.

Namen der Orte.	Einverleibt dem Bezirksamte.	Einw.	Landgericht.	Einw.	Bezirksgerichte.	Einw.	Appell. Ger. Einsch.	Reg. Haupt.	Schw. Ger. Kreises. Einw.
Falkenthal	Gunzenhausen	5	Heidenheim	3	Eichstädt	10¹/₂	10¹/₂		12¹/₂
Fallhaus	M. Ansbach	¹/₂	St. Ansbach	¹/₂	Ansbach	¹/₂	19¹/₂		¹/₂
Fallhaus (Thann)	Beilngries	4	Beilngries	4	Eichstädt	10¹/₂	10¹/₂		24¹/₂
Fallhaus (Greding)	Beilngries	2¹/₂	Greding	¹/₂	Eichstädt	6¹/₂	6¹/₂		20
Fallhaus (Lentersau)	Dinkelsbühl	2¹/₂	Dinkelsbühl	2¹/₂	Ansbach	8¹/₂	19¹/₂		8¹/₂
Fallhaus (Wassertrübingen)	Dinkelsbühl	6¹/₂	Wassertrübingen	¹/₂	Ansbach	8¹/₂	16¹/₂		8¹/₂
Fallhaus (Ammelbruch)	Dinkelsbühl	3¹/₂	Wassertrübingen	4	Ansbach	8¹/₂	2		8¹/₂
Fallhaus	M. Erlangen	¹/₂	St. Erlangen	¹/₂	Fürth	4¹/₂	25		14¹/₂
Fallhaus (Feuchtwangen)	Feuchtwangen	¹/₂	Feuchtwangen	¹/₂	Ansbach	7	22		7
Fallhaus (Wassertrübingen)	Feuchtwangen	3¹/₂	Feuchtwangen	3¹/₂	Ansbach	6	18¹/₂		6
Fallhaus (Langenzenn)	Fürth	4	Cadolzburg	2¹/₂	Fürth	4	25¹/₂		9¹/₂
Fallhaus	M. Fürth	¹/₂	St. Fürth	¹/₂	Fürth	¹/₂	21¹/₂		12

Namen der Orte.	Einverleibt dem						Entfernung vom Sitze des		
	Bezirksamts.	Stunden.	Landgerichts.	Stunden.	Bezirksgerichts.	Stunden.	k. Appell.-Ger. Gericht.	Ober-Ger. Ger. Gericht.	Stunden.
Fallhaus (Gunzenhausen)	Gunzenhausen	⁷⁄₈	Gunzenhausen	⁴⁄₈	Ansbach	7⁴⁄₈	12⁸⁄₈	7³⁄₈	
Fallhaus (Aberg)	Gunzenhausen	2⁸	Gunzenhausen	2⁸⁄	Ansbach	8³⁄₈	11⁴⁄₈	8⁵⁄₈	
Fallhaus (Betzendorf)	Hersbruck	4	Lauf	⁷⁄₈	Nürnberg	4⁵⁄₈	23⁵⁄₈	16⁵⁄₈	
Fallhaus (Windsbach)	Heilbronn	3⁵⁄₈	Heilbronn	3⁵⁄₈	Ansbach	5⁵⁄₈	16⁴⁄₈	5⁶⁄₈	
Fallhaus (Buchen)	Neustadt	2⁸	Erlbach	⁴⁄₈	Windsheim	4⁴⁄₈	28⁴⁄₈	9	
Fallhaus (Silbermsdorf)	Neustadt	4⁸	Erlbach	1⁵⁄₈	Windsheim	6⁴⁄₈	28⁵⁄₈	8⁴⁄₈	
Fallhaus (Neustadt)	Neustadt	⁴⁄₈	Neustadt	³⁄₈	Windsheim	4⁷⁄₈	30⁵⁄₈	10⁵⁄₈	
Fallhaus (Peppenhöchstett)	Neustadt	4⁴⁄₈	Neustadt	4⁴⁄₈	Windsheim	8³⁄₈	33⁶⁄₈	14	
Fallhaus (Schornweisach)	Neustadt	3⁴⁄₈	Neustadt	3⁴⁄₈	Windsheim	7⁵⁄₈	33⁴⁄₈	14	
Fallhaus (Altdorf)	Nürnberg	6⁸	Altdorf	⁴⁄₈	Nürnberg	6⁸	17⁵⁄₈	17⁵⁄₈	
Fallhaus (Insingen)	Rothenburg	3¹⁄₈	Rothenburg	3¹⁄₈	Windsheim	9⁴⁄₈	29⁵⁄₈	10⁵⁄₈	
Fallhaus (Appenfelden)	Scheinfeld	2⁴⁄₈	Scheinfeld	2⁴⁄₈	Windsheim	8⁵⁄₈	36⁴⁄₈	17⁵⁄₈	
Fallhaus (Oberstreinbach)	Scheinfeld	1⁴⁄₈	Scheinfeld	1⁵⁄₈	Windsheim	5⁵⁄₈	32⁵⁄₈	13	
Fallhaus (Sehmbrach)	Schwabach	4	Roth	⁴⁄₈	Fürth	9⁵⁄₈	14	11⁵⁄₈	
Fallhaus (Exall)	Schwabach	6	Roth	5⁵⁄₈	Fürth	11⁵⁄₈	13⁴⁄₈	8⁵⁄₈	
Fallhaus	W. Schwabach	⁴⁄₈	St. Schwabach	⁴⁄₈	Fürth	5⁵⁄₈	17	10⁵⁄₈	
Fallhaus (Seyern)	Weißenburg	2⁴⁄₈	Ellingen	2⁴⁄₈	Eichstädt	7	7	15	
Fallhaus (Welmersheim)	Weißenburg	1⁸	Ellingen	2	Eichstädt	8³⁄₈	8⁴⁄₈	11⁵⁄₈	
Fallhaus (Pappenheim)	Weißenburg	3⁷	Pappenheim	⁴⁄₈	Eichstädt	6⁴⁄₈	6⁴⁄₈	16⁵⁄₈	
Fallhütte (Gleishammer)	Nürnberg	⁴⁄₈	Nürnberg	⁴⁄₈	Nürnberg	⁴⁄₈	21⁵⁄₈	12⁴⁄₈	
Fallhütte (Weißenburg)	Weißenburg	4	Weißenburg	4	Eichstädt	5⁴⁄₈	5⁵⁄₈	13⁵⁄₈	
Fallmeisterei (Beilngries)	Beilngries	7	Beilngries	4	Eichstädt	10⁵⁄₈	10⁵⁄₈	24	

Namen der Orte.	Einverleibt dem Bezirksamte.	Stunden.	Landgerichte.	Stunden.	Bezirksgerichte.	Stunden.	Entfernung vom Sitze des Appell.-Ger. Eichstädt. Stunden.	Entfernung vom Sitze des Cons.-Ger. Ansbach. Stunden.
Fallmeisterei (Berching)	Beilngries	2 1/8	Beilngries	2 6/8	Eichstädt	11	11	22 6/8
Fallmeisterei (Mönchsroth)	Dinkelsbühl	2 1/8	Dinkelsbühl	2 1/8	Ansbach	12 6/8	20 6/8	12 6/8
Fallmeisterei (Cadolzburg)	Fürth	3 6/8	Cadolzburg	4/8	Fürth	3 6/8	23 6/8	8 4/8
Fallmeisterei (Emskirchen)	Neustadt	2 6/8	Erlbach	2 6/8	Windsheim	7 6/8	30	10 4/8
Falzner Weiher	Nürnberg	1 4/8	Nürnberg	1 4/8	Nürnberg	1 1/8	22 4/8	13 6/8
Fasanerie	Eichstädt	2 1/8	Eichstädt	2 1/8	Eichstädt	2 1/8	2 1/8	22
Faulenberg	Rothenburg	2 6/8	Schillingsfürst	1	Windsheim	9	27 6/8	7 6/8
Feldhäusel	Uffenheim	8	Windsheim	3 1/8	Windsheim	3 4/8	28 6/8	9 6/8
Feinschlück	Beilngries	5 4/8	Greding	2 6/8	Eichstädt	6 6/8	6 6/8	18 6/8
Felsen bei Stein	Nürnberg	6/8	Nürnberg	6/8	Nürnberg	6/8	21 4/8	12
Felsenkeller	Rothenburg	4 4/8	Schillingsfürst	1 6/8	Windsheim	10 6/8	28 6/8	9
Ferdinandsfeld	Eichstädt	2 1/8	Eichstädt	2 3/8	Eichstädt	2 1/8	2 1/8	17 4/8
Fernabrünst	Fürth	5 4/8	Cadolzburg	2 4/8	Fürth	5 1/8	22 4/8	6 6/8
Fessenmühle	Ansbach	2 6/8	Ansbach	2 6/8	Ansbach	2 6/8	21 7/8	2 6/8
Fetschendorf	Feuchtwangen	2 3/8	Feuchtwangen	2 3/8	Ansbach	7 4/8	19 4/8	7 4/8
Feucht	Nürnberg	4	Altdorf	3 3/8	Nürnberg	4	16 6/8	14 4/8
Feuchtwangen	Feuchtwangen	-	Feuchtwangen	-	Ansbach	7	22	7
Filchenhard	Gunzenhausen	1 6/8	Gunzenhausen	1 6/8	Ansbach	9	13 3/8	9
Finkenmühle	Neustadt	2 4/8	Erlbach	1 6/8	Windsheim	6 6/8	28 6/8	9 6/8
Finstergarten	Hersbruck	3	Lauf	2 7/8	Nürnberg	7	25 6/8	18 6/8
Finstermühle	Eichstädt	4 7/8	Eichstädt	4 7/8	Eichstädt	4 7/8	4 7/8	20 6/8
Fischbach	Heilsbronn	3	Heilsbronn	3	Ansbach	4	18 6/8	4
Fischbach	Nürnberg	2 6/8	Altdorf	3 6/8	Nürnberg	2 6/8	17 7/8	14 6/8
Fischbrunn	Hersbruck	2 4/8	Hersbruck	2 1/8	Nürnberg	10 6/8	25 6/8	22 4/8
Fischhaus	Ansbach	1 1/8	Ansbach	1 1/8	Ansbach	1 1/8	20	1 1/8
Fischhaus	M. Dinkelsbühl	6/8	St. Dinkelsbühl	6/8	Ansbach	10	21 4/8	10
Fischhaus (Bichelberg)	Gunzenhausen	1 6/8	Gunzenhausen	1 6/8	Ansbach	6	13 3/8	6
Fischhaus (Dürrenmungenau)	Heilsbronn	5	Heilsbronn	5	Ansbach	7 6/8	15	7 6/8
Fischhaus	Rothenburg	4 1/8	Schillingsfürst	6/8	Windsheim	9 6/8	27 6/8	8 6/8
Fischhaus	Scheinfeld	6/8	Scheinfeld	6/8	Windsheim	6	34 4/8	16
Fischhof	Scheinfeld	2 6/8	Bibart	1 6/8	Windsheim	7 6/8	33	13 4/8
Flachslanden	Ansbach	3 4/8	Ansbach	3 6/8	Ansbach	3 6/8	29 1/8	3 6/8
Fladengreuth	Ansbach	5 1/8	Ansbach	5 1/8	Ansbach	5 1/8	24 6/8	5 6/8
Flaschenhof	M. Nürnberg	6/8	St. Nürnberg	6/8	Nürnberg	6/8	22	12 6/8
Flattermühle	Feuchtwangen	3 6/8	Feuchtwangen	3 6/8	Ansbach	6 4/8	18 6/8	6 4/8

Namen der Orte.	Einverleibt dem Bezirksamte.	Stunden.	Landgerichte.	Stunden.	Bezirksgerichte.	Stunden.	Entfernung vom Sitze des Appell.-Ger. Eichstädt. Stunden.	Entfernung vom Sitze des Schw.-Ger. Ansbach. Stunden.
Flechsdorf	Fürth	1 7/8	Fürth	1 7/8	Fürth	1 7/8	23 4/8	13 6/8
Flemmühle	Weißenburg	2 6/8	Pappenheim	1 6/8	Eichstädt	5 4/8	5 4/8	16 5/8
Flinsberg	Dinkelsbühl	1 7/8	Dinkelsbühl	1 7/8	Ansbach	9 6/8	21 7/8	9 6/8
Flinzmühle	Dinkelsbühl	4 6/8	Wassertrüdingen	4 6/8	Ansbach	6	19 6/8	6
Fluchshof	Neustadt	2 7/8	Erlbach	2 6/8	Windsheim	6 4/8	29 4/8	10
Förrenbach	Hersbruck	2	Hersbruck	2	Nürnberg	10	22 6/8	22
Förresmühle	Nürnberg	6 1/8	Altdorf	1 1/8	Nürnberg	6 4/8	16	16 4/8
Förstershaus	Beilngries	4 1/8	Beilngries	4 1/8	Eichstädt	14	14	25
Fohlenhof	Ansbach	4 6/8	Leutershausen	2	Ansbach	4 7/8	24 6/8	4 7/8
Forchheim	Beilngries	5	Beilngries	5	Eichstädt	13	13	19 6/8
Forndorf	Feuchtwangen	4	Feuchtwangen	4	Ansbach	5 6/8	18	5 6/8
Forst s. Forsthof								
Forst	Neustadt	2 4/8	Neustadt	2 4/8	Windsheim	7	32 4/8	13
Forsthaus	Scheinfeld	3 6/8	Bibart	2 [illegible]	Windsheim	8 1/8	35 7/8	15 6/8
Forsthof	Ansbach	2 4/8	Ansbach	2 7/8	Ansbach	2 6/8	21 7/8	2 6/8
Forsthof	Nürnberg	4/8	Nürnberg	6/8	Nürnberg	4/8	21 4/8	12
Forsthof	Schwabach	4/8	Schwabach	4/8	Fürth	5 6/8	16 4/8	10 4/8
Forsthöfe	Dinkelsbühl	5 4/8	Wassertrüdingen	6/8	Ansbach	9 4/8	16 6/8	9 4/8
Forstmühle	Eichstädt	5	Kipfenberg	1 6/8	Eichstädt	5	5	24 6/8
Forth	Erlangen	4 1/8	Erlangen	4 1/8	Fürth	7 7/8	26 6/8	17 6/8
Frankenberg	Uffenheim	2 4/8	Uffenheim	2 4/8	Windsheim	6 6/8	32 6/8	12 6/8
Frankendorf	Ansbach	2 6/8	Ansbach	2 7/8	Ansbach	2 6/8	21 6/8	2 6/8
Frankenfeld	Neustadt	3 1/8	Neustadt	3 1/8	Windsheim	5 6/8	33 4/8	14
Frankenheim	s. Schillingsfürst							
Frankenhofen	Dinkelsbühl	4	Dinkelsbühl	4	Ansbach	10 4/8	15 6/8	10 4/8
Frankfurt	Scheinfeld	1 6/8	Scheinfeld	1 1/8	Windsheim	7	34 6/8	15
Franzenhammer	Hersbruck	3 6/8	Lauf	2	Nürnberg	6 6/8	24 6/8	18 4/8
Franzenmühle	Dinkelsbühl	1 7/8	Dinkelsbühl	1 6/8	Ansbach	9 6/8	21 6/8	9 6/8
Frauenaurach	Erlangen	1 4/8	Erlangen	1 [illegible]	Fürth	3 4/8	25 4/8	14 4/8
Freiröttenbach	Hersbruck	4 6/8	Lauf	3 6/8	Nürnberg	8 4/8	26 1/8	20 6/8
Freyhardt	Gunzenhausen	5 4/8	Heidenheim	3	Eichstädt	10 6/8	10 6/8	14 1/8
Freihaslach	Scheinfeld	3 7/8	Scheinfeld	3 1/8	Windsheim	8 4/8	35 4/8	16
Freihausen	Beilngries	4	Beilngries	4	Eichstädt	12	12	25 4/8
Friberzhofen	Beilngries	2	Beilngries	2	Eichstädt	10 1/8	10 1/8	21 6/8
Frickendorf	Ansbach	4 7/8	Ansbach	4 6/8	Ansbach	4 6/8	23 6/8	4 7/8
Frickenfelden	Gunzenhausen	1	Gunzenhausen	1	Ansbach	8 4/8	11 4/8	8 4/8
Frickenmühle	Ansbach	5 6/8	Leutershausen	6 1/8	Ansbach	5 6/8	25 6/8	6 4/8
Friedrichsgmünd	Schwabach	5 7/8	Roth	3	Fürth	10 4/8	12	10 6/8
Friedrichsthal	Dinkelsbühl	4 6/8	Wassertrüdingen	3 7/8	Ansbach	6 4/8	18 6/8	6 4/8
Fritzmühle	Ansbach	1 4/8	Ansbach	1 4/8	Ansbach	1 6/8	21 3/8	1 6/8
Fröschau	Dinkelsbühl	6	Wassertrüdingen	4 4/8	Ansbach	4 6/8	18 6/8	4 6/8

Namen der Orte.	Einverleibt dem Bezirksamte.	Stunden.	Landgerichte.	Stunden.	Bezirksgerichte.	Stunden.	Entfernung vom Sitze des Appell.-Ger. Eichstädt	Schw.-Ger. Ansbach
							Stunden.	
Fröschau	Nürnberg	5	Altdorf	1 7/8	Nürnberg	5	15 3/8	15 3/8
Fröschendorf	Uffenheim	8 4/8	Windsheim	4 6/8	Windsheim	4 2/8	26	6 6/8
Fröschendorfer-mühle	Uffenheim	8 4/8	Windsheim	3 4/8	Windsheim	3 6/8	26	6 6/8
Frohnhof	Ansbach	2 2/8	Ansbach	2 3/8	Ansbach	2 3/8	22	2 6/8
Frohnhof	Hersbruck	3 6/8	Lauf	3 3/8	Nürnberg	8 4/8	26 7/8	20 7/8
Frommetsfelden	Ansbach	5 4/8	Leutershausen	1 6/8	Ansbach	5 1/8	24 4/8	5 6/8
Froschmühle	Ansbach	3 4/8	Leutershausen	4/8	Ansbach	3 1/8	23 3/8	3 4/8
Froschmühle	Dinkelsbühl	1	Dinkelsbühl	1	Ansbach	9 6/8	22 4/8	8 6/8
Froschmühle (Neuendettelsau)	Heilsbronn	1 1/8	Heilsbronn	1 6/8	Ansbach	5 2/8	18 4/8	5 6/8
Froschmühle	Rothenburg	3	Schillingsfürst	1 6/8	Windsheim	7 4/8	26	6 4/8
Fuchsmühle	Beilngries	4 4/8	Beilngries	4 4/8	Eichstädt	11 6/8	11 3/8	19 6/8
Fuchsmühle	Gunzenhausen	5 4/8	Heidenheim	2	Eichstädt	10 6/8	10 6/8	13 3/8
Fuchsmühle	Nürnberg	4 4/8	Altdorf	2 4/8	Nürnberg	4 4/8	18 4/8	16 6/8
Fuchsmühle	M. Rothenburg	1/8	St. Rothenburg	1/8	Windsheim	7 4/8	29	8 6/8
Fünfbronn	Schwabach	6 6/8	Roth	6 2/8	Fürth	12	13	8 6/8
Fürnheim	Dinkelsbühl	5	Wassertrüdingen	2	Ansbach	10 7/8	18	10 6/8
Fürstenforst	Scheinfeld	3 6/8	Scheinfeld	3 1/8	Windsheim	8 6/8	35	15 6/8
Fürth	M. Fürth	—	St. Fürth	—	Fürth	—	22 3/8	12 4/8
Fürth vom Rathhaus bis zum Rathhaus Nürnberg				—	—	2 1/8	22 7/8	12 4/8
Füttersee	Scheinfeld	4	Scheinfeld	4	Windsheim	9 6/8	37 3/8	18 6/8
Furth	Schwabach	3	Schwabach	3	Fürth	7	17 4/8	13 3/8
Furthmühle	Beilngries	4 6/8	Greding	3 6/8	Eichstädt	4	4	20 7/8
Furthmühle	Gunzenhausen	2 4/8	Gunzenhausen	2 1/8	Ansbach	9	11 3/8	9

G.

Gabermühle	Erlangen	2 6/8	Erlangen	2 6/8	Fürth	5 4/8	28	17 6/8
Gackenmühle	Uffenheim	3 6/8	Windsheim	1/8	Windsheim	1/8	27 6/8	8 6/8
Gänswirthshaus	Weißenburg	1	Weißenburg	1	Eichstädt	6 6/8	6 6/8	14 4/8
Gärten b. d. Veste	M. Nürnberg	6/8	St. Nürnberg	6/8	Nürnberg	6/8	22	12 7/8
Gärten bei Wöhrd	M. Nürnberg	1/8	St. Nürnberg	4/8	Nürnberg	1/8	22 7/8	12 7/8
Gärtnershof	Gunzenhausen	3 1/8	Heidenheim	4/8	Eichstädt	13 4/8	13 4/8	11
Gailnau (Unter-)	Rothenburg	3 6/8	Schillingsfürst	1 6/8	Windsheim	10 6/8	29	8 6/8
Gailroth	Rothenburg	5	Schillingsfürst	4 1/8	Windsheim	12 2/8	30 4/8	11
Gailshofen	Rothenburg	3 6/8	Rothenburg	3 6/8	Windsheim	4 6/8	29 6/8	10 6/8
Gaisengrund	Ansbach	1 1/8	Ansbach	1 6/8	Ansbach	1 1/8	19 3/8	1 3/8
Gaislohe	Weißenburg	2 7/8	Pappenheim	1 4/8	Eichstädt	5 6/8	5 4/8	16 6/8
Galsmannshof	Nürnberg	1 6/8	Nürnberg	1 6/8	Nürnberg	1 3/8	21 6/8	11 6/8
Galgenhof	M. Nürnberg	4/8	St. Nürnberg	4/8	Nürnberg	6/8	22	11 6/8

Namen der Orte.	Einverleibt dem Bezirksamts.	Stunden	Landgerichte.	Stunden	Bezirksgerichte.	Stunden	Appell. Ger. Sitz. Stunden	Schw.-Ger. Landger. Stunden
Gaigenmühle	Ansbach	⁷/₈	Ansbach	⁷/₈	Ansbach	⁷/₈	19⁴/₈	⁷/₈
Gallenmühle	Gunzenhausen	3⁷/₈	Heidenheim	⁷/₈	Eichstädt	13⁴/₈	13⁴/₈	11
Gastnersgarten	Uffenheim	3⁴/₈	Windsheim	3⁷/₈	Windsheim	3⁷/₈	28	8⁴/₈
Gamersfeld	Eichstädt	6	Eichstädt	6	Eichstädt	6	6	22
Gastenfelden	Feuchtwangen	4⁴/₈	Herrieden	2⁴/₈	Ansbach	4⁴/₈	17	4⁴/₈
Gastenfelden	Rothenburg	3⁴/₈	Schillingsfürst	1⁴/₈	Windsheim	7⁴/₈	28	6⁴/₈
Galkenhofen	Rothenburg	1⁴/₈	Rothenburg	1⁴/₈	Windsheim	5⁴/₈	30⁴/₈	11
Gauchsdorf	Schwabach	2⁴/₈	Schwabach	2⁴/₈	Fürth	7⁴/₈	15	10
Gauchsmühle	Zürch	4⁴/₈	Cadolzburg	2⁴/₈	Fürth	4⁴/₈	25⁴/₈	9⁴/₈
Gauchsmühle	Nürnberg	4⁴/₈	Kübdorf	2⁴/₈	Nürnberg	4⁴/₈	16⁴/₈	15⁴/₈
Gauinhofen	Schwabach	1⁴/₈	Schwabach	1⁴/₈	Fürth	4⁴/₈	18⁴/₈	11⁴/₈
Gaulnhofen	Schwabach	3	Schwabach	3	Fürth	5⁴/₈	18	7⁴/₈
Gebersdorf	Ansbach	1⁴/₈	Ansbach	1⁴/₈	Ansbach	1⁴/₈	21⁴/₈	1⁴/₈
Gebersdorf	Prüngries	5⁴/₈	Greding	3	Eichstädt	6⁴/₈	6⁴/₈	17⁴/₈
Gebersdorf	Nürnberg	2	Nürnberg	2	Nürnberg	2	20⁴/₈	10⁴/₈
Gebsattel	Rothenburg	1	Rothenburg	1	Windsheim	7⁴/₈	29	9⁴/₈
Geckenheim	Uffenheim	1	Uffenheim	1	Windsheim	5⁴/₈	31⁴/₈	11⁴/₈
Gehren (Gern)	Feuchtwangen	6⁴/₈	Herrieden	4⁴/₈	Ansbach	5	15⁴/₈	5
Gehrenberg	Feuchtwangen	1⁴/₈	Feuchtwangen	1⁴/₈	Ansbach	7	23⁴/₈	7
Geiglenhof	Heilsbronn	1⁴/₈	Heilsbronn	1⁴/₈	Ansbach	5⁴/₈	18⁴/₈	5⁴/₈
Geilsenmühle	Heilsbronn	1⁴/₈	Heilsbronn	1⁴/₈	Ansbach	5⁴/₈	18⁴/₈	5⁴/₈
Geilsheim	Dinkelsbühl	3	Wassertrüdingen	1⁴/₈	Windsheim	10	15⁴/₈	10
Geißelberg	Gunzenhausen	2⁴/₈	Gunzenhausen	2⁴/₈	Ansbach	8⁴/₈	11⁴/₈	8⁴/₈
Geißelwind	Scheinfeld	3⁴/₈	Scheinfeld	3⁴/₈	Windsheim	9⁴/₈	38	18⁴/₈
Geishof	Rothenburg	3⁴/₈	Schillingsfürst	1	Windsheim	8	26⁴/₈	7
Geislingen	Uffenheim	3⁴/₈	Uffenheim	3⁴/₈	Windsheim	7⁴/₈	34	14⁴/₈
Geislohe	Gunzenhausen	1⁴/₈	Gunzenhausen	1⁴/₈	Ansbach	7⁴/₈	12⁴/₈	7⁴/₈
Geismühle	W. Dinkelsbühl	⁴/₈	St. Dinkelsbühl	⁴/₈	Nürnberg	10⁴/₈	21⁴/₈	10⁴/₈
Geisreuth	Herrebruck	5⁴/₈	Laid	1⁴/₈	Nürnberg	4	25⁴/₈	15⁴/₈
Geländer	Eichstädt	2⁴/₈	Eichstädt	2⁴/₈	Eichstädt	2⁴/₈	2⁴/₈	17
Geilbser	Eichstädt	7	Kipfenberg	1⁴/₈	Eichstädt	7	7	24⁴/₈
Geilrinsmühle	Uffenheim	2	Uffenheim	2	Windsheim	6⁴/₈	32⁴/₈	12⁴/₈
Geishofen	Dinkelsbühl	3⁴/₈	Dinkelsbühl	3⁴/₈	Ansbach	9	18⁴/₈	9
Geismühle	Dinkelsbühl	3⁴/₈	Dinkelsbühl	3⁴/₈	Ansbach	9	18⁴/₈	9
Georgenhaag	Feuchtwangen	6⁴/₈	Herrieden	5⁴/₈	Ansbach	5⁴/₈	14⁴/₈	5⁴/₈
Georgenhof	Feuchtwangen	⁴/₈	Feuchtwangen	⁴/₈	Ansbach	7	22⁴/₈	7
Georgensgmünd	Schwabach	5⁴/₈	Roth	3⁴/₈	Fürth	10⁴/₈	12	10⁴/₈
Gerbersdorf	Gunzenhausen	3⁴/₈	Gunzenhausen	3⁴/₈	Ansbach	4⁴/₈	16⁴/₈	4⁴/₈
Gerersdorf	Feuchtwangen	5⁴/₈	Herrieden	2⁴/₈	Fürth	2⁴/₈	17⁴/₈	2⁴/₈
Gersmühle	Schwabach	2⁴/₈	Schwabach	2⁴/₈	Fürth	3	19	10⁴/₈
Gerhardshofen	Neustadt	2⁴/₈	Neustadt	2⁴/₈	Windsheim	7⁴/₈	32⁴/₈	13⁴/₈

Namen der Orte.	Einverleibt dem Bezirksamte.	Stunden.	Landgerichte.	Stunden.	Bezirksgerichte.	Stunden.	Entfernung vom Sitze des Appell.-Ger. Eichstädt	Schw.-Ger. Ansbach
							Stunden.	
Gerhelm	Hersbruck	4 4/8	Hersbruck	4 4/8	Nürnberg	12	28 4/8	24
Gerlesmühle	Uffenheim	3 4/8	Windsheim	3 6/8	Windsheim	3 4/8	27 4/8	8
Germersberg	Hersbruck	4 6/8	Lauf	2 5/8	Nürnberg	7 4/8	25 6/8	19 7/8
Gerolfingen	Dinkelsbühl	4	Wassertrüdingen	2 1/8	Ansbach	9 4/8	18	9 6/8
Gersbach	Heilsbronn	4	Heilsbronn	4	Ansbach	6 6/8	16 6/8	6 4/8
Gersberg	Nürnberg	6 6/8	Altdorf	3	Nürnberg	6 2/8	19 6/8	18 6/8
Gersbronn	Dinkelsbühl	6/8	Dinkelsbühl	6/8	Ansbach	10 4/8	21 4/8	10 6/8
Gersdorf	Nürnberg	6	Altdorf	2 6/8	Nürnberg	6	19 6/8	18
Gersdorf	Weißenburg	4	Weißenburg	4	Eichstädt	5	5	17 6/8
Geslau am Wald	Ansbach	6 6/8	Leutershausen	4	Ansbach	6 6/8	26 6/8	6 4/8
Geyern	Weißenburg	2 6/8	Ellingen	2 6/8	Eichstädt	7 6/8	7 6/8	15
Gibitzenhof	Nürnberg	6 6/8	Altdorf	1 1/8	Nürnberg	6 6/8	16	16 4/8
Gibitzenhof	Nürnberg	1	Nürnberg	1	Nürnberg	1	21	11 6/8
Gickelhausen	Rothenburg	3 4/8	Rothenburg	3 4/8	Windsheim	5 6/8	30	10 6/8
Gimpertshausen	Feuchtwangen	2 4/8	Feuchtwangen	2 4/8	Ansbach	5 6/8	21 4/8	5 7/8
Glaizendorf	Ansbach	3 1/8	Ansbach	3 1/8	Ansbach	3 1/8	22 6/8	3 1/8
Glashofen	Feuchtwangen	1	Feuchtwangen	1	Ansbach	6 6/8	23	6 6/8
Gleisbühl	M. Nürnberg	6/8	St. Nürnberg	6/8	Nürnberg	6/8	22	12
Gleisenberg	Scheinfeld	3 1/8	Scheinfeld	3 1/8	Windsheim	9 6/8	35	15 6/8
Gleishammer	Nürnberg	1	Nürnberg	1	Nürnberg	1	22 4/8	12 6/8
Glockenhof	M. Nürnberg	6/8	St. Nürnberg	6/8	Nürnberg	6/8	22 6/8	12 6/8
Gnotzheim	Gunzenhausen	2 6/8	Heidenheim	1 4/8	Eichstädt	14 4/8	14 4/8	9 6/8
Göckenhof	Schwabach	2	Schwabach	2	Fürth	3 6/8	18 6/8	9 6/8
Göckershof	Fürth	3 6/8	Cadolzburg	1 6/8	Fürth	3 6/8	25 4/8	9 6/8
Göddeldorf	Heilsbronn	1 4/8	Heilsbronn	1 4/8	Ansbach	6 4/8	18 6/8	6 6/8
Gödderslingen	Ansbach	2 6/8	Ansbach	2 6/8	Ansbach	2 6/8	22 4/8	2 6/8
Göhren	Weißenburg	3 6/8	Pappenheim	1 4/8	Eichstädt	5 6/8	5 4/8	17 6/8
Göllersreuth	Beilngries	5 4/8	Greding	2 6/8	Eichstädt	6 4/8	6 4/8	18
Görchsheim	Ansbach	3 6/8	Leutershausen	1/8	Ansbach	3 6/8	22	3 6/8
Gösseldorf	Ansbach	2 6/8	Ansbach	2 6/8	Ansbach	2 6/8	17 4/8	2 4/8
Göttelbronn	Neustadt	3 6/8	Neustadt	3 6/8	Windsheim	8 6/8	32 6/8	13 6/8
Götteldorf	Ansbach	4 6/8	Ansbach	4 6/8	Ansbach	4 6/8	23 7/8	4 6/8
Göttelhof	Neustadt	2 4/8	Neustadt	2 4/8	Windsheim	7	31 6/8	12
Götzelshard	Beilngries	5 4/8	Greding	4 6/8	Eichstädt	3 6/8	3 4/8	20 6/8
Götzenreuth	Schwabach	2 6/8	Schwabach	2 4/8	Fürth	7 6/8	15 6/8	9 6/8
Götzlesberg	Hersbruck	4	Lauf	3 6/8	Nürnberg	8 6/8	26 6/8	20 6/8
Goldbühl	Feuchtwangen	6 4/8	Herrieden	4 6/8	Ansbach	6	15 6/8	6
Gollachostheim	Uffenheim	2 1/8	Uffenheim	2 1/8	Windsheim	6 6/8	33 6/8	13
Gollhofen	Uffenheim	1 6/8	Uffenheim	1 6/8	Windsheim	5 6/8	30 6/8	11 6/8
Gonnersdorf	Fürth	3 1/8	Cadolzburg	7/8	Fürth	3 7/8	24 6/8	8 6/8
Goschenhof	Dinkelsbühl	1 1/8	Dinkelsbühl	1 7/8	Ansbach	9 6/8	21 4/8	9 6/8

Namen der Orte	Einverleibt dem Bezirksamte.	Stunden.	Landgerichte.	Stunden.	Bezirksgerichte.	Stunden.	Entfernung vom Sitze des Appell.-Ger. Eichstädt. Stunden.	Schw.-Ger. Ansbach. Stunden.
Goschenhöfe	Dinkelsbühl	4¾	Wassertrüdingen	2¾	Ansbach	11½	18¾	11½
Gostenhof	M. Nürnberg	¾	St. Nürnberg	¾	Nürnberg	3¾	21½	11¾
Gottendorf	Feuchtwangen	7	Herrieden	3¾	Ansbach	5¾	14¾	5¾
Gottesgab	Neustadt	4¾	Neustadt	4¾	Windsheim	9¾	34	14¼
Gottmannsdorf	Heilsbronn	1¾	Heilsbronn	1¾	Ansbach	6¾	19¾	6¾
Gotzenberg	Hersbruck	3¾	Hersbruck	3¾	Nürnberg	11½	22¼	23¾
Gotzendorf	Heilsbronn	4	Heilsbronn	4	Ansbach	3¼	18	3¼
Gotzenmühle	Heilsbronn	4	Heilsbronn	4	Ansbach	3¼	18	3¼
Graben	Weißenburg	2¼	Pappenheim	3	Eichstädt	7¼	7¼	18¾
Gradkapelle	Beilngries	2¾	Greding	¾	Eichstädt	6¼	6¼	20¾
Grabmühle	Dinkelsbühl	3¾	Dinkelsbühl	3¾	Ansbach	9½	17¾	8¾
Grabschwart	Weißenburg	2½	Weißenburg	2¾	Eichstädt	4½	4¾	16¾
Gräbenwinden	Feuchtwangen	2¼	Feuchtwangen	2¼	Ansbach	6½	20¾	6¾
Gräfenbuch	Ansbach	3½	Ansbach	3½	Ansbach	3½	22¾	8½
Gräfenmühle	Gunzenhausen	3¼	Gunzenhausen	3¼	Ansbach	9¾	11	8¾
Gräfenneuses	Neustadt	4½	Neustadt	4¾	Windsheim	10	38¾	18¾
Gräfensteinberg	Gunzenhausen	1½	Gunzenhausen	1½	Ansbach	7¾	12¾	7¾
Grafenberg	Beilngries	4¾	Greding	2	Eichstädt	4¾	4¾	20
Grafenmühle	Weißenburg	3¼	Pappenheim	½	Eichstädt	7	7	15¾
Grampersdorf	Beilngries	2½	Beilngries	2¾	Eichstädt	8¼	8¼	24
Gramstätterhöfe	Dinkelsbühl	3½	Dinkelsbühl	3½	Ansbach	13¾	21¾	13¾
Grappertshofen	Scheinfeld	¾	Scheinfeld	¾	Windsheim	6½	34¾	16¾
Grashöfe	Beilngries	5½	Greding	3	Eichstädt	7¾	7¾	17¾
Greding	Beilngries	2¾	Greding	—	Eichstädt	6¾	6¾	20¾
Greimersdorf	Fürth	3¼	Cadolzburg	¼	Fürth	3¼	24¼	8¼
Greißelbach	Dinkelsbühl	3	Dinkelsbühl	3	Ansbach	13¼	20	13¼
Greuth	Schwabach	1¾	Schwabach	1¼	Fürth	5¾	17¾	11¾
Griesbruck	Gunzenhausen	3½	Gunzenhausen	3¾	Ansbach	9½	11¾	9¾
Grieshof	Neustadt	4	Erlbach	3¾	Windsheim	8	30	11¼
Griesmühle (Enderndorf)	Gunzenhausen	3¾	Gunzenhausen	3¾	Ansbach	9½	11¾	9¾
Griesmühle	Hersbruck	3¾	Hersbruck	3¾	Nürnberg	10½	27	22½
Grimschwinden	Feuchtwangen	4	Feuchtwangen	4	Ansbach	11	26	11
Grögling	Beilngries	1¾	Beilngries	1¾	Eichstädt	10¾	10¾	25¼
Grönhardt	Weißenburg	2	Pappenheim	3	Eichstädt	9	9	15¾
Grösdorf	Eichstädt	6¼	Kipfenberg	½	Eichstädt	6¼	6¼	24
Groppenhof	Eichstädt	4¾	Eichstädt	4¾	Eichstädt	4¾	4¾	20¾
Großalfalterbach	Beilngries	5¼	Beilngries	5¼	Eichstädt	15	15	28¾
Großbellhofen	Hersbruck	4½	Lauf	2½	Nürnberg	7	25¾	18¾
Großbergghausen	Beilngries	4¼	Beilngries	4¼	Eichstädt	12¼	12¼	20¾

Namen der Orte.	Einverleibt dem Bezirksamte.	Stunden.	Landgerichte.	Stunden.	Bezirksgerichte.	Stunden.	Entfernung vom Sitze des Appell.-Ger. Eichstätt (Stunden)	[illegible]-Ger. Ansbach (Stunden)
Großbreiten-bronn	Feuchtwangen	7	Herrieden	4 6/8	Ansbach	3 4/8	16 6/8	8 4/8
Großharbach	Rothenburg	4	Rothenburg	4	Windsheim	5 4/8	30 4/8	11
Großenried	Feuchtwangen	5	Herrieden	2 4/8	Ansbach	3 6/8	17	8 6/8
Großgründlach	Fürth	2	Fürth	2	Fürth	2	23 4/8	13 6/8
Großg'schaidt	Erlangen	4 6/8	Erlangen	4 6/8	Fürth	5 4/8	24 6/8	16 6/8
Großhabersdorf	Fürth	5 6/8	Cadolzburg	3	Fürth	5 4/8	24	5 6/8
Großhaslach	Ansbach	3 4/8	Ansbach	3 4/8	Ansbach	3 4/8	23	3 4/8
Großhöbing	Beilngries	4 4/8	Greding	1 6/8	Eichstädt	6 6/8	6 6/8	16 6/8
Großholz	Gunzenhausen	5	Heidenheim	2	Eichstädt	10 4/8	10 6/8	13 6/8
Großlellenfeld	Dinkelsbühl	7 6/8	Wassertrüdingen	3	Ansbach	7 4/8	17	7 6/8
Großmühle	Rothenburg	5 3/8	Schillingsfürst	2 7/8	Windsheim	11 7/8	25 4/8	8 6/8
Großnottersdorf	Beilngries	5 6/8	Greding	2 4/8	Eichstädt	5	5	16 6/8
Großohrenbronn	Feuchtwangen	2 6/8	Feuchtwangen	2 6/8	Ansbach	7 4/8	16 4/8	7 6/8
Großreuth bei Schweinau	Nürnberg	1 4/8	Nürnberg	1 4/8	Nürnberg	1 4/8	20 6/8	11
Großreuth hinter der Veste	Nürnberg	1	Nürnberg	1	Nürnberg	1	22 6/8	12 6/8
Großschwarzen-lohe	Schwabach	2 4/8	Schwabach	2 4/8	Fürth	5 6/8	16	12 6/8
Großulrichs-hausen	Rothenburg	5	Schillingsfürst	2 6/8	Windsheim	11 4/8	26 6/8	9 4/8
Großviehberg	Hersbruck	4/8	Hersbruck	6/8	Nürnberg	8 6/8	24 4/8	20 6/8
Großroggenhof	Nürnberg	8	Altdorf	1 6/8	Nürnberg	8	16	16
Großwaldhausen	Rothenburg	5 6/8	Schillingsfürst	2 6/8	Windsheim	11 4/8	25 6/8	7 6/8
Großweiden-mühle	M. Nürnberg	1/8	St. Nürnberg	6/8	Nürnberg	6/8	21 4/8	12
Großweingarten	Schwabach	6 6/8	Roth	4 7/8	Fürth	12	12 6/8	9 4/8
Großweis-mannsdorf	Fürth	4 4/8	Cadolzburg	4	Fürth	4	20	6 6/8
Grub	Nürnberg	7 4/8	Altdorf	1 4/8	Nürnberg	7 4/8	16 6/8	17 6/8
Grubach	Beilngries	3 4/8	Beilngries	3 6/8	Eichstädt	12 6/8	12 6/8	24 6/8
Grubmühle	Beilngries	3	Beilngries	3	Eichstädt	12	12	23
Grüb	Ansbach	1 4/8	Ansbach	1 4/8	Ansbach	1 4/8	21	1 4/8
Grüb	Dinkelsbühl	4	Wassertrüdingen	3 4/8	Ansbach	8 6/8	19 6/8	8 6/8
Grüb	Rothenburg	4 6/8	Schillingsfürst	3 6/8	Windsheim	12 4/8	20 6/8	10
Grübenmühle	Uffenheim	3 4/8	Uffenheim	3 6/8	Windsheim	6 4/8	32 6/8	12 6/8
Grünsberg	Nürnberg	6 6/8	Altdorf	4/8	Nürnberg	6 6/8	16 4/8	17
G'stadt	Gunzenhausen	6	Heidenheim	4 6/8	Eichstädt	6 6/8	6 6/8	13 6/8
G'steinach	Nürnberg	4 6/8	Altdorf	3	Nürnberg	4 6/8	15 4/8	14 6/8
Gülchsheim	Uffenheim	3 6/8	Uffenheim	3 6/8	Windsheim	7 4/8	33 6/8	14 4/8

Namen der Orte.	Einverleibt dem Bezirksamt.	Stunden.	Landgerichte.	Stunden.	Bezirksgerichte.	Stunden.	Appell.-Ger.-Bezirks. Stunden.	Ober.-Ger.-Landsb.
Günbelbach	Feuchtwangen	2¾	Feuchtwangen	2¾	Ansbach	5¾	21¾	5¾
Günbersbach	Brißenburg	2¾	Ellingen	1¾	Eichstädt	9	9	11¾
Gäntersbühl	Hersbruck	4¾	Lauf	1¾	Nürnberg	4¾	25	16
Günzenhofen	Bellngries	4	Greding	1¾	Eichstädt	6¾	6¾	20
Günzenreuth	Schwabach	2¾	Schwabach	2¾	Fürth	7¾	18¾	8¾
Güßeldorf	Schwabach	6¾	Roth	4¾	Fürth	11¾	18¾	9
Güßelthal	Beilngries	¾	Beilngries	¾	Eichstädt	11	11	22¾
Engelhammer	Schwabach	4	Schwabach	4	Fürth	5¾	18¾	14¾
Engelhof	Nürnberg	6¾	Altdorf	1¾	Nürnberg	6¾	15¾	16¾
Engelmühle	Dinkelsbühl	5¾	Wassertrübingen	¾	Ansbach	9	16¾	9
Engelmühle	Rothenburg	3	Rothenburg	3	Windsheim	4¾	27¾	6¾
Engelshofen	Rothenburg	2¾	Rothenburg	2¾	Windsheim	4¾	29¾	8¾
Gumpenweiler	Feuchtwangen	3	Feuchtwangen	3	Ansbach	10	25	10
Gumpertsmühle	Scheinfeld	5¾	Zibert	4¾	Windsheim	9¾	37¾	18
Gundelshalm	Gunzenhausen	1¾	Gunzenhausen	1¾	Ansbach	9	11	9
Gundelsheim	Brißenburg	3¾	Ellingen	3¾	Eichstädt	10¾	10¾	9¾
Gangolding	Eichstädt	4	Kipfenberg	2¾	Eichstädt	4	4	28¾
Guntersrieb	Hersbruck	3¾	Hersbruck	3¾	Nürnberg	11¾	23¾	23¾
Gunzendorf	Ansbach	6¾	Leutershausen	4¾	Ansbach	6¾	27	6¾
Gunzendorf	Neustadt	3	Erlbach	3	Windsheim	7¾	30¾	10¾
Gunzenhausen	Gunzenhausen	—	Gunzenhausen	—	Ansbach	7¾	12	7¾
Gusteufelden	Schwabach	1¾	Schwabach	1¾	Fürth	5¾	17¾	9
Gutenhard	Rothenburg	5¾	Schillingsfürst	2	Windsheim	8¾	29	5¾
Gutenmühle	Feuchtwangen	2¾	Feuchtwangen	2¾	Ansbach	5¾	21¾	5¾
Gutenstetten	Neustadt	1¾	Neustadt	1¾	Windsheim	8¾	31¾	12¾
Gußberg	Fürth	3¾	Cadolzburg	4	Fürth	3¾	20¾	9
Gutraumühle	Gunzenhausen	2¾	Gunzenhausen	2¾	Ansbach	7¾	13	7¾
Gyxenmühle	N. Rothenburg	¾	St. Rothenburg	¾	Windsheim	7¾	29¾	9¾
Gyps- und Oel-mühle	Dinkelsbühl	6¾	Wassertrübingen	¾	Ansbach	8¾	16¾	8¾
Gyppelshenern	Rothenburg	2¾	Rothenburg	2¾	Windsheim	4¾	29	8¾

H.

Haag	Feuchtwangen	6¾	Herrieden	3¾	Ansbach	4	16¾	4
Haag	Heilsbronn	1¾	Heilsbronn	1¾	Ansbach	6	18¾	6
Haag	Neustadt	1¾	Neustadt	1¾	Windsheim	6¾	32¾	12¾
Haag	Scheinfeld	2¾	Scheinfeld	2¾	Windsheim	8¾	36¾	17
Haag	Schwabach	1	Schwabach	1	Fürth	6¾	16¾	10
Haag	Weißenburg	4¾	Pappenheim	2¾	Eichstädt	6¾	8¾	18¾
Haaghof	Neustadt	3¾	Erlbach	3¾	Windsheim	2¾	27¾	8¾

Namen der Orte.	Einverleibt dem Bezirksamte.	Stunden.	Landgerichte.	Stunden.	Bezirksgerichte.	Stunden.	Entfernung vom Sitze des Appell.-Ger. Eichstädt. Stunden.	Schw.-Ger. Ansbach. Stunden.
Haardt	Eichstädt	4 6/8	Eichstädt	4 7/8	Eichstädt	4 7/8	4 6/8	23 6/8
Haardt	Rothenburg	3	Rothenburg	3	Windsheim	5 6/8	30 6/8	11
Haardt	Weißenburg	1 6/8	Pappenheim	8 1/8	Eichstädt	5 6/8	5 6/8	15
Haasenlohe	Neustadt	1 4/8	Neustadt	1 4/8	Windsheim	3 7/8	31 6/8	12 6/8
Haasenmühle (Hechlingen)	Gunzenhausen	5 1/8	Heidenheim	1 6/8	Eichstädt	12 4/8	12 4/8	15
Haasenmühle (Steinhardt)	Gunzenhausen	6 6/8	Heidenheim	3	Eichstädt	13 4/8	13 4/8	14 4/8
Haasenmühle	Heilsbronn	4	Heilsbronn	4	Ansbach	8 4/8	16 4/8	8 4/8
Haasenmühle	Uffenheim	1	Uffenheim	1	Windsheim	5 1/8	31 5/8	11 6/8
Haasgang	Ansbach	4	Ansbach	4	Ansbach	4	23 4/8	4
Habelsee	Rothenburg	3 6/8	Rothenburg	3 6/8	Windsheim	3 6/8	28 4/8	9
Habermühle	Uffenheim	2 7/8	Uffenheim	2 7/8	Windsheim	3 6/8	28 4/8	9
Habermühle	Weißenburg	4/8	Weißenburg	4/8	Eichstädt	6 6/8	6 6/8	12 6/8
Haberndorf	Erlangen	2 7/8	Erlangen	2 6/8	Fürth	6	25 6/8	17 6/8
Hadermühle	M. Nürnberg	4/8	St. Nürnberg	6/8	Nürnberg	6/8	22	12 6/8
Hämmerleinsmühle	Schwabach	5	Roth	3	Fürth	10 7/8	12 4/8	10
Hörnigsmühle	Neustadt	3 4/8	Erlbach	6/8	Windsheim	6 1/8	27	7 4/8
Häslabronn	Ansbach	8 1/8	Leutershausen	2 6/8	Ansbach	3 1/8	22 6/8	3 6/8
Häuser am Wülzburger Weg	Weißenburg	4/8	Weißenburg	6/8	Eichstädt	5 4/8	5 4/8	14
Häslingen	Feuchtwangen	3 6/8	Feuchtwangen	8 6/8	Ansbach	6 6/8	19	6 6/8
Hagelmühle	Schwabach	6	Roth	4 7/8	Fürth	11 7/8	12	9 1/8
Hagenacker	Eichstädt	4 6/8	Eichstädt	4 6/8	Eichstädt	4 4/8	4 4/8	19 6/8
Hagenau	Rothenburg	4	Schillingsfürst	1 6/8	Windsheim	7 6/8	24 6/8	5 6/8
Hagenau	Weißenburg	2 7/8	Pappenheim	3 1/8	Eichstädt	9 7/8	9 7/8	15 4/8
Hagenberg	Beilngries	2 4/8	Beilngries	2 4/8	Eichstädt	11 4/8	11 4/8	22 4/8
Hagenbuch	Weißenburg	4/8	Ellingen	7/8	Eichstädt	7 7/8	7 7/8	12 7/8
Hagenbüchach	Neustadt	3 6/8	Erlbach	3 7/8	Windsheim	7 6/8	30 6/8	11
Hagenhof	Gunzenhausen	5 4/8	Heidenheim	3	Eichstädt	10 4/8	10 4/8	14 6/8
Hagenhofen	Neustadt	3 6/8	Erlbach	6/8	Windsheim	4 6/8	27 1/8	7 1/8
Hagenich	Beilngries	5 4/8	Greding	2 6/8	Eichstädt	6 6/8	6 4/8	17 6/8
Hagenmühle	Hersbruck	4/8	Hersbruck	6/8	Nürnberg	7 6/8	24 6/8	19 6/8
Hagenmühle	Neustadt	4 6/8	Erlbach	3 4/8	Windsheim	8 6/8	30	10 4/8
Hagershof	Schwabach	2	Schwabach	2	Fürth	8	16 4/8	12 6/8
Hagsbronn	Schwabach	7	Roth	5 4/8	Fürth	12 6/8	12 6/8	9 6/8
Hahnenberg	Dinkelsbühl	3 6/8	Dinkelsbühl	3 6/8	Ansbach	11 7/8	19 4/8	11 7/8
Hahnhof	Nürnberg	4 4/8	Altdorf	2	Nürnberg	4 4/8	16 4/8	16 4/8
Haid	Neustadt	2 6/8	Erlbach	3/8	Windsheim	5 7/8	27 6/8	8 6/8
Haimendorf	Nürnberg	4 6/8	Altdorf	3 4/8	Nürnberg	4 6/8	19 6/8	16 4/8

Namen der Orte.	Einverleibt dem Bezirksamte.	Stunden.	Landgerichte.	Stunden.	Bezirksgerichte.	Stunden.	Entfernung vom Sitze des Appell.-Ger. Eichstätt (Stunden)	Hdls.-Ger. Ansbach (Stunden)
Haimpfarrich	Schwabach	5 6/8	Roth	2	Fürth	10 4/8	15 3/8	13 6/8
Hainhof	Ansbach	5 6/8	Leutershausen	1 6/8	Ansbach	5 4/8	24 4/8	6 6/8
Hainklingen	Ansbach	4 7/8	Ansbach	4 7/8	Ansbach	4 7/8	24 6/8	4 7/8
Hainmühle	Feuchtwangen	1 6/8	Feuchtwangen	1 6/8	Ansbach	8 3/8	21 6/8	8 3/8
Hallerhütte	Nürnberg	6/8	Nürnberg	4/8	Nürnberg	1/8	22 6/8	12 6/8
Hallerschloß	Nürnberg	6/8	Nürnberg	4/8	Nürnberg	4/8	22 6/8	12 4/8
Hallershof	Nürnberg	7 3/8	Altdorf	2 4/8	Nürnberg	7 3/8	20 6/8	19 4/8
Halsbach	Dinkelsbühl	1 6/8	Dinkelsbühl	1 6/8	Ansbach	8 6/8	20	8 6/8
Haltenmühle	M. Rothenburg	6/8	St. Rothenburg	4/8	Windsheim	7 6/8	29 6/8	9 6/8
Hambühl	Neustadt	2 3/8	Neustadt	2 3/8	Windsheim	5 1/8	32 6/8	13
Hammer	Neustadt	6/8	Neustadt	4/8	Windsheim	5 4/8	31	11 4/8
Hammer	Nürnberg	2 6/8	Nürnberg	2 4/8	Nürnberg	2 4/8	24	14
Hammermühle	M. Dinkelsbühl	4/8	St. Dinkelsbühl	4/8	Ansbach	10 6/8	21 4/8	10 6/8
Hammermühle (Kirchfembach)	Neustadt	4 6/8	Erlbach	3 6/8	Windsheim	8 6/8	30 4/8	10 6/8
Hammermühle (Neuhof)	Neustadt	4 4/8	Erlbach	1 4/8	Windsheim	5 7/8	28	6 6/8
Hammermühle (Füttersee)	Scheinfeld	3 6/8	Scheinfeld	3 6/8	Windsheim	9 6/8	37 4/8	18
Hammermühle	Weißenburg	2 6/8	Pappenheim	2 6/8	Eichstädt	5	5	16
Hammerschmiede (Brodswinden)	Ansbach	1 1/8	Ansbach	1 6/8	Ansbach	1 6/8	18 6/8	1 6/8
Hammerschmiede (Mönchsroth)	Dinkelsbühl	2 1/8	Dinkelsbühl	2 1/8	Ansbach	12 6/8	21	12 6/8
Hammerschmiede (Aichenzell)	Feuchtwangen	1 4/8	Feuchtwangen	1 1/8	Ansbach	8 4/8	21 6/8	8 6/8
Hammerschmiede (Dambach)	Dinkelsbühl	6	Wassertrüdingen	2 6/8	Ansbach	6 6/8	17 4/8	6 6/8
Hammerschmiede (Keidenzell)	Fürth	4 6/8	Cadolzburg	1 6/8	Fürth	4 4/8	25 6/8	8
Hammerschmiede (Aich)	Heilsbronn	1	Heilsbronn	1	Ansbach	5 7/8	18 4/8	5 6/8
Hammerschmiede	M. Rothenburg	6/8	St. Rothenburg	6/8	Windsheim	7 7/8	29 4/8	10 6/8
Hammerschmiede (Insingen)	Rothenburg	3	Rothenburg	3	Windsheim	9 4/8	29 6/8	9 6/8
Hammerschmiede (Georgensgmünd	Schwabach	5 6/8	Roth	3 3/8	Fürth	11	12	10 6/8
Hann	Schwabach	2	Schwabach	2	Fürth	6 4/8	17	12 3/8
Hannbach	Neustadt	1 4/8	Neustadt	1 4/8	Windsheim	5 6/8	31 4/8	12 6/8
Hannenbach	Ansbach	2 6/8	Leutershausen	1 6/8	Ansbach	2 4/8	22 3/8	2 4/8
Hannsrödermühl	M. Rothenburg	6/8	St. Rothenburg	6/8	Windsheim	7 4/8	29	9 4/8

Namen der Orte.	Einverleibt dem Bezirksamte.	Stunden.	Landgerichte.	Stunden.	Bezirksgerichte.	Stunden.	Entfernung vom Sitze des Appell.-Ger. Eichstädt. Stunden.	[illegible] Stunden.
Haypurg	Hersbruck	1	Hersbruck	1	Nürnberg	9	23 6/8	21
Hardhöfe	Dinkelsbühl	4 6/8	Wassertrüdingen	1 6/8	Ansbach	8 6/8	17 6/8	8 6/8
Hardhof	Dinkelsbühl	7/8	Dinkelsbühl	7/8	Ansbach	10 6/8	22	10 6/8
Hardmühle	Dinkelsbühl	7/8	Dinkelsbühl	7/8	Ansbach	10 6/8	22	10 6/8
Harlang	Rothenburg	4 6/8	Schillingsfürst	2 4/8	Windsheim	11 4/8	28 6/8	9 6/8
Harrnbach	Hersbruck	3 6/8	Hersbruck	3 6/8	Nürnberg	10 6/8	27	22 6/8
Hartenberg	Nürnberg	8 6/8	Altdorf	3 4/8	Nürnberg	8 6/8	20 4/8	20 6/8
Hartershofen	Rothenburg	2	Rothenburg	2	Windsheim	5 4/8	29	9 4/8
Harthof	Eichstädt	1 4/8	Eichstädt	1 6/8	Eichstädt	1 4/8	1 4/8	18 6/8
Harthof	Fürth	4 6/8	Cadolzburg	2 5/8	Fürth	4 7/8	26	10
Harthof	Scheinfeld	2 6/8	Scheinfeld	2 7/8	Windsheim	8 6/8	35	15 4/8
Hartmannshof	Hersbruck	2 6/8	Hersbruck	2 6/8	Nürnberg	10 6/8	24	22 6/8
Hartschwalber	Gunzenhausen	6 6/8	Heidenheim	3	Eichstädt	10 6/8	10 6/8	14 6/8
Haselmühle	Ansbach	4 6/8	Leutershausen	2 1/8	Ansbach	4 6/8	22 6/8	4 6/8
Haselmühle	Heilsbronn	4	Heilsbronn	4	Ansbach	6 6/8	16 6/8	6 6/8
Haslach	Dinkelsbühl	2 4/8	Dinkelsbühl	2 4/8	Ansbach	8	19 6/8	8
Hasselbach	Dinkelsbühl	1 6/8	Dinkelsbühl	1 6/8	Ansbach	11 7/8	21 4/8	11 7/8
Hattenhof	Weißenburg	6/8	Ellingen	1 6/8	Eichstädt	7 6/8	7 6/8	12 4/8
Haubenhof	Heilsbronn	4 6/8	Heilsbronn	4 6/8	Ansbach	8 6/8	16 6/8	8 6/8
Haundorf	Feuchtwangen	2 7/8	Feuchtwangen	2 4/8	Ansbach	9 6/8	24 4/8	9 6/8
Haundorf	Gunzenhausen	2 4/8	Gunzenhausen	2 5/8	Ansbach	6 4/8	13 4/8	6 6/8
Haunoldshofen	Ansbach	4 6/8	Ansbach	4 6/8	Ansbach	4 6/8	23 7/8	4 6/8
Haunsfeld	Eichstädt	5 4/8	Eichstädt	5 6/8	Eichstädt	6 6/8	5 6/8	20 6/8
Haunstetten	Eichstädt	8 6/8	Kipfenberg	2 4/8	Eichstädt	8 6/8	8 6/8	22
Hauptmannshof	s. Schwarzenbach							
Hausen	Beilngries	3 4/8	Greding	1	Eichstädt	6 4/8	6 4/8	19 6/8
Hausen	Fürth	3 6/8	Cadolzburg	1 6/8	Fürth	3 6/8	25	9 6/8
Hausenhof	Uffenheim	7	Windsheim	3 4/8	Windsheim	3 4/8	30	10 6/8
Hausertsmühle	Dinkelsbühl	6/8	Dinkelsbühl	6/8	Ansbach	10 6/8	21 6/8	10 6/8
Hauslach	Schwabach	5 6/8	Roth	3 5/8	Fürth	10 4/8	12 4/8	10 4/8
Hautschenmühle	Rothenburg	3 1/8	Rothenburg	3 6/8	Windsheim	8 6/8	31 6/8	12
Heberersmühle	Schwabach	2 6/8	Roth	1 4/8	Fürth	8	14 6/8	10 6/8
Hechelbach	Uffenheim	7 6/8	Windsheim	3 6/8	Windsheim	3 6/8	25 6/8	6 6/8
Hechlingen	Gunzenhausen	5	Heidenheim	1 5/8	Eichstädt	12 6/8	12 6/8	12 6/8
Heckelmühle	Feuchtwangen	3 6/8	Feuchtwangen	3 7/8	Ansbach	10 6/8	25 6/8	10 6/8
Heckenmühle	Rothenburg	2 6/8	Schillingsfürst	2 1/8	Windsheim	9 6/8	29 6/8	9 6/8
Hedersdorf	Hersbruck	3 7/8	Lauf	2 4/8	Nürnberg	7 6/8	25 6/8	19
Hegelohe	Beilngries	5	Greding	3 6/8	Eichstädt	3 6/8	3 6/8	20 6/8
Hegendorf	Hersbruck	2 4/8	Hersbruck	2 5/8	Nürnberg	10 6/8	25 6/8	22 6/8
Heglau	Gunzenhausen	2 4/8	Gunzenhausen	2 6/8	Ansbach	5	15 4/8	5
Hegnenberg	Nürnberg	6 6/8	Altdorf	6/8	Nürnberg	6 6/8	18 6/8	18 6/8

Namen der Orte.	Einverleibt dem Bezirksamte.	Stunden.	Landgerichte.	Stunden.	Bezirksgerichte.	Stunden.	Entfernung vom Sitze des Appell.-Ger. Eichstädt (Stunden)	Schw.-Ger. Ansbach (Stunden)
Heidenheim	Gunzenhausen	3 4/8	Heidenheim	—	Eichstädt	12 6/8	12 6/8	11 5/8
Heidling	Hersbruck	3 7/8	Lauf	3 6/8	Nürnberg	8 1/8	26 6/8	20
Heilbronn	Feuchtwangen	6/8	Feuchtwangen	6/8	Ansbach	7	21 1/8	7
Heiligenblut	Gunzenhausen	4 6/8	Gunzenhausen	4 7/8	Ansbach	10 7/8	10 6/8	10 6/8
Heiligenkreuz	Beilngries	7 7/8	Greding	5	Eichstädt	3	3	16 6/8
Heiligenkreuz	Feuchtwangen	1 6/8	Feuchtwangen	1 1/8	Ansbach	8 4/8	23 4/8	8 4/8
Heiligenmühle	Nürnberg	5 6/8	Altdorf	2 7/8	Nürnberg	5 4/8	18 6/8	17
Heilsbronn	Heilsbronn	—	Heilsbronn	—	Ansbach	5	19 4/8	5
Heimbach	Beilngries	3	Greding	7/8	Eichstädt	7 6/8	7 6/8	21 6/8
Heimweg	Ansbach	1/8	Ansbach	1/8	Ansbach	6/8	20	4/8
Heimmühle	Beilngries	5	Greding	2 6/8	Eichstädt	4 6/8	4 6/8	19 4/8
Heinersdorf	Dinkelsbühl	6	Wassertrüdingen	4 5/8	Ansbach	4 6/8	18 6/8	4 6/8
Heinersdorf	Fürth	5	Cadolzburg	3 6/8	Fürth	5	25 4/8	9 6/8
Heinersdorfermühle	Fürth	4 7/8	Cadolzburg	3 7/8	Fürth	4 7/8	25 7/8	9 6/8
Heinleinshof	Nürnberg	6 6/8	Altdorf	1 6/8	Nürnberg	6 1/8	15 6/8	18 4/8
Heldmannsberg	Hersbruck	3 4/8	Hersbruck	3 4/8	Nürnberg	11 4/8	23 6/8	23 4/8
Hellenbach	Dinkelsbühl	1	Dinkelsbühl	1	Ansbach	9 6/8	22	9 6/8
Hellersgarten	M. Nürnberg	1/8	St. Nürnberg	1/8	Nürnberg	1/8	21 4/8	12
Hellmitzheim	Scheinfeld	3 4/8	Bibart	2 1/8	Windsheim	8	30 6/8	17
Hemmendorf	Rothenburg	1 6/8	Rothenburg	1 6/8	Windsheim	7 4/8	30 7/8	10 6/8
Hemmersheim	Uffenheim	3 7/8	Uffenheim	3 6/8	Windsheim	7 1/8	33 6/8	14
Henfenfeld	Hersbruck	1	Hersbruck	1	Nürnberg	7 4/8	23 6/8	19 4/8
Hengdorf	Schwabach	2	Schwabach	2	Fürth	3 6/8	18 6/8	9 4/8
Henneberg	Beilngries	4	Beilngries	4	Eichstädt	13 6/8	13 6/8	25
Henneberg	Hersbruck	4 4/8	Hersbruck	4 6/8	Nürnberg	12	28 6/8	24
Hennenbach	Ansbach	6/8	Ansbach	6/8	Ansbach	5/8	20	6/8
Herboldshof	Erlangen	2 7/8	Erlangen	2 6/8	Fürth	1 6/8	24	12 6/8
Herboldshof	Fürth	4 5/8	Cadolzburg	1 1/8	Fürth	4 7/8	22	7 6/8
Herbolzheim	Uffenheim	2 6/8	Uffenheim	2 6/8	Windsheim	3 5/8	30	10 6/8
Herbstmühle	Feuchtwangen	5/8	Feuchtwangen	6/8	Ansbach	7	21 6/8	7
Hergersbach	Heilsbronn	4	Heilsbronn	4	Ansbach	7	15 6/8	7
Heringsmühle	s. Häringsmühle							
Herlingshard	Beilngries	6	Greding	3 3/8	Eichstädt	3 4/8	3 4/8	20
Hermannsberg	Beilngries	3 4/8	Beilngries	3 4/8	Eichstädt	13 4/8	13 4/8	25
Hernbergtheim	s. Bergtheim							
Heroldsberg	Erlangen	4 5/8	Erlangen	4 7/8	Fürth	4 4/8	23 6/8	15 7/8
Herpersdorf	Heilsbronn	2 6/8	Heilsbronn	2 6/8	Ansbach	3 7/8	19 6/8	8 6/8
Herpersdorf	Hersbruck	5 4/8	Lauf	2 7/8	Nürnberg	5 6/8	25 6/8	17 6/8
Herpersdorf	Neustadt	7 6/8	Erlbach	4 4/8	Windsheim	7 5/8	25	8 6/8
Herpersdorf	Scheinfeld	1 1/8	Scheinfeld	1 1/8	Windsheim	6 6/8	30	15 6/8

Namen der Orte.	Einverleibt dem						Entfernung vom Sitze des	
	Bezirksamte.	Stunden.	Landgerichte.	Stunden.	Bezirksgerichte.	Stunden.	Appell.-Ger. Eichstätt.	Schw.-Ger. Ansbach.
							Stunden.	
Herpersdorf	Schwabach	1 6/8	Schwabach	1 6/8	Fürth	4 4/8	18 6/8	11 6/8
Herrenmühle	M. Rothenburg	1/8	St. Rothenburg	1/8	Windsheim	7 6/8	29	9 6/8
Herrenmühle	Uffenheim	1 4/8	Uffenheim	1 4/8	Windsheim	6 4/8	32 6/8	12 6/8
Herrieden	Feuchtwangen	4	Herrieden	—	Ansbach	3 1/8	19 6/8	3 1/8
Herrnbach	Rothenburg	1 6/8	Rothenburg	1 6/8	Windsheim	7	28	8 6/8
Herrnberg	Scheinfeld	1 6/8	Scheinfeld	1 6/8	Windsheim	7 3/8	35 6/8	16
Herrnbergtheim	s. Bergtheim							
Herrnhütte	Nürnberg	1	Nürnberg	1	Nürnberg	1	22 6/8	12 6/8
Herrnneuses	Neustadt	1 6/8	Neustadt	1 6/8	Windsheim	4 7/8	29 6/8	10
Herrnsberg	Beilngries	2 6/8	Greding	1 6/8	Eichstädt	9 4/8	9 6/8	19 6/8
Herrnschallbach	Feuchtwangen	6/8	Feuchtwangen	6/8	Ansbach	7 6/8	22	7 6/8
Herrnwinden	Rothenburg	1 6/8	Rothenburg	1 6/8	Windsheim	7 6/8	30 4/8	11
Hersbruck	Hersbruck	—	Hersbruck	—	Nürnberg	8	24	20
Heßbach	Ansbach	2 6/8	Ansbach	2 6/8	Ansbach	2 6/8	22 6/8	2 6/8
Hesselmühle	Feuchtwangen	6 1/8	Herrieden	2 7/8	Ansbach	2 1/8	18	2 1/8
Hessenhof	Eichstädt	5 4/8	Eichstädt	5 6/8	Eichstädt	5 6/8	6 6/8	24 6/8
Hessenmühle	Gunzenhausen	2 7/8	Gunzenhausen	2 7/8	Ansbach	7 6/8	13 3/8	7 6/8
Heuberg	Feuchtwangen	3 1/8	Herrieden	1/8	Ansbach	4	19 6/8	4
Heuberg	Weißenburg	2	Pappenheim	2 4/8	Eichstädt	5 4/8	5 4/8	15 6/8
Heuchling	Hersbruck	3	Lauf	6/8	Nürnberg	5	23 1/8	16 6/8
Heuchling	Hersbruck	2 6/8	Hersbruck	2 4/8	Nürnberg	10 4/8	24 6/8	22 6/8
Heunischhof	Weißenburg	4	Pappenheim	2 6/8	Eichstädt	9 6/8	9 6/8	14 6/8
Heureuth	Rothenburg	5	Schillingsfürst	1 6/8	Windsheim	8 4/8	25	5 6/8
Hetzweiler	Rothenburg	5 4/8	Schillingsfürst	1 6/8	Windsheim	9 1/8	23 6/8	5 6/8
Hilhof	Hersbruck	4	Hersbruck	4	Nürnberg	10 3/8	28	22 6/8
Hilpertshof	Uffenheim	2 6/8	Windsheim	3 1/8	Windsheim	3 3/8	28 6/8	8 6/8
Hilpertsweiler	Feuchtwangen	2	Feuchtwangen	2	Ansbach	9	24	9
Hilsbach	Feuchtwangen	4	Herrieden	1 7/8	Ansbach	4 1/8	20 6/8	[illegible]
Hillmannsdorf	Fürth	2 7/8	Cadolzburg	1 3/8	Fürth	2 3/8	24	9 4/8
Himmelgarten	Hersbruck	4 4/8	Lauf	1	Nürnberg	4 4/8	23 6/8	16 6/8
Himmerstall	Dinkelsbühl	4 6/8	Wassertrüdingen	2 6/8	Ansbach	11 4/8	18 4/8	11 6/8
Himpfelshof	M. Nürnberg	4/8	St. Nürnberg	6/8	Nürnberg	4/8	21 6/8	11 6/8
Hinterbreitenthann	Feuchtwangen	1 4/8	Feuchtwangen	1 6/8	Ansbach	5 6/8	22 6/8	5 6/8
Hinterer Zehenthof s. Zehenthof								
Hinterhaslach	Nürnberg	8	Altdorf	3	Nürnberg	8	20	20 6/8
Hinterhof	Hersbruck	3 3/8	Lauf	2 6/8	Nürnberg	7 4/8	25 6/8	19 6/8
Hinterhof	Schwabach	2 6/8	Schwabach	2 6/8	Fürth	3 3/8	19 1/8	11 3/8
Hinterholz	Ansbach	2 6/8	Ansbach	2 6/8	Ansbach	2 6/8	21 6/8	2 6/8
Hintermühle	Beilngries	3	Greding	6/8	Eichstädt	7 6/8	7 6/8	20 6/8
Hinterpfeinach	Uffenheim	1 6/8	Uffenheim	1 6/8	Windsheim	4 1/8	29 6/8	10

Namen der Orte.	Einverleibt dem Bezirksamte.	Stunden.	Landgerichte.	Stunden.	Bezirksgerichte.	Stunden.	Entfernung vom Sitze des Appell.-Ger. Eichstädt. Stunden.	Schw.-Ger. Ansbach. Stunden.
Hirnstetten	Eichstädt	4 6/8	Kipfenberg	2 6/8	Eichstädt	4 6/8	4 6/8	24
Hirschbach	Dinkelsbühl	2	Dinkelsbühl	2	Ansbach	8 6/8	20 6/8	8 6/8
Hirschberg	Beilngries	4/8	Beilngries	4/8	Eichstädt	10	10	23 6/8
Hirschbronn	Ansbach	1 6/8	Ansbach	1 6/8	Ansbach	1 6/8	18 6/8	1 6/8
Hirschlach	Gunzenhausen	2 4/8	Gunzenhausen	2 4/8	Ansbach	4 4/8	15 6/8	4 6/8
Hirschneuses	Neustadt	5 1/8	Erlbach	2 1/8	Windsheim	6 4/8	26 6/8	6 6/8
Hirtenhaus	M. Rothenburg	1/8	St. Rothenburg	1/8	Windsheim	7 6/8	28 6/8	9 6/8
Hitzhofen	Eichstädt	3 4/8	Kipfenberg	4 6/8	Eichstädt	3 4/8	3 4/8	23 6/8
Hobach	M. Rothenburg	1/8	St. Rothenburg	1/8	Windsheim	8 4/8	30	10 4/8
Hochbach	Uffenheim	2 6/8	Windsheim	3	Windsheim	3	28	8 6/8
Hochholz	Weißenburg	6 4/8	Pappenheim	2 1/8	Eichstädt	4 6/8	4 6/8	18
Höchstetten	Ansbach	5	Leutershausen	1 2/8	Ansbach	5	24	5
Höfen (Elpersdorf)	Ansbach	1 7/8	Ansbach	1 7/8	Ansbach	1 7/8	20	1 7/8
Höfen (Haasgang)	Ansbach	4 7/8	Ansbach	4 7/8	Ansbach	4 7/8	24 6/8	4 7/8
Höfen	Beilngries	4 4/8	Beilngries	4 4/8	Eichstädt	12	12	18 6/8
Höfen	Hersbruck	1 6/8	Hersbruck	1 2/8	Nürnberg	9 6/8	23 6/8	21 6/8
Höfen	Neustadt	3 6/8	Neustadt	3 6/8	Windsheim	7 4/8	33 6/8	14
Höfen	Nürnberg	1 6/8	Nürnberg	1 6/8	Nürnberg	1 6/8	21 4/8	11 6/8
Höfen (Dombühl)	Rothenburg	5 2/8	Schillingsfürst	1 6/8	Windsheim	10 6/8	24 6/8	6 6/8
Höfen s. Hagsbronn								
Höfen	Weißenburg	4 4/8	Pappenheim	2 6/8	Eichstädt	8 6/8	8 6/8	16
Höfles	Erlangen	4	Erlangen	4	Fürth	1	22 6/8	12
Höfles	Hersbruck	3 6/8	Lauf	1	Nürnberg	5 6/8	24 6/8	17 6/8
Höfstetten	Ansbach	1 1/8	Ansbach	1 1/8	Ansbach	1 1/8	18 6/8	1 1/8
Höfstetten (Aichenzell)	Feuchtwangen	1	Feuchtwangen	1	Ansbach	8	23	8
Höfstetten (Wieseth)	Feuchtwangen	3	Feuchtwangen	3	Ansbach	6 4/8	19	6 6/8
Höfstetten (Hohenberg)	Feuchtwangen	5	Herrieden	1 6/8	Ansbach	2 6/8	19 6/8	2 6/8
Höfstetten	Heilsbronn	1 2/8	Heilsbronn	1 4/8	Ansbach	5	20 6/8	5
Höfstetten	Schwabach	5 4/8	Roth	5 1/8	Fürth	11	14	8 6/8
Höfstettermühle	Ansbach	1 6/8	Ansbach	1 2/8	Ansbach	1 6/8	18 6/8	1 6/8
Höfstettermühle	Rothenburg	5	Schillingsfürst	1	Windsheim	10	25 6/8	7 6/8
Höhberg (Haundorf)	Gunzenhausen	3 6/8	Gunzenhausen	3 6/8	Ansbach	6 6/8	13 6/8	6 6/8
Höhberg (Streudorf)	Gunzenhausen	2 6/8	Gunzenhausen	2 4/8	Ansbach	6	14 6/8	6
Höllmühle	Ansbach	2 4/8	Ansbach	2 4/8	Ansbach	2 4/8	20 4/8	2 4/8

Namen der Orte.	Einverleibt dem						Entfernung vom Sitze des	
	Bezirksamte.	Stunden.	Landgerichte.	Stunden.	Bezirksgerichte.	Stunden.	Appell.-Ger. Eichstädt	Schw.-Ger. Ansbach
							Stunden.	
Höllmühle	Dinkelsbühl	2 5/8	Dinkelsbühl	2 5/8	Ansbach	12 3/8	20 5/8	12 3/8
Hölzleinsmühle	Ansbach	6 5/8	Leutershausen	7	Ansbach	6 5/8	25 5/8	6 5/8
Hölzlesmühle	Heilsbronn	3 5/8	Heilsbronn	3 5/8	Ansbach	6 5/8	15 5/8	6 5/8
Hörhof	Uffenheim	7 3/8	Windsheim	3 3/8	Windsheim	3 3/8	25	6 3/8
Hörlbach	Weißenburg	1 5/8	Ellingen	5/8	Eichstädt	8 3/8	8 3/8	11 5/8
Hörleinsdorf	Heilsbronn	1 5/8	Heilsbronn	1 3/8	Ansbach	5 3/8	21 5/8	5 3/8
Höttingen	Weißenburg	1 3/8	Ellingen	1/8	Eichstädt	7 5/8	7 5/8	13
Hofberg	Beilngries	5 3/8	Greding	3 5/8	Eichstädt	11	11	18 5/8
Hofmühle	Beilngries	2 5/8	Greding	1/8	Eichstädt	6 5/8	6 3/8	20 5/8
Hofstetten	Eichstädt	3 5/8	Kipfenberg	4 3/8	Eichstädt	3 3/8	3 3/8	23 5/8
Hofstetten	Schwabach	4 5/8	Roth	1	Fürth	9 5/8	15 5/8	12 5/8
Hohe Fichte	Feuchtwangen	7	Herrieden	2 3/8	Ansbach	1 5/8	18 5/8	1 3/8
Hohe Garten	M. Nürnberg	3/8	St. Nürnberg	5/8	Nürnberg	5/8	21 3/8	12
Hohenau	Ansbach	3 3/8	Leutershausen	3 5/8	Ansbach	3 5/8	26 3/8	3 5/8
Hohenberg	Feuchtwangen	4 3/8	Herrieden	3/8	Ansbach	2 3/8	20 5/8	2 5/8
Hoheneck	Uffenheim	6 5/8	Windsheim	2 5/8	Windsheim	2 3/8	27 3/8	8
Hohenholz	Scheinfeld	2 5/8	Bibart	2 5/8	Windsheim	4	31 5/8	12 5/8
Hohenmühle	Ansbach	1 3/8	Ansbach	1 5/8	Ansbach	1 5/8	20 5/8	1 5/8
Hohenmühle	Neustadt	3 3/8	Neustadt	3 5/8	Windsheim	8 5/8	34	14 3/8
Hohenmühle	Weißenburg	3/8	Weißenburg	3/8	Eichstädt	6 3/8	6 5/8	13 5/8
Hohenrad	Schwabach	5 3/8	Roth	5 5/8	Fürth	11	14	8 5/8
Hohenroth	Neustadt	4 3/8	Erlbach	1 3/8	Windsheim	4	26 5/8	7 5/8
Hohenrothermühle	Uffenheim	2 3/8	Uffenheim	2 5/8	Windsheim	7 3/8	33	13 3/8
Hohenschwarz	Dinkelsbühl	3/8	Dinkelsbühl	5/8	Ansbach	11 5/8	22	11 5/8
Hohenstadt	Hersbruck	1 5/8	Hersbruck	1 5/8	Nürnberg	9 5/8	24	21 5/8
Hohenstein	Hersbruck	3 5/8	Hersbruck	3 5/8	Nürnberg	11	27 5/8	23
Hohentrüdingen	Gunzenhausen	4 3/8	Heidenheim	1 5/8	Eichstädt	13 5/8	13 5/8	11 5/8
Hohenweiler	Weißenburg	3 3/8	Ellingen	2 3/8	Eichstädt	10 3/8	10 3/8	11 5/8
Hohenwürzburg	Neustadt	1 1/8	Neustadt	1 1/8	Windsheim	5 3/8	30 3/8	10 5/8
Hohholz	Neustadt	2 3/8	Erlbach	4	Windsheim	8 3/8	31 3/8	11 5/8
Hohlach	Uffenheim	2 5/8	Uffenheim	2 5/8	Windsheim	5 5/8	31 3/8	12
Hohlbrunnermühle	Scheinfeld	3 1/8	Bibart	2 3/8	Windsheim	8 1/8	33 3/8	14
Hohlweiler	Scheinfeld	5/8	Scheinfeld	5/8	Windsheim	5 5/8	33 5/8	14 5/8
Hohlweilermühle	Scheinfeld	5/8	Scheinfeld	5/8	Windsheim	5 5/8	33 5/8	14 3/8
Hohnsberg	Scheinfeld	3 5/8	Scheinfeld	3 5/8	Windsheim	9 1/8	37 3/8	18 3/8
Holbermühle	Feuchtwangen	2 1/8	Feuchtwangen	2 1/8	Ansbach	9 3/8	24 3/8	9 5/8
Hollermühle	Rothenburg	1 5/8	Rothenburg	1 5/8	Windsheim	7 5/8	30 3/8	10 5/8
Holzstein	Beilngries	2 5/8	Beilngries	2 3/8	Eichstädt	9 5/8	9 .	24 5/8
Holzapfelhof	Dinkelsbühl	5/8	Dinkelsbühl	3/8	Ansbach	11 5/8	22	11 5/8

Namen der Orte.	Einverleibt dem Bezirksamte.	Stunden.	Landgerichte.	Stunden.	Bezirksgerichte.	Stunden.	Entfernung vom Sitze des Appell.-Ger. Eichstädt. (Stunden.)	Schw.-Ger. Ansbach. (Stunden.)
Holzberndorf	Scheinfeld	3 7/8	Scheinfeld	3 7/8	Windsheim	9 5/8	37 4/8	18
Holzgut	Schwabach	2	Schwabach	2	Fürth	8	16 6/8	12 2/8
Holzhausen	Uffenheim	7	Windsheim	2 6/8	Windsheim	2 6/8	27 4/8	8
Holzhausen	s. Simmershofen							
Holzheim	Schwabach	1 4/8	Schwabach	1 4/8	Fürth	3 5/8	18 4/8	10 6/8
Holzingen	Weißenburg	1 1/8	Ellingen	2 3/8	Eichstädt	7 5/8	7 4/8	12 5/8
Holzmühle	Ansbach	3 7/8	Leutershausen	6/8	Ansbach	3 5/8	22 5/8	3 5/8
Holzmühle	Neustadt	2 7/8	Erlbach	1 6/8	Windsheim	6 1/8	28 6/8	9 3/8
Homber	Neustadt	4 4/8	Neustadt	4 4/8	Windsheim	9	35	16 6/8
Hopfengarten	Dinkelsbühl	1 7/8	Dinkelsbühl	1 6/8	Ansbach	9 6/8	21 5/8	9 5/8
Hopfengartenmühle	Hersbruck	1	Hersbruck	1	Nürnberg	8 6/8	24 6/8	20 6/8
Hopfenmühle	Heilsbronn	3	Heilsbronn	3	Ansbach	4 6/8	17 4/8	4 6/8
Horbach	Fürth	3 6/8	Cadolzburg	1 6/8	Fürth	3 6/8	25	9 6/8
Hormersdorf	Hersbruck	4 3/8	Lauf	4 1/8	Nürnberg	9 5/8	27	21
Hornau	Uffenheim	5 3/8	Windsheim	4	Windsheim	4	26 6/8	7 3/8
Hornmühle	Beilngries	6 4/8	Greding	4	Eichstädt	4 3/8	4 3/8	18 6/8
Hornsegen	Fürth	5 4/8	Cadolzburg	2	Fürth	5 6/8	24 6/8	6 6/8
Hub	Hersbruck	4 7/8	Lauf	1 4/8	Nürnberg	4 4/8	25 6/8	16 3/8
Hubmersberg	Hersbruck	2 3/8	Hersbruck	2 3/8	Nürnberg	10 6/8	24 4/8	22 3/8
Hühnermühle	Gunzenhausen	2 7/8	Gunzenhausen	2 3/8	Ansbach	8 6/8	11 5/8	8 6/8
Hürbel	Ansbach	2 1/8	Ansbach	2 1/8	Ansbach	2 1/8	21 5/8	2 1/8
Hürbel (Bleg)	Ansbach	5 4/8	Leutershausen	2 6/8	Ansbach	6 6/8	25	6 6/8
Hürfeld	Scheinfeld	2	Bibart	1	Windsheim	4	30 6/8	11 1/8
Hürth	Weißenburg	4	Pappenheim	1 6/8	Eichstädt	7 6/8	7 4/8	15 6/8
Hüssingen	Gunzenhausen	5 4/8	Heidenheim	2 4/8	Eichstädt	13 3/8	13 5/8	13 4/8
Hüllenbach	Hersbruck	5	Lauf	3 6/8	Nürnberg	8 4/8	26 3/8	20 3/8
Hüllendorf	Erlangen	2 4/8	Erlangen	2 4/8	Fürth	2 3/8	24 6/8	13 3/8
Hüttlingen	Dinkelsbühl	4 3/8	Wassertrüdingen	4	Ansbach	6 4/8	20	6 6/8
Hummelhof	Ansbach	3 7/8	Ansbach	3 7/8	Ansbach	3 5/8	22 5/8	3 5/8
Hummelsberg	Uffenheim	3/8	Uffenheim	3/8	Windsheim	4 6/8	30 7/8	10 6/8
Hummelstein	Nürnberg	4/8	Nürnberg	5/8	Nürnberg	4/8	21 4/8	12
Humprechtsau	Uffenheim	3 4/8	Windsheim	2	Windsheim	2	29 4/8	10
Hunas	Hersbruck	2 5/8	Hersbruck	2 6/8	Nürnberg	10 6/8	24 7/8	22 4/8
Hundsdorf	Weißenburg	2	Ellingen	2	Eichstädt	7 4/8	7 4/8	14 6/8
Hundshof	Ansbach	4 4/8	Leutershausen	4/8	Ansbach	4 6/8	23	4 4/8
Hundsmühle	Erlangen	4 4/8	Erlangen	4 4/8	Fürth	4	23 6/8	15
Hundszell	Beilngries	5 6/8	Greding	2 4/8	Eichstädt	6	6	18 4/8
Hungerhof	M. Dinkelsbühl	1 1/8	St. Dinkelsbühl	1 1/8	Ansbach	9 4/8	20 6/8	9 4/8
Hupelmühle	Scheinfeld	3 6/8	Scheinfeld	3 7/8	Windsheim	9 7/8	38	18 4/8

Namen der Orte.	Einverleibt dem Bezirksamte.	Stunden.	Landgerichte.	Stunden.	Bezirksgerichte.	Stunden.	Entfernung vom Sitze des Appell.-Ger. Eichstädt. Stunden.	Ob.-App.-Ger. München. Stunden.
			J.					
Jackenmühle	Uffenheim	2 4/8	Uffenheim	2 4/8	Windsheim	7 1/8	33	13 6/8
Jakobsmühle (Aichau)	Feuchtwangen	2	Feuchtwangen	2	Ansbach	8	20	8
Jakobsmühle (Unterampfrach)	Feuchtwangen	2 6/8	Feuchtwangen	2 6/8	Ansbach	9 6/8	24 6/8	9 6/8
Jakobsruh	Heilsbronn	1 6/8	Heilsbronn	1 6/8	Ansbach	6	17 6/8	8
Ickelheim	Uffenheim	5	Windsheim	1 6/8	Windsheim	1 6/8	26 4/8	7
Jettenhofen	Beilngries	4	Beilngries	4	Eichstädt	11 6/8	11 6/8	19 6/8
Jettingsdorf	Beilngries	3	Beilngries	3	Eichstädt	11 6/8	11 6/8	22 6/8
Igelsbach	Gunzenhausen	2 7/8	Gunzenhausen	2 7/8	Ansbach	8 4/8	12 6/8	8 6/8
Igelsdorf	Schwabach	1	Schwabach	1	Fürth	6 6/8	16 6/8	11 6/8
Ilbling	Eichstädt	7 6/8	Kipfenberg	1 6/8	Eichstädt	7 4/8	7 6/8	23
Illenschwang	Dinkelsbühl	2 6/8	Dinkelsbühl	2 6/8	Ansbach	12 4/8	19 6/8	12 6/8
Illesheim	Uffenheim	3 4/8	Windsheim	1 4/8	Windsheim	1 6/8	27 4/8	8
Illhof	Hersbruck	4 1/8	Lauf	3 6/8	Nürnberg	6 6/8	26 6/8	18 6/8
Immeldorf	Heilsbronn	2 6/8	Heilsbronn	2 6/8	Ansbach	3 6/8	19	3 6/8
Immendorf	Hersbruck	4 4/8	Hersbruck	4 4/8	Nürnberg	12	28 4/8	24
Inchingen	Eichstädt	2	Eichstädt	2	Eichstädt	2	2	22
Indernbuch	Weißenburg	2 6/8	Weißenburg	2 6/8	Eichstädt	6 4/8	6 4/8	15 6/8
Ingolstadt	Scheinfeld	3	Bibart	2	Windsheim	3 1/8	31 6/8	11 6/8
Insingen	Rothenburg	2 6/8	Rothenburg	2 6/8	Windsheim	9 4/8	29 6/8	10 6/8
Jobst Sct.	Nürnberg	1	Nürnberg	1	Nürnberg	1	22 4/8	13
Jobstgreuth	Neustadt	4	Erlbach	3	Windsheim	2 4/8	28	8 6/8
Jochsberg	Ansbach	4 4/8	Leutershausen	6/8	Ansbach	4 4/8	23 6/8	4 6/8
Johannis Sct.	M. Nürnberg	4/8	St. Nürnberg	6/8	Nürnberg	6/8	21 6/8	12
Jörgenmühle	Uffenheim	1 6/8	Uffenheim	1 6/8	Windsheim	6 6/8	32 6/8	12 6/8
Iphofen	Scheinfeld	5 6/8	Bibart	4 6/8	Windsheim	9 4/8	37 6/8	17 6/8
Ippesheim	Uffenheim	2	Uffenheim	2	Windsheim	6 4/8	32 4/8	13
Ipsheim	Uffenheim	6 4/8	Windsheim	2	Windsheim	2	28 4/8	9
Irfersdorf	Eichstädt	8 6/8	Kipfenberg	2 6/8	Eichstädt	8 6/8	8 6/8	24 6/8
Irlahüll	Eichstädt	7 6/8	Kipfenberg	2	Eichstädt	7 6/8	7 6/8	23 6/8
Irrebach	Feuchtwangen	5 6/8	Herrieden	3	Ansbach	3 4/8	17	3 6/8
Irsingen	Dinkelsbühl	4 6/8	Wassertrüdingen	2 4/8	Ansbach	11 4/8	18 6/8	11 6/8
Isenbrunn	Eichstädt	3 6/8	Kipfenberg	2 4/8	Eichstädt	3 6/8	3 6/8	23 6/8
Ismannsdorf	Heilsbronn	3 6/8	Heilsbronn	3 6/8	Ansbach	6	17	6
Itelhofen	Beilngries	4	Beilngries	4	Eichstädt	12	12	25 6/8
Ittelshofen	Nürnberg	7	Altdorf	1 7/8	Nürnberg	7	19 6/8	16 6/8
Judenhof	Hersbruck	4 6/8	Lauf	4	Nürnberg	8 6/8	27	20 6/8

Namen der Orte	Einverleibt dem: Rentamte	Stunden	Landgerichte	Stunden	Bezirksgerichte	Stunden	Entfernung vom Sitze des Appell.-Ger. Eichstädt	Schw.-Ger. Ansbach
							Stunden.	
Julianenhof	Uffenheim	2 5/8	Uffenheim	2 5/8	Windsheim	6 6/8	32 6/8	12 6/8
Jungenhof	Feuchtwangen	6/8	Feuchtwangen	6/8	Ansbach	7	22 4/8	7
K.								
Käferbach	Ansbach	2 6/8	Ansbach	2 5/8	Ansbach	2 6/8	19 6/8	2 7/8
Käfermühle	Ansbach	2 4/8	Ansbach	2 6/8	Ansbach	2 6/8	19 6/8	2 6/8
Kämmleinsmühle	Dinkelsbühl	6/8	Dinkelsbühl	6/8	Ansbach	9 6/8	22	9 6/8
Käshof	Heilsbronn	4 6/8	Heilsbronn	4 6/8	Ansbach	6 4/8	15 4/8	6 4/8
Kästel	Neustadt	3 7/8	Neustadt	3 7/8	Windsheim	8 6/8	32 6/8	13 5/8
Kästleinsmühle	Weißenburg	3	Pappenheim	2	Eichstädt	8 4/8	8 4/8	14 4/8
Käswasser	Erlangen	3 5/8	Erlangen	3 5/8	Fürth	5	24 6/8	16 7/8
Kagenhof	Fürth	2 7/8	Cadolzburg	1 4/8	Fürth	2 7/8	24 6/8	10 6/8
Kahldorf	Beilngries	7 4/8	Greding	5	Eichstädt	3 6/8	3 6/8	19
Kaiserstuhl	St. Rothenburg	6/8	St. Rothenburg	6/8	Windsheim	7 4/8	29	8 4/8
Kalsing	Beilngries	1 6/8	Greding	1	Eichstädt	9	20 6/8	9
Kalbensteinberg	Gunzenhausen	3 6/8	Gunzenhausen	3 6/8	Ansbach	8 6/8	12 6/8	8 3/8
Kalchreuth	Erlangen	3 4/8	Erlangen	3 6/8	Fürth	4 4/8	24 4/8	16 6/8
Kaldorf	Beilngries	1	Beilngries	1	Eichstädt	9 4/8	9 4/8	21 4/8
Kallert	Feuchtwangen	4 6/8	Herrieden	1 6/8	Ansbach	4 6/8	18 4/8	4 4/8
Kaltenbronn	Feuchtwangen	6/8	Feuchtwangen	6/8	Ansbach	7 6/8	22 6/8	7 6/8
Kaltenbuch	Weißenburg	2 4/8	Ellingen	2 4/8	Eichstädt	7 6/8	7 6/8	14 4/8
Kaltenherberg	Hersbruck	3 5/8	Lauf	2 6/8	Nürnberg	7 4/8	25 6/8	19 7/8
Kaltenhof	Hersbruck	5 6/8	Lauf	4	Nürnberg	8 4/8	24 6/8	20 4/8
Kaltengreuth	Ansbach	1 7/8	Ansbach	1 3/8	Ansbach	1 6/8	18 6/8	1 6/8
Kaltenneuses	Neustadt	1 6/8	Erlbach	3 5/8	Windsheim	7 7/8	30 6/8	11 4/8
Kammerforst	Ansbach	6/8	Ansbach	4/8	Ansbach	4/8	19 4/8	4/8
Kammerstein	Schwabach	1 4/8	Schwabach	1 6/8	Fürth	6 4/8	16	9 4/8
Kammühle	Beilngries	5 4/8	Greding	2 6/8	Eichstädt	7 6/8	7 6/8	18 6/8
Kappersberg	Neustadt	2 4/8	Erlbach	6/8	Windsheim	5 6/8	28	8 6/8
Kapsdorf	Heilsbronn	4	Heilsbronn	4	Ansbach	7 6/8	16 6/8	7 6/8
Karlshof s. Blasen								
Karlsholz	Dinkelsbühl	1 4/8	Dinkelsbühl	1 4/8	Ansbach	9 6/8	20 6/8	9 6/8
Karrachmühle	Rothenburg	2 6/8	Rothenburg	2 4/8	Windsheim	5 4/8	27 6/8	8 6/8
Kastenmühle	Rothenburg	3 1/8	Rothenburg	3 1/8	Windsheim	9 5/8	29 6/8	10 6/8
Kastenreuth	Fürth	4	Cadolzburg	3 7/8	Fürth	4	20 6/8	9
Kattengreuth	Dinkelsbühl	4 6/8	Wassertrüdingen	3 5/8	Ansbach	6 4/8	19	6 6/8
Kattenhochstadt	Weißenburg	1 4/8	Ellingen	2 4/8	Eichstädt	8	8	12
Kalterbach	Ansbach	1 6/8	Ansbach	1 6/8	Ansbach	1 4/8	20 7/8	1 6/8
Kalterbach	Neustadt	5	Erlbach	2	Windsheim	6 6/8	27 4/8	7 6/8
Katzmühle	Beilngries	6 4/8	Greding	2 6/8	Eichstädt	6 6/8	6 4/8	17 5/8

Namen der Orte	Einverleibt dem Rentamte	Stunden	Landgerichte	Stunden	Bezirksgerichte	Stunden	Entfernung vom Sitze des Appell.-Ger. Eichstädt (Stunden)	Kreis-Ger. Ansbach (Stunden)
Katzwang	Schwabach	1¼	Schwabach	1¼	Fürth	4¾	17¾	11¾
Kaubenheim	Uffenheim	5¾	Windsheim	2¾	Windsheim	2¾	28¾	9¾
Kaudorf	Feuchtwangen	4	Herrieden	1¾	Ansbach	4¾	18	4¾
Kauernhofen	Schwabach	3¾	Roth	¾	Fürth	8¼	14¾	11¾
Kehl	Weißenburg	1	Weißenburg	1	Eichstädt	6¾	6¾	14
Kehlmünz	Heilsbronn	2½	Heilsbronn	2½	Ansbach	5	21¾	5
Keidenzell	Fürth	4¾	Cadolzburg	2	Fürth	4¾	25¾	8
Keiersberg	Feuchtwangen	2	Feuchtwangen	2	Ansbach	7¾	20	7¾
Keilberg	Gunzenhausen	3¼	Gunzenhausen	3¾	Ansbach	9	12	9
Keinsbach	Hersbruck	2	Hersbruck	2	Nürnberg	10	22¼	22
Kellerhaus	Gunzenhausen	1¾	Gunzenhausen	1¾	Ansbach	6	13¾	6
Kellerhaus	Gunzenhausen	5¾	Heidenheim	4	Eichstädt	9	9	13¼
Kellerhäuser	Heilsbronn	3½	Heilsbronn	3½	Ansbach	2¼	19	2¼
Kellermühle	Uffenheim	2	Uffenheim	2	Windsheim	2½	28¾	9¾
Kellern mit der Kesselmühle	Ansbach	3¼	Ansbach	3½	Ansbach	3½	22¼	3¾
Kemathen	Eichstädt	6¼	Kipfenberg	¾	Eichstädt	6¾	6¾	23¼
Kemmathen	Ansbach	5¼	Ansbach	5¼	Ansbach	5¼	24¾	5¼
Kemmathen	Feuchtwangen	6	Herrieden	4½	Ansbach	5¾	15¾	5¾
Kemmathen	Neustadt	3¾	Erlbach	½	Windsheim	5¾	28	8¾
Kernmühle	Fürth	3¾	Cadolzburg	1¾	Fürth	3¾	22	8
Kersbach	Hersbruck	2¾	Lauf	2	Nürnberg	6¾	24¼	18¾
Kesselberg	Beilngries	6¾	Greding	4½	Eichstädt	4¾	4¾	18¾
Kesselmühle	l. Kellern							
Ketschenmühle	Weißenburg	2¼	Ellingen	1¼	Eichstädt	9¾	9¾	13
Ketschenweiler	Dinkelsbühl	2	Dinkelsbühl	2	Ansbach	10¾	23½	10¾
Kettelsdorf	Heilsbronn	¾	Heilsbronn	¾	Ansbach	5	20¾	5
Kettenhöfstetten	Ansbach	3¾	Ansbach	3¾	Ansbach	3¾	23½	3¾
Kettersbach	Heilsbronn	3¾	Heilsbronn	3½	Ansbach	7½	16¼	7½
Kevenhüll	Beilngries	1¾	Beilngries	1¾	Eichstädt	11¾	11¾	23¼
Kieselberg	M. Nürnberg	¾	St. Nürnberg	¾	Nürnberg	¾	21½	11¾
Kieselmühle	Hersbruck	2	Hersbruck	2	Nürnberg	10	23¾	22
Kiliansdorf	Schwabach	4	Roth	¾	Fürth	8½	14	11¾
Kinding	Eichstädt	7¾	Kipfenberg	1¼	Eichstädt	7¾	7¾	22¼
Kipfenberg	Eichstädt	6	Kipfenberg	—	Eichstädt	6	6	24½
Kipfmühle	Gunzenhausen	4	Heidenheim	1½	Eichstädt	12	12	11¼
Kirchanhausen	Eichstädt	9¾	Kipfenberg	3¾	Eichstädt	9¾	9¾	23
Kirchbuch	Beilngries	2¼	Beilngries	2¼	Eichstädt	9¾	9¾	24¼
Kirchensittenbach	Hersbruck	2	Hersbruck	2	Nürnberg	9	26	21
Kirchfarrnbach	Fürth	6	Cadolzburg	3	Fürth	6	25¼	7
Kirchfembach	Neustadt	4¾	Erlbach	3¾	Windsheim	8¼	30¾	10¾

Namen der Orte.	Einverleibt dem Bezirksämter.	Stunden.	Landgerichte.	Stunden.	Bezirksgerichte.	Stunden.	Entfernung vom Sitze des Appell.-Ger. Eichstädt (Stunden)	Schw.-Ger. Ansbach (Stunden)
Kirchrimbach	Scheinfeld	2 4/8	Scheinfeld	2 6/8	Windsheim	7 6/8	35	15 4/8
Kirchröttenbach	Hersbruck	5	Lauf	3 6/8	Nürnberg	8	25 6/8	19 6/8
Kirnberg	Rothenburg	2	Rothenburg	2	Windsheim	7 4/8	27 4/8	6
Kirschendorf	Heilsbronn	3	Heilsbronn	3	Ansbach	4 4/8	18	4 4/8
Kirschenmühle	Gunzenhausen	3 3/8	Heidenheim	4/8	Eichstädt	13 5/8	11	18 6/8
Kitschendorf	Heilsbronn	2 5/8	Heilsbronn	2 5/8	Ansbach	7	17 4/8	7
Klappermühle	Heilsbronn	4 6/8	Heilsbronn	4 6/8	Ansbach	6 4/8	16 6/8	6 4/8
Klarmühle	Dinkelsbühl	6 3/8	Wassertrüdingen	2	Ansbach	7 3/8	16 4/8	7 6/8
Klausaurach	Neustadt	2 4/8	Erlbach	1 4/8	Windsheim	3 7/8	28 4/8	9
Klaushof	Fürth	4 4/8	Cadolzburg	1 3/8	Fürth	4 4/8	25 6/8	8 6/8
Kleedorf	s. Eledorf							
Kleehof	Neustadt	3 6/8	Neustadt	3 6/8	Windsheim	7 6/8	31 4/8	12
Kleinabenberg	Schwabach	3 4/8	Roth	2 5/8	Fürth	8 6/8	14 4/8	9
Kleinbellhofen	Hersbruck	3 7/8	Lauf	2	Nürnberg	6 6/8	25	18 4/8
Kleinberghausen	Beilngries	4 4/8	Beilngries	4 4/8	Eichstädt	12 4/8	12 4/8	20 6/8
Kleinbreitenbronn	Feuchtwangen	7	Herrieden	4 1/8	Ansbach	3 6/8	16 6/8	8 1/8
Kleinerlbach	Neustadt	4/8	Neustadt	4/8	Windsheim	5 6/8	30 6/8	11 3/8
Kleingeschaidt	Erlangen	4 4/8	Erlangen	4 4/8	Fürth	5 4/8	24 6/8	16 3/8
Kleingründlach	Erlangen	2 5/8	Erlangen	2 3/8	Fürth	2	23 6/8	18
Kleinhabersdorf	Ansbach	3 1/8	Ansbach	3 3/8	Ansbach	3 6/8	23 3/8	3 6/8
Kleinharbach	Uffenheim	3	Uffenheim	3	Windsheim	6 1/8	31 2/8	11 6/8
Kleinhaslach	Ansbach	3 7/8	Ansbach	3 7/8	Ansbach	3 7/8	23 4/8	3 7/8
Kleinhebing	Beilngries	4 4/8	Greding	1 6/8	Eichstädt	6 6/8	6 6/8	18 6/8
Kleinlellenfeld	Dinkelsbühl	7 6/8	Wassertrüdingen	2 7/8	Ansbach	7 3/8	16 6/8	7 6/8
Kleinmühle	Ansbach	5 4/8	Leutershausen	1 7/8	Ansbach	5 4/8	24 4/8	5 4/8
Kleinmühlein	Rothenburg	5	Schillingsfürst	2 7/8	Windsheim	11 7/8	20 1/8	9 6/8
Kleinohrenbronn	Feuchtwangen	2 4/8	Feuchtwangen	2 5/8	Ansbach	7 6/8	20	7 6/8
Kleinnottersdorf	Beilngries	4	Greding	2 6/8	Eichstädt	10 4/8	10 6/8	19
Kleinreuth	Nürnberg	1 3/8	Nürnberg	1 6/8	Nürnberg	1 4/8	21 6/8	11
Kleinreuth h. d. Veste	Nürnberg	1	Nürnberg	1	Nürnberg	1	22 4/8	12 6/8
Kleinried	Feuchtwangen	5	Herrieden	2 4/8	Ansbach	3 6/8	17	8 4/8
Kleinschwarzenlohe	Schwabach	2 5/8	Schwabach	2 6/8	Fürth	5 5/8	18	12 4/8
Kleinseebach	Erlangen	2	Erlangen	2	Fürth	5 1/8	27 3/8	17
Kleinseebachermühle	Erlangen	1 6/8	Erlangen	1 6/8	Fürth	6 6/8	27	16 6/8
Kleinsteinach	Neustadt	2	Neustadt	2	Windsheim	6 6/8	32 5/8	12 6/8
Kleinullrichshausen	Rothenburg	5	Schillingsfürst	2 4/8	Windsheim	11 4/8	28 6/8	9 6/8

Namen der Orte.	[illegible] dem						Entfernung vom Sitze des	
	Bezirksamte.	Stunden.	Landgerichte.	Stunden.	Bezirksgerichte.	Stunden.	Appell.-Ger. Eichstädt	Schw.-Ger. Ansbach
							Stunden.	
Kleinviehberg	Hersbruck	1	Hersbruck	1	Nürnberg	9	24¼	21
Kleinwaldhausen	Rothenburg	5¾	Schillingsfürst	2¾	Windsheim	11¾	25½	7¾
Kleinweidenmühle	M. Nürnberg	¾	St. Nürnberg	¾	Nürnberg	¾	21¾	12
Kleinweismannsdorf	Fürth	4½	Cadolzburg	4	Fürth	4½	20	8¾
Kleinwindsheimer Mühle	Uffenheim	4	Windsheim	¾	Windsheim	¾	27½	7¾
Klingenhof	Nürnberg	6¾	Altdorf	1¾	Nürnberg	6¾	19	18¾
Klobenmühle	Neustadt	¾	Neustadt	¾	Windsheim	5¾	31	11¾
Klösmühle	Scheinfeld	1¾	Scheinfeld	1¼	Windsheim	6½	34¼	14¾
Klosterdorf links	Scheinfeld	¼	Scheinfeld	¼	Windsheim	5½	34¼	14¾
Klosterdorf rechts	Scheinfeld	¼	Scheinfeld	¼	Windsheim	5½	34¼	14¾
Klostermühle	Gunzenhausen	3¾	Heidenheim	¾	Eichstädt	13¼	13¾	11
Kloster Sulz	s. Sulz							
Knittelsbach	Dinkelsbühl	1½	Dinkelsbühl	1½	Ansbach	11¾	20½	11½
Knockenhof	Neustadt	2¾	Erlbach	¾	Windsheim	5½	27¼	8¾
Knorrenmühle	Dinkelsbühl	1	Dinkelsbühl	1	Ansbach	10¾	22¾	10¾
Kobelsmühle	M. Dinkelsbühl	¾	St. Dinkelsbühl	¾	Ansbach	10¼	21¼	10¾
Kochsmühle	Beilngries	5¼	Greding	2¾	Eichstädt	6¾	6¾	17¾
Köhlau	Dinkelsbühl	1¼	Dinkelsbühl	1¼	Ansbach	9¾	22	9¾
Königshammer	Schwabach	2	Schwabach	2	Fürth	5¾	17¾	12
Königshof	Schwabach	2¾	Schwabach	2¾	Fürth	4	19	11½
Königshofen	Dinkelsbühl	5	Wassertrüdingen	4¾	Ansbach	5¾	19¾	5½
Königsmühle	Fürth	1¾	Fürth	1¾	Fürth	1½	23½	13¾
Körnersdorf	Beilngries	4¾	Beilngries	4¾	Eichstädt	13¾	13¾	21¾
Kohlenmühle	Neustadt	¼	Neustadt	½	Windsheim	5½	30¾	11
Kohlersmühle	Fürth	2¾	Cadolzburg	1	Fürth	2¾	24¼	9¾
Kohlhof	Gunzenhausen	3¾	Heidenheim	¼	Eichstädt	13¾	13¾	11
Kohlmühle	Ansbach	2¾	Ansbach	2¾	Ansbach	2¾	21¾	2¾
Kohlmühle	Eichstädt	4¾	Eichstädt	4¾	Eichstädt	4¾	4¾	19¾
Kohlmühle	Weissenburg	2¾	Pappenheim	1¾	Eichstädt	7¾	7½	16
Kohnhof	Gunzenhausen	6	Heidenheim	2¼	Eichstädt	12¾	12¾	13¾
Kolmschneidbach	Feuchtwangen	6	Herrieden	3¾	Ansbach	3¾	17½	3¾
Konstein	Eichstädt	5¾	Eichstädt	5¾	Eichstädt	5¾	5¼	23
Koppenhof	Schwabach	2	Schwabach	2	Fürth	3¾	19	10¼
Koppenschallbach	Feuchtwangen	¾	Feuchtwangen	¾	Ansbach	7¾	21¼	7¾
Kornburg	Schwabach	2½	Schwabach	2½	Fürth	5	18¾	12¾
Kornhöfstatt	Scheinfeld	1¾	Scheinfeld	1¾	Windsheim	6¾	31¾	15¾
Kornmühle	s. Mittelmühle							
Kottenheim	Scheinfeld	5	Bibart	4	Windsheim	3	31¾	11¾

Namen der Orte.	Einverleibt dem Bezirksamte.	Stunden.	Landgerichte.	Stunden.	Bezirksgerichte.	Stunden.	Entfernung vom Sitze des Appell.-Ger. Eichstädt	Schw.-Ger. Ansbach.
							Stunden.	
Koltensdorf	Schwabach	1 4/8	Schwabach	1 6/8	Fürth	5	17 4/8	8 6/8
Koltingwörth	Beilngries	1	Beilngries	1	Eichstädt	11	11	24 6/8
Koltingwörthermühle	Beilngries	1 1/8	Beilngries	1 1/8	Eichstädt	11 2/8	11 2/8	28
Kopenhof	Hersbruck	4	Lauf	6/8	Nürnberg	4 4/8	23 4/8	16 6/8
Krämershof	Gunzenhausen	3 1/8	Heidenheim	4/8	Eichstädt	13 4/8	18 4/8	11
Kraft	Ansbach	5 1/8	Ansbach	5 1/8	Ansbach	5 4/8	24 6/8	5 1/8
Kraftsbuch	Beilngries	4	Greding	1 7/8	Eichstädt	5 4/8	5 4/8	20
Kraftshof	Fürth	2	Fürth	2	Fürth	2	22 6/8	14 7/8
Krapfenau	Feuchtwangen	1 4/8	Feuchtwangen	1 4/8	Ansbach	8 4/8	21 6/8	8 6/8
Krapfenauermühle	Feuchtwangen	1 4/8	Feuchtwangen	1 4/8	Ansbach	8 4/8	21 6/8	8 6/8
Krassolzheim	Scheinfeld	3 1/8	Bibart	2 3/8	Windsheim	4 6/8	31 6/8	12 6/8
Kratzmühle	Eichstädt	8 2/8	Kipfenberg	2 6/8	Eichstädt	8 6/8	8 6/8	23
Krautostheim	Scheinfeld	4	Bibart	3	Windsheim	2 4/8	31	11 4/8
Kreben	Neustadt	5 6/8	Erlbach	2 6/8	Windsheim	6 1/8	26 6/8	7
Krebshof	Feuchtwangen	4/8	Feuchtwangen	4/8	Ansbach	7	22 4/8	7
Kreismühle	Beilngries	4 6/8	Beilngries	4 6/8	Eichstädt	14 6/8	14 6/8	25 4/8
Kreppendorf	Fürth	2 7/8	Fürth	2 6/8	Fürth	2 7/8	24 6/8	10 4/8
Krepling	Hersbruck	3 1/8	Hersbruck	3 6/8	Nürnberg	11 4/8	27 6/8	23 4/8
Kressengarten	M. Nürnberg	6/8	St. Nürnberg	6/8	Nürnberg	6/8	22 7/8	12 6/8
Kressenhof	Ansbach	4 4/8	Leutershausen	6/8	Ansbach	4 4/8	23 4/8	4 4/8
Kreitenbach	Scheinfeld	2	Scheinfeld	2	Windsheim	7 6/8	35 6/8	16 1/8
Kreuth	Ansbach	5 6/8	Leutershausen	3 6/8	Ansbach	5 6/8	26 6/8	5 6/8
Kreuthof	Dinkelsbühl	6	Wassertrüdingen	2 7/8	Ansbach	6 6/8	17 6/8	6 6/8
Kreuthof	Gunzenhausen	4 3/8	Heidenheim	6/8	Eichstädt	12 7/8	12 6/8	12
Kreutles	Fürth	2	Fürth	2	Fürth	2	20 6/8	10 3/8
Kreuzbühl	Hersbruck	4 4/8	Lauf	3 6/8	Nürnberg	8	26 6/8	19 6/8
Kreuzelberg	Eichstädt	5 4/8	Eichstädt	5 4/8	Eichstädt	5 4/8	5 4/8	21 6/8
Kreuzmühle	Beilngries	2 4/8	Beilngries	2 4/8	Eichstädt	11	11	22 6/8
Kriegenbronn	Erlangen	2	Erlangen	2	Fürth	3	25	14
Krobshausen	Feuchtwangen	1 7/8	Feuchtwangen	1 7/8	Ansbach	6 6/8	23 1/8	6 6/8
Krobshausermühle	Feuchtwangen	1 6/8	Feuchtwangen	1 6/8	Ansbach	6 6/8	23 2/8	6 6/8
Krönhof	Hersbruck	1 6/8	Hersbruck	1 6/8	Nürnberg	7 4/8	23 4/8	19 4/8
Kröttenbach	Dinkelsbühl	7	Wassertrüdingen	2	Ansbach	8	15 6/8	8
Kronach	Fürth	1	Fürth	1	Fürth	1	23	12
Kronhof	Gunzenhausen	7 4/8	Heidenheim	4	Eichstädt	13 4/8	13 4/8	15 6/8
Kronmühle	s. Mittelmühle							
Krottenmühle	Gunzenhausen	4	Heidenheim	4/8	Eichstädt	12	12	11 6/8
Krübelmühle	Eichstädt	4 4/8	Eichstädt	4 4/8	Eichstädt	4 4/8	4 4/8	19 6/8

Namen der Orte.	Einverleibt dem Bezirksamts.	Stunden.	Landgerichts.	Stunden.	Bezirksgerichts.	Stunden.	Entfernung vom Sitze des Appell.-Ger. Eichstädt. (Stunden)	Schw.-Ger. Ansbach. (Stunden)
Kruglmühle	Weißenburg	2¼	Ellingen	1¾	Eichstädt	8	8	14¾
Krüppach	Hersbruck	1¾	Hersbruck	1¼	Nürnberg	8	20¼	20
Kruth	Eichstädt	6	Kipfenberg	1¾	Eichstädt	6	6	25¼
Kucha	Nürnberg	7¼	Altdorf	2	Nürnberg	7¼	19¾	19¼
Kühdorf	Schwabach	2	Schwabach	2	Fürth	7¾	15¼	10¾
Kühndorf	Ansbach	1¾	Ansbach	1¾	Ansbach	1¾	21¾	1¼
Kühnhardt	Feuchtwangen	2	Feuchtwangen	2	Ansbach	9	24	9
Kühnhofen	Hersbruck	¾	Hersbruck	¾	Nürnberg	8¼	24¼	20¾
Kühlsheim	Uffenheim	4¾	Windsheim	¼	Windsheim	¼	28	8¼
Külbingen	Ansbach	2¼	Ansbach	2¼	Ansbach	2¼	21¾	2¼
Kugelmühle	Feuchtwangen	5	Herrieden	1¾	Ansbach	2¼	19	2¾
Kugelmühle	Heilsbronn	4	Heilsbronn	4	Ansbach	7¾	15¾	7¾
Kuhnhof	Hersbruck	3¼	Lauf	¾	Nürnberg	5¾	24¾	17
Kunigunda St.	Hersbruck	3	Lauf	¾	Nürnberg	5	23¾	16¾
Kunigundathurm	Rothenburg	3¼	Rothenburg	3¼	Windsheim	3¾	27¾	8¾
Kupferhammer	Schwabach	4¾	Roth	1¾	Fürth	10	15	12¾
Kurzenaltheim	Gunzenhausen	3¼	Heidenheim	1¾	Eichstädt	12¾	12¾	10¾
Kurzenaurach	Neustadt	2¾	Erlbach	1¾	Windsheim	5¾	28¼	9
Kurzendorf	Ansbach	1¾	Ansbach	1¾	Ansbach	1¾	18¼	1¾
Kurzendorf	Ansbach	3¾	Leutershausen	2¾	Ansbach	3¼	22¾	3¾
Kuffenhof	Dinkelsbühl	8	Wassertrüdingen	2	Ansbach	7	17	7

L.

Labermühle	Beilngries	5¾	Beilngries	6¼	Eichstädt	15¾	15¾	26¼
Labertswend	Dinkelsbühl	2¾	Dinkelsbühl	2¾	Ansbach	8¾	20¼	8¾
Lachheim	Scheinfeld	1¼	Scheinfeld	1¼	Windsheim	5¼	32¾	12¾
Laffing	Beilngries	¾	Beilngries	¾	Eichstädt	10¾	10¾	24¼
Lammelbach	Feuchtwangen	4	Herrieden	¾	Ansbach	4	19	4
Lamprechtsmühle	Scheinfeld	2	Bibart	2	Windsheim	4¼	32¾	12¾
Landersdorf	Beilngries	5¾	Greding	2¾	Eichstädt	6¾	6¾	18¾
Landershofen	Eichstädt	1	Eichstädt	1	Eichstädt	1	1	20¾
Landerzhofen	Beilngries	2	Greding	1¾	Eichstädt	9	9	20¾
Landthurm	Rothenburg	4¼	Rothenburg	4¾	Windsheim	4¼	29¾	9¾
Landthurm	Scheinfeld	4¼	Bibart	3¾	Windsheim	8¾	36¼	17
Langenaltheim	Weißenburg	4¾	Pappenheim	2	Eichstädt	8	8	17¼
Langenberg	Scheinfeld	3¾	Scheinfeld	3¾	Windsheim	9¼	38	18¼
Langenbruckermühle	Erlangen	2¼	Erlangen	2¾	Fürth	6	25¾	17¾
Langenfeld	Scheinfeld	2	Bibart	2¾	Windsheim	4¾	31	12¾
Langenlohe	Heilsbronn	2¾	Heilsbronn	2¾	Ansbach	3¼	19¼	3¾

Namen der Orte	Gerichtsbezirk dem	Stunden	Landgerichte	Stunden	Bezirksgerichte	Stunden		
Langenlehe	Schwabach	3½	Schwabach	3¼	Fürth	3½	19½	12¼
Langenmühle	M. Rothenburg	¾	St. Rothenburg	½	Windsheim	7½	29½	10
Langensteinach	Uffenheim	2¼	Uffenheim	2¼	Windsheim	5½	30½	11½
Langensteinbach	Dinkelsbühl	1½	Dinkelsbühl	1½	Ansbach	11½	21½	11½
Langenzenn	Fürth	1	Cadolzburg	2½	Fürth	4	25½	9½
Langfurth	Dinkelsbühl	2½	Wassertrüdingen	4½	Ansbach	8½	20	8½
Langlau	Gunzenhausen	2½	Gunzenhausen	2½	Ansbach	9½	10½	9½
Langweidmühle	Weißenburg	3½	Ellingen	2½	Eichstädt	10½	10½	10½
Lanzendorf	Heilbronn	2½	Heilbronn	2½	Ansbach	7½	17½	7½
Lanzenmühle	Uffenheim	1½	Uffenheim	1½	Windsheim	5½	31½	12
Lanzenhüll	Beilngries	2	Greding	½	Eichstädt	7	7	20½
Lapperdorf	Herzogbruck	4½	Lauf	2½	Nürnberg	6	25½	17½
Larrieden	Feuchtwangen	1½	Feuchtwangen	1½	Ansbach	8½	23½	8½
Lattenbuch	Feuchtwangen	3	Feuchtwangen	3	Ansbach	6½	25	6½
Laubendorf	Fürth	4½	Cadolzburg	3½	Fürth	4½	26	9½
Laubenthal	Weißenburg	2½	Pappenheim	2½	Eichstädt	4½	4½	15½
Laubenzedel	Gunzenhausen	1	Gunzenhausen	1	Ansbach	7	13	7
Lauf	Herzogbruck	3	Lauf	—	Nürnberg	4½	23½	16½
Lauf am Holz	Nürnberg	2	Nürnberg	2	Nürnberg	2	23½	13½
Laufenbürg	Dinkelsbühl	8	Wassertrüdingen	2½	Ansbach	8½	15½	8½
Lauterbach	Ansbach	6½	Leutershausen	2½	Ansbach	6½	25	6½
Lauterbach	Beilngries	4	Beilngries	4	Eichstädt	11	11	19
Lauterbrunnmühle	Weißenburg	2	Ellingen	1	Eichstädt	8½	8½	12½
Lazareth	Beilngries	2½	Beilngries	2½	Eichstädt	11½	11½	22½
Leerstetten	Schwabach	2½	Schwabach	2½	Fürth	6½	17½	12½
Lehenbuch	Dinkelsbühl	1½	Dinkelsbühl	1½	Ansbach	9	21½	9
Lehengütingen	Dinkelsbühl	1½	Dinkelsbühl	1½	Ansbach	9½	22½	9½
Lehenwiesenmühle	Weißenburg	3	Weißenburg	½	Eichstädt	6½	6½	13
Lehnleinsmühle	Weißenburg	2½	Pappenheim	2	Eichstädt	8	8	16½
Lehrberg	Ansbach	2	Ansbach	2	Ansbach	2	21½	2
Leibelbach	Feuchtwangen	3½	Herrieden	½	Ansbach	3½	19½	3½
Leichendorf	Fürth	2	Cadolzburg	3½	Fürth	2½	21½	9½
Leichtenhof	Feuchtwangen	2½	Feuchtwangen	2½	Ansbach	7½	19½	7½
Leibelberg	Rothenburg	3½	Rothenburg	3½	Windsheim	10	29½	10
Leibendorf	Feuchtwangen	6½	Herrieden	3½	Ansbach	3	17	3
Leibgeudorf	Gunzenhausen	2½	Gunzenhausen	2½	Ansbach	6½	13½	6½
Leimbachsmühle	Rothenburg	3½	Schillingsfürst	1½	Windsheim	7½	25	6
Leimburg	Nürnberg	5	Altdorf	2½	Nürnberg	5	18½	17½
Lesperslohe	Heilbronn	3½	Heilbronn	3½	Ansbach	7½	18	7½

Namen der Orte.	Eingetheilt dem Bezirksamte.	Stimmen	Landgerichte.	Stimmen	Bezirksgerichte.	Stimmen	Entfernung vom Sitze der Behörde. Stunden.
Pelzershof	Feuchtwangen	¹/₄	Feuchtwangen	¹/₄	Ansbach	6⁴/₈	22⁴/₈ · 6⁴/₈
Peipoltsberg	Rothenburg	4⁴/₈	Schillingsfürst	1	Windsheim	9	24⁴/₈	8⁴/₈
Peitelshof	Schwabach	3	Schwabach	2	Fürth	4⁴/₈	18⁴/₈	8⁴/₈
Peitersmühle	Neustadt	4⁴/₈	Erlbach	3⁴/₈	Windsheim	7⁴/₈	30⁴/₈	11⁴/₈
Peiterweiler	Rothenburg	4⁴/₈	Schillingsfürst	4⁴/₈	Windsheim	12	30⁴/₈	11
Pengenfeld	Ansbach	2	Ansbach	2	Ansbach	2	20⁴/₈	2
Pengenfeld	Weißenburg	2⁴/₈	Ellingen	3⁴/₈	Eichstädt	8⁴/₈	8⁴/₈	12
Penlershelm	Uffenheim	5⁴/₈	Windsheim	1	Windsheim	1	27⁴/₈	8
Penlersdorf	Neustadt	7⁴/₈	Erlbach	4⁴/₈	Windsheim	7⁴/₈	24⁴/₈	5⁴/₈
Penlershelm	Dinkelsbühl	5⁴/₈	Wassertrüdingen	1⁴/₈	Ansbach	7⁴/₈	17⁴/₈	7⁴/₈
Penzenhausen	Neustadt	4⁴/₈	Erlbach	1⁴/₈	Windsheim	6⁴/₈	28⁴/₈	9
Penterdorf	Ansbach	4⁴/₈	Leutershausen	⁴/₈	Ansbach	4⁴/₈	23⁴/₈	4⁴/₈
Leonhard Ect.	Nürnberg	⁴/₈	Nürnberg	⁴/₈	Nürnberg	⁴/₈	21	11⁴/₈
Leonhardsruh	Gunzenhausen	⁴/₈	Gunzenhausen	⁴/₈	Ansbach	8	12	8
Leonrod	Neustadt	7	Erlbach	4	Windsheim	8⁴/₈	25	6⁴/₈
Lerchenbergshof	Ansbach	4⁴/₈	Leutershausen	4⁴/₈	Ansbach	4⁴/₈	24⁴/₈	4⁴/₈
Lerchenbergs- mühle	Ansbach	4⁴/₈	Leutershausen	4⁴/₈	Ansbach	4⁴/₈	24⁴/₈	4⁴/₈
Lerchenhochstädt	Scheinfeld	1⁴/₈	Scheinfeld	1⁴/₈	Windsheim	6	39⁴/₈	14⁴/₈
Lettern	Hersbruck	3⁴/₈	Lauf	⁴/₈	Nürnberg	4⁴/₈	23⁴/₈	16⁴/₈
Letternmühle	Feuchtwangen	4	Herrieden	1⁴/₈	Ansbach	4⁴/₈	19	4⁴/₈
Lettenmühle	Weißenburg	⁴/₈	Weißenburg	⁴/₈	Eichstädt	6⁴/₈	6⁴/₈	12⁴/₈
Leipleinsmühle	Gunzenhausen	2⁴/₈	Heidenheim	1⁴/₈	Eichstädt	14⁴/₈	14⁴/₈	10
Leuterdorf	Feuchtwangen	2⁴/₈	Feuchtwangen	2⁴/₈	Nürnberg	8⁴/₈	20⁴/₈	5⁴/₈
Leutenbach	Hersbruck	1	Hersbruck	1	Nürnberg	8⁴/₈	22⁴/₈	20⁴/₈
Leutenbuch	Feuchtwangen	4⁴/₈	Herrieden	⁴/₈	Ansbach	4	18⁴/₈	4
Leutershausen	Ansbach	3⁴/₈	Leutershausen	—	Ansbach	3⁴/₈	22⁴/₈	3⁴/₈
Leupdorf	Schwabach	2	Schwabach	2	Fürth	5⁴/₈	17⁴/₈	8⁴/₈
Leupenberg	Hersbruck	1⁴/₈	Hersbruck	1⁴/₈	Nürnberg	7⁴/₈	25	19⁴/₈
Leupenbronn	Rothenburg	1⁴/₈	Rothenburg	1⁴/₈	Windsheim	7⁴/₈	30⁴/₈	10⁴/₈
Leupenhof	Rothenburg	1⁴/₈	Rothenburg	1⁴/₈	Windsheim	8	30	10⁴/₈
Leyh	Nürnberg	1⁴/₈	Nürnberg	1⁴/₈	Nürnberg	1⁴/₈	21⁴/₈	11⁴/₈
Lichtenau	Feuchtwangen	1⁴/₈	Feuchtwangen	1⁴/₈	Ansbach	7⁴/₈	20⁴/₈	7⁴/₈
Lichtenau	Heilsbronn	3⁴/₈	Heilsbronn	3⁴/₈	Ansbach	2⁴/₈	19	2⁴/₈
Lichtenberg	Eichstädt	4⁴/₈	Eichstädt	4⁴/₈	Eichstädt	4⁴/₈	4⁴/₈	19⁴/₈
Lichtenhof	Nürnberg	⁴/₈	Nürnberg	⁴/₈	Nürnberg	⁴/₈	21⁴/₈	12
Liebersdorf	Feuchtwangen	4⁴/₈	Herrieden	2⁴/₈	Ansbach	4⁴/₈	17⁴/₈	4⁴/₈
Liegenbach	Ansbach	2⁴/₈	Ansbach	2⁴/₈	Ansbach	2⁴/₈	20⁴/₈	2⁴/₈
Lillingshof	Hersbruck	5	Lauf	3⁴/₈	Nürnberg	8⁴/₈	26⁴/₈	20⁴/₈
Limbach	Feuchtwangen	3⁴/₈	Feuchtwangen	3⁴/₈	Ansbach	6⁴/₈	19⁴/₈	6⁴/₈
Limbach	Schwabach	⁴/₈	Schwabach	⁴/₈	Fürth	5⁴/₈	17⁴/₈	10⁴/₈

Namen der Orte.	Einverleibt dem Bezirksamte.	Stunden.	Landgerichte.	Stunden.	Bezirksgerichte.	Stunden.	Entfernung vom Sitze des Appell.-Ger. Eichstädt. Stunden.	Schw.-Ger. Ansbach. Stunden.
Limbach	Uffenheim	7 6/8	Windsheim	2 4/8	Windsheim	2 6/8	28 6/8	6 6/8
Lind	Fürth	2 7/8	Cadolzburg	2 6/8	Fürth	2 6/8	21 4/8	9 6/8
Lindach	Ansbach	3 6/8	Ansbach	3 6/8	Ansbach	3 6/8	23 6/8	3 6/8
Lindelburg	Nürnberg	6 6/8	Altdorf	2 4/8	Nürnberg	6 6/8	14 6/8	15 6/8
Linden	Beilngries	4 6/8	Greding	1 4/8	Eichstädt	5 6/8	5 6/8	20 6/8
Linden	Neustadt	3	Erlbach	1 4/8	Windsheim	3 6/8	27 4/8	8
Linden	Neustadt	3 6/8	Neustadt	3 6/8	Windsheim	8 1/8	32 6/8	13
Linden	Rothenburg	2 7/8	Rothenburg	2 6/8	Windsheim	5 6/8	28	8 6/8
Lindenbühl	Gunzenhausen	3	Gunzenhausen	3	Ansbach	6	14	8
Lindenmühle	Weißenburg	1 6/8	Ellingen	6/8	Eichstädt	8 6/8	8 6/8	12 6/8
Linkenmühle	Uffenheim	5	Windsheim	6/8	Windsheim	4/8	27	7 4/8
Lippertshofen	Eichstädt	4 6/8	Kipfenberg	4 4/8	Eichstädt	4 4/8	4 6/8	24
Lipprichhausen	Uffenheim	2 6/8	Uffenheim	2 4/8	Windsheim	6 6/8	33 6/8	13 6/8
Liritzhofen	Hersbruck	4	Hersbruck	4	Nürnberg	11	21 6/8	23
Litterzhofen	Beilngries	1 4/8	Beilngries	1 6/8	Eichstädt	9 4/8	9 4/8	21 6/8
Loch	Fürth	3 6/8	Cadolzburg	3 7/8	Fürth	3 6/8	20 6/8	9 6/8
Lochhof	s. Zumloch							
Lochhof	Hersbruck	4 1/8	Lauf	2 6/8	Nürnberg	7 4/8	25 4/8	18 6/8
Lochmannshof	Nürnberg	6 6/8	Altdorf	6/8	Nürnberg	6 4/8	16 6/8	17
Lockenmühle	Ansbach	4 6/8	Ansbach	4 6/8	Ansbach	4 6/8	23 7/8	4 6/8
Lölldorf	Feuchtwangen	2 6/8	Feuchtwangen	2 4/8	Ansbach	7 4/8	19 6/8	7 6/8
Löschenmühle	Feuchtwangen	2 6/8	Feuchtwangen	2 6/8	Ansbach	7 4/8	20	7 4/8
Lösleinshäuslein	Neustadt	5	Erlbach	2	Windsheim	6 4/8	26 4/8	7 6/8
Lohe	Dinkelsbühl	1	Dinkelsbühl	1	Ansbach	9 6/8	22	9 6/8
Lohe	Erlangen	4 7/8	Erlangen	4 6/8	Fürth	2	21 4/8	13 6/8
Lohe	Fürth	4 6/8	Cadolzburg	3 6/8	Fürth	4 6/8	26	9 6/8
Lohen	Beilngries	5 4/8	Greding	3	Eichstädt	8	8	18
Lohhof	Schwabach	2	Schwabach	2	Fürth	3 6/8	19	10 4/8
Lohhof	Weißenburg	4 6/8	Pappenheim	3	Eichstädt	9	9	16 6/8
Lohmühle beim Hungerhof	M. Dinkelsbühl	1 1/8	St. Dinkelsbühl	1 1/8	Ansbach	9 6/8	20 6/8	9 6/8
Lohmühle unter der Stadt	M. Dinkelsbühl	1	St. Dinkelsbühl	1	Ansbach	11 1/8	20 4/8	11 6/8
Lohmühle (Haßlach)	Dinkelsbühl	2 6/8	Dinkelsbühl	2 4/8	Ansbach	8	19 6/8	8
Lohmühle (Knittelsbach)	Dinkelsbühl	1	Dinkelsbühl	1	Ansbach	11 1/8	20 4/8	11 6/8
Lohmühle (Vorderbreitenthann)	Feuchtwangen	1 6/8	Feuchtwangen	1 6/8	Ansbach	6	22 6/8	6
Lohmühle (Langenzenn)	Fürth	3 6/8	Cadolzburg	2 7/8	Fürth	3 4/8	25 6/8	9 6/8

Namen der Orte.	Einverleibt dem							
	Bezirksamt.	Stunden.	Landgericht.	Stunden.	Bezirksgericht.	Stunden.		
Lohmühle (Gunzenhausen)	Gunzenhausen	¾	Gunzenhausen	¾	Ansbach	8¼	11¼	8¼
Lohmühle (Hebersdorf)	Hersbruck	4	Lauf	2¼	Nürnberg	7¼	25¼	19
Lohmühle (Neustadt)	Neustadt	¾	Neustadt	¾	Windsheim	4¼	30¼	10⁴⁄₄
Lohmühle (Wasserbernsdorf)	Scheinfeld	3¼	Scheinfeld	3⁴⁄₄	Windsheim	9¼	38	18¼
Lohmühle (Untere-Mühle)								
Lohmühle	Weißenburg	¾	Weißenburg	¾	Eichstädt	6⁴⁄₄	6⁴⁄₄	13¼
Lohmühle (Treuchtlingen)	Weißenburg	3¼	Pappenheim	1¼	Eichstädt	8¼	8¼	14¼
Lohr	Rothenburg	1¼	Rothenburg	1¼	Windsheim	8¼	30¼	11
Lohrbach	Rothenburg	2¼	Rothenburg	2¼	Windsheim	9	31	11¼
Loilenau	Schwabach	3¼	Roth	2¼	Fürth	8¼	14¼	9
Losaurach	Neustadt	1¼	Neustadt	1¼	Windsheim	4¼	28¼	9
Lotterhof	Feuchtwangen	2	Feuchtwangen	2	Ansbach	8¼	20⁴⁄₄	8¼
Lottermühle	Feuchtwangen	2	Feuchtwangen	2	Ansbach	8⁴⁄₄	20⁴⁄₄	8¼
Louismühle	Ansbach	1¼	Ansbach	1¼	Ansbach	1¼	1⁴⁄₄	1¼
Lucacrbernmühle M. Rothenburg	¾	St. Rothenburg	¾	Windsheim	7¼	28	9¼	
Ludelsmühle M. Rothenburg	¾	St. Rothenburg	¾	Windsheim	7¼	29¼	9¼	
Ludersheim	Nürnberg	5¼	Altdorf	¾	Nürnberg	5¼	17	17
Lungsdorf	Hersbruck	4¼	Hersbruck	4¼	Nürnberg	11	27¼	23

M.

Mackenmühle	Weißenburg	3¼	Ellingen	2¼	Eichstädt	10¼	10¼	12
Mäbenberg	Schwabach	4	Roth	2	Fürth	9¼	13¼	9¼
Mäusberg	Uffenheim	6¼	Windsheim	2¼	Windsheim	2¼	27	7¼
Mäusbruck	Gunzenhausen	7¼	Heidenheim	3¼	Eichstädt	13¼	1.1¼	15
Mäuskleinmühle Weißenburg	3	Ellingen	2	Eichstädt	10	10	12¼	
Maisach	Schwabach	3¼	Schwabach	3¼	Fürth	3¼	18⁴⁄₄	11¼
Maiße	Gunzenhausen	1¼	Gunzenhausen	1¼	Ansbach	9	13¼	9
Mailheim	Uffenheim	6¼	Windsheim	1¼	Windsheim	1¼	27	7¼
Malmersdorf	Heilsbronn	3	Heilsbronn	3	Ansbach	3	19	3
Mallnstadt	Nürnberg	2¼	Nürnberg	2¼	Nürnberg	2¼	21¼	14¼
Maukdenmühle	Weißenburg	3¼	Ellingen	2¼	Eichstädt	10	10	12¼
Manndorf	Feuchtwangen	4	Herrieden	¾	Ansbach	3¼	19	3¼
Maunhof	Fürth	1¼	Fürth	1¼	Fürth	1¼	24	14
Mannhof	Scheinfeld	2	Scheinfeld	2	Windsheim	8	35¼	16¼
Manloch	Beilngries	6	Greding	3¼	Eichstädt	4¼	4¼	19
M.F.								

Namen der Orte	Einverleibt dem						Entfernung vom Sitz des Appell.-Ger.	Schw.-Ger.	
	Bezirksamt	Stunden	Landgericht	Stunden	Bezirksgericht	Stunden			Stunden
Mariabronn	Gunzenhausen	4	Heidenheim	⁴/₈	Eichstädt	12²/₈	12⁴/₈	11⁴/₈	
Mariastein	Eichstädt	⁴/₈	Eichstädt	⁴/₈	Eichstädt	⁴/₈	⁴/₈	19⁴/₈	
Marienburg	Schwabach	4	Roth	2⁴/₈	Fürth	8⁴/₈	14⁴/₈	8⁴/₈	
Markhof	Weißenburg	1⁴/₈	Pappenheim	2⁴/₈	Eichstädt	8	8	14⁴/₈	
Marktmühle	Eichstädt	4⁴/₈	Eichstädt	4⁴/₈	Eichstädt	4⁴/₈	4⁴/₈	20⁴/₈	
Marloffstein	Erlangen	1⁴/₈	Erlangen	1⁴/₈	Fürth	3⁴/₈	26⁴/₈	16⁴/₈	
Marquartsburg	Hersbruck	5⁴/₈	Lauf	2⁴/₈	Nürnberg	5	26⁴/₈	16⁴/₈	
Martin St.	Feuchtwangen	4	Herrieben	⁴/₈	Ansbach	3	20	3	
Martin St.	Hersbruck	5	Lauf	3⁴/₈	Nürnberg	8⁴/₈	26	20⁴/₈	
Massenbach	Greißenberg	1⁴/₈	Göllingen	⁴/₈	Eichstädt	8⁴/₈	8⁴/₈	11⁴/₈	
Massendorf	Schwabach	6⁴/₈	Roth	4⁴/₈	Fürth	11⁴/₈	13⁴/₈	8⁴/₈	
Mattenmühle	Weißenburg	4	Pappenheim	2	Eichstädt	8	8	15	
Matzenhof	Weißenburg	1⁴/₈	Göllingen	2⁴/₈	Eichstädt	8⁴/₈	8⁴/₈	12⁴/₈	
Maul	Schwabach	5⁴/₈	Roth	2⁴/₈	Fürth	11	12	12	
Maulmacher	M. Dinkelsbühl	⁴/₈	St. Dinkelsbühl	⁴/₈	Ansbach	10	21⁴/₈	10	
Maulscheihof	Nürnberg	4⁴/₈	Altdorf	1⁴/₈	Nürnberg	4⁴/₈	15⁴/₈	15⁴/₈	
Mausdorf	Neustadt	4⁴/₈	Erlbach	4	Windsheim	8⁴/₈	31⁴/₈	11⁴/₈	
Mausendorf	Heilsbronn	1	Heilsbronn	1	Ansbach	5⁴/₈	18⁴/₈	5⁴/₈	
Mausenmühle	Heilsbronn	1⁴/₈	Heilsbronn	1⁴/₈	Ansbach	5⁴/₈	18⁴/₈	5⁴/₈	
Mausg'feß	Hersbruck	6	Lauf	3	Nürnberg	5⁴/₈	26⁴/₈	17⁴/₈	
Mauthaus	Eichstädt	3⁴/₈	Eichstädt	3⁴/₈	Eichstädt	3⁴/₈	3⁴/₈	23	
Mauthaus	Weißenburg	5	Pappenheim	3⁴/₈	Eichstädt	8⁴/₈	9⁴/₈	16⁴/₈	
Marbruch	Eichstädt	5	Eichstädt	5	Eichstädt	5	5	18⁴/₈	
Maxmannsdorf	Dinkelsbühl	3⁴/₈	Wassertrüdingen	4⁴/₈	Ansbach	7⁴/₈	20⁴/₈	7⁴/₈	
Mechenlohe	Schwabach	3⁴/₈	Roth	1⁴/₈	Fürth	8⁴/₈	16	12⁴/₈	
Meierfeld	Beilngries	5	Greding	2⁴/₈	Eichstädt	4⁴/₈	4⁴/₈	20⁴/₈	
Meiersberg	Neustadt	3	Erlbach	2	Windsheim	6⁴/₈	27⁴/₈	8⁴/₈	
Meilnhofen	Eichstädt	4⁴/₈	Eichstädt	4⁴/₈	Eichstädt	4⁴/₈	4⁴/₈	24	
Meinharbswinden	Ansbach	⁴/₈	Ansbach	⁴/₈	Ansbach	⁴/₈	18⁴/₈	⁴/₈	
Meinheim	Gunzenhausen	3⁴/₈	Heidenheim	1⁴/₈	Eichstädt	11⁴/₈	11⁴/₈	10⁴/₈	
Meulschof	Hersbruck	4⁴/₈	Hersbruck	4⁴/₈	Nürnberg	10⁴/₈	28⁴/₈	22⁴/₈	
Merkendorf	Gunzenhausen	3⁴/₈	Gunzenhausen	3⁴/₈	Ansbach	4⁴/₈	16⁴/₈	4⁴/₈	
Merkleinsmühle	Uffenheim	2	Uffenheim	2	Windsheim	6⁴/₈	32⁴/₈	13	
Merrbach	Uffenheim	8⁴/₈	Windsheim	3⁴/₈	Windsheim	3⁴/₈	26⁴/₈	7	
Mettelaurach	Neustadt	2⁴/₈	Erlbach	1⁴/₈	Windsheim	4⁴/₈	28⁴/₈	9	
Mettendorf	Beilngries	2⁴/₈	Greding	⁴/₈	Eichstädt	6⁴/₈	6⁴/₈	21	
Metzenhof	Beilngries	3⁴/₈	Beilngries	3⁴/₈	Eichstädt	13	13	24⁴/₈	
Metzlesberg	Feuchtwangen	⁴/₈	Feuchtwangen	⁴/₈	Ansbach	7⁴/₈	21⁴/₈	7⁴/₈	
Meuchlein	Ansbach	4⁴/₈	Leutershausen	1⁴/₈	Ansbach	4⁴/₈	24⁴/₈	4⁴/₈	
Michael St.	Gunzenhausen	1⁴/₈	Gunzenhausen	1⁴/₈	Ansbach	8⁴/₈	11⁴/₈	8⁴/₈	

Namen der Orte.	Einverleibt dem Rentamts.	Stunden.	Landgerichts.	Stunden.	Bezirksgerichts.	Stunden.	Entfernung vom Oberl. Ger. Stunden.	Entfernung vom Geh. Ger. Landesg. Stunden.	
Michelloh	Beilngries	6⁴/₈	Greding	4	Eichstädt	3⁸/₈	3⁸/₈	19	
Michelsberghaus	Herebruck	⁴/₈	Herebruck	⁴/₈	Nürnberg	8	24⁸/₈	20	
Milbach	Heilsbronn	4⁸/₈	Heilsbronn	4⁸/₈	Ansbach	8	16⁸/₈	8	
Millmersdorf	Heilsbronn	3	Heilsbronn	3	Ansbach	2⁸/₈	19⁸/₈	2⁸/₈	
Minderleine-mühle	Erlangen	3	Erlangen	3	Fürth	5⁸/₈	25⁸/₈	17⁸/₈	
Mittelbach	Ansbach	1⁷/₈	Ansbach	1⁷/₈	Ansbach	1⁷/₈	19⁴/₈	1⁷/₈	
Mittelburg	Herebruck	3	Herebruck	3	Nürnberg	11	25⁸/₈	23	
Mittelburg	Nürnberg	3⁸/₈	Nürnberg	3⁸/₈	Nürnberg	3⁸/₈	24⁸/₈	15	
Mittelbachstellen	Ansbach	4⁸/₈	Leutershausen	4	Ansbach	4⁸/₈	23⁸/₈	4⁸/₈	
Mitteleschenbach	Heilsbronn	4⁸/₈	Heilsbronn	4⁸/₈	Ansbach	6⁸/₈	16⁸/₈	8⁸/₈	
Mittelrambach	Schwabach	2⁸/₈	Schwabach	2⁸/₈	Fürth	7	16⁸/₈	12⁸/₈	
Mittelhof	Nürnberg	7⁸/₈	Altorf	2	Nürnberg	7⁸/₈	19⁸/₈	19⁸/₈	
Mittelmarterhof	Weißenburg	4⁸/₈	Pappenheim	⁸/₈	Eichstädt	5⁸/₈	5⁸/₈	17⁸/₈	
Mittelmühle (Bruckberg)	Ansbach	3⁸/₈	Ansbach	3⁸/₈	Ansbach	3⁸/₈	22⁸/₈	3⁸/₈	
Mittelmühle (Elpersdorf)	Ansbach	2⁸/₈	Ansbach	2⁸/₈	Ansbach	2⁸/₈	19⁸/₈	2⁸/₈	
Mittelmühle (Greding)	Beilngries	2⁸/₈	Greding	⁸/₈	Eichstädt	7	7	20⁸/₈	
Mittelmühle	Eichstädt	4⁸/₈	Eichstädt	4⁸/₈	Eichstädt	4⁸/₈	4⁸/₈	20⁸/₈	
Mittelmühle (Ellersdorf)	Erlangen	2⁸/₈	Erlangen	2⁸/₈	Fürth	2	24	13	
Mittelmühle (Wettelsheim)	Gunzenhausen	5⁸/₈	Heidenheim	3⁸/₈	Eichstädt	9⁸/₈	9⁸/₈	18	
Mittelmühle (Windischhausen)	Gunzenhausen	6	Heidenheim	2⁸/₈	Eichstädt	10	10	14	
Mittelmühle	Neustadt	3⁸/₈	Erlbach	⁸/₈	Windsheim	5⁸/₈	28	8⁸/₈	
Mittelmühle (Brettenleib)	Rothenburg	1⁸/₈	Rothenburg	1⁸/₈	Windsheim	8	30⁸/₈	11	
Mittelramstadt	Ansbach	3⁸/₈	Leutershausen	1	Ansbach	3⁸/₈	23⁸/₈	3⁸/₈	
Mittelrosenbach s. Rosenbach	Feuchtwangen	3	Feuchtwangen	3	Ansbach	6⁸/₈	19	8⁸/₈	
Mittelschönbrenn	Neustadt	3⁸/₈	Neustadt	3⁸/₈	Windsheim	7⁸/₈	33⁸/₈	14⁸/₈	
Mittelsteinach	Rothenburg	4⁸/₈	Schillingsfürst	2⁸/₈	Windsheim	11⁸/₈	29	9⁸/₈	
Mittelstetten	Beilngries	⁸/₈	Beilngries	⁸/₈	Eichstädt	10	29	23⁸/₈	
Mittelmühle	Ansbach	4⁸/₈	Ansbach	4⁸/₈	Ansbach	4⁸/₈	23⁸/₈	4⁸/₈	
Mittlere Mühle	Uffenheim	⁸/₈	Uffenheim	⁸/₈	Windsheim	4⁸/₈	30⁸/₈	10⁸/₈	
Mödenau	Ansbach	4⁸/₈	Leutershausen	4	Ansbach	4⁸/₈	23⁸/₈	4⁸/₈	
Mödralohe	Eichstädt	2⁸/₈	Eichstädt	2⁸/₈	Eichstädt	2⁸/₈	2⁸/₈	22⁸/₈	
Mödriamühle	Scheinfeld	3⁸/₈	Gibart	2⁸/₈	Windsheim	3	31⁸/₈	11⁸/₈	

Namen der Orte.	Einverleibt dem Bezirksamte.	Stunden.	Landgerichte.	Stunden.	Bezirksgerichte.	Stunden.	Entfernung vom Sitze des Appell.-Ger. Eichstädt. (Stunden.)	Schw.-Ger. Ansbach. (Stunden.)
Mögeldorf	Nürnberg	1 6/8	Nürnberg	1 6/8	Nürnberg	1 6/8	23	16 6/8
Mögeleins-schlößlein	M. Dinkelsbühl	6/8	St. Dinkelsbühl	6/8	Ansbach	10 4/8	21 3/8	10 4/8
Mögersbronn	Feuchtwangen	1 6/8	Feuchtwangen	1 6/8	Ansbach	8 6/8	22 6/8	8 6/8
Möhrenberg	Weißenburg	3 6/8	Pappenheim	1 4/8	Eichstädt	8 4/8	8 4/8	14 4/8
Möhrendorf	Erlangen	1 4/8	Erlangen	1 4/8	Fürth	5 6/8	26 6/8	16 4/8
Mönchsberg	Neustadt	3 6/8	Neustadt	3 6/8	Windsheim	7 6/8	33 6/8	14 6/8
Mönchsondheim	Scheinfeld	4 1/8	Bibart	3 1/8	Windsheim	9 6/8	35 4/8	16 6/8
Mönchsroth	Dinkelsbühl	2	Dinkelsbühl	2	Ansbach	12 4/8	20 7/8	12 4/8
Mörlach	Feuchtwangen	5 6/8	Herrieden	3 4/8	Ansbach	4 4/8	16 6/8	4 4/8
Mörlbach	Uffenheim	2 6/8	Uffenheim	2 6/8	Windsheim	3 6/8	28 6/8	9 6/8
Mörnsheim	Eichstädt	4 4/8	Eichstädt	4 4/8	Eichstädt	4 4/8	4 4/8	20 4/8
Mörsach	Feuchtwangen	7	Herrieden	5 6/8	Ansbach	5 6/8	14 4/8	6 6/8
Molsberg	Hersbruck	2 6/8	Hersbruck	2 6/8	Nürnberg	10 6/8	21 6/8	22 6/8
Moosbach	Neustadt	2 6/8	Neustadt	2 6/8	Windsheim	4 7/8	28 6/8	9 6/8
Moosbach	Nürnberg	4 4/8	Altdorf	2 7/8	Nürnberg	4 4/8	16 6/8	15 4/8
Moosmühle	Eichstädt	4 7/8	Eichstädt	4 1/8	Eichstädt	4 1/8	4 6/8	24 4/8
Moosmühle	Neustadt	7 6/8	Erlbach	4 6/8	Windsheim	6 6/8	24 6/8	6 6/8
Moratneustetten	Ansbach	3	Ansbach	3	Ansbach	3	22 4/8	3
Morbach	Neustadt	2	Erlbach	1 7/8	Windsheim	4 4/8	28 4/8	9
Moritzberg	Nürnberg	5 6/8	Altdorf	2 7/8	Nürnberg	5 7/8	19 6/8	17
Moritzbrunn	Eichstädt	2 6/8	Eichstädt	2 6/8	Eichstädt	2 6/8	2 6/8	22
Morlitzwinden	Rothenburg	3 4/8	Schillingsfürst	1 7/8	Windsheim	7 6/8	25 4/8	6 4/8
Morrieden	Rothenburg	4 6/8	Schillingsfürst	1 6/8	Windsheim	10 6/8	28 4/8	9
Morsbach	Beilngries	5	Greding	2 7/8	Eichstädt	4 6/8	4 6/8	19 6/8
Morsbrunn	Hersbruck	3	Hersbruck	3	Nürnberg	10 4/8	27	22 6/8
Mosbach	Feuchtwangen	1 4/8	Feuchtwangen	1 4/8	Ansbach	8 4/8	28 4/8	8 4/8
Mosbach	Heilsbronn	2 6/8	Heilsbronn	2 6/8	Ansbach	6 4/8	16 4/8	6 6/8
Mosbach	Schwabach	6	Roth	3 6/8	Fürth	11 7/8	12 4/8	9 4/8
Mosenhof	Hersbruck	2 4/8	Hersbruck	2 7/8	Nürnberg	9 6/8	22	21 6/8
Moskorb	Gunzenhausen	1 6/8	Gunzenhausen	1 6/8	Ansbach	6 7/8	13 6/8	6 6/8
Muggenhof	Nürnberg	1 1/8	Nürnberg	1 4/8	Nürnberg	1 4/8	21 6/8	11 6/8
Mühlbruck	Feuchtwangen	3 6/8	Herrieden	6/8	Ansbach	3 6/8	20 4/8	9 6/8
Mühle (Dornhausen)	Gunzenhausen	1 6/8	Gunzenhausen	1 6/8	Ansbach	9 6/8	10 6/8	9 6/8
Mühle	Erlangen	1 6/8	Erlangen	1 4/8	Fürth	6 6/8	27	16 6/8
Mühlheim	Eichstädt	5 1/8	Eichstädt	5 1/8	Eichstädt	5 1/8	5 1/8	20 4/8
Mühlhof	Nürnberg	2 6/8	Nürnberg	2 7/8	Nürnberg	2 6/8	24	14
Mühlhof	Schwabach	1 6/8	Schwabach	1 6/8	Fürth	3 6/8	18 4/8	10 6/8
Mühlstetten	Weißenburg	4	Ellingen	3 1/8	Eichstädt	11	11	11 7/8
Mühlthal	Eichstädt	3 4/8	Kipfenberg	3	Eichstädt	3 4/8	3 4/8	22 6/8

Namen der Orte.	Einverleibt dem Bezirksamte.	Stunden.	Landgerichte.	Stunden.	Bezirksgerichte.	Stunden.	Entfernung vom Sitze des Appell.-Ger. Eichstädt.	Schw.-Ger. Ansbach.
							Stunden.	
Müncherlbach	Heilsbronn	1 6/8	Heilsbronn	1 6/8	Ansbach	6 6/8	19 6/8	6 6/8
Münchhof	Scheinfeld	3 6/8	Scheinfeld	3 6/8	Windsheim	8 6/8	35 6/8	16 3/8
Münchsteinach	Neustadt	2 4/8	Neustadt	2 6/8	Windsheim	6 6/8	33	13 6/8
Münchzell	Heilsbronn	2	Heilsbronn	2	Ansbach	5 4/8	21 4/8	5 4/8
Münzinghof	Hersbruck	4 4/8	Hersbruck	4 4/8	Nürnberg	12	27 4/8	24
Müssighof	Gunzenhausen	2 4/8	Gunzenhausen	2 4/8	Ansbach	8 6/8	11 6/8	8 6/8
Mutschach	St. Dinkelsbühl	6/8	St. Dinkelsbühl	6/8	Ansbach	9 6/8	21 6/8	9 6/8

N.

Namen der Orte.	Bezirksamte.	Stunden.	Landgerichte.	Stunden.	Bezirksgerichte.	Stunden.	Appell.-Ger. Eichstädt.	Schw.-Ger. Ansbach.
Nadelfabrik an der Schwarzach	Schwabach	1 6/8	Schwabach	1 6/8	Fürth	6 6/8	17 6/8	11 4/8
Nagelshof	Schwabach	8	Roth	5 6/8	Fürth	11 6/8	14	8 6/8
Naßbach	Schwabach	4/8	Schwabach	4/8	Fürth	5	17 4/8	10 6/8
Nassenfels	Eichstädt	3 4/8	Eichstädt	3 4/8	Eichstädt	3 4/8	3 4/8	23
Naßwiesen	Weißenburg	2	Pappenheim	3 6/8	Eichstädt	9 6/8	9 6/8	15 6/8
Nehdorf	Feuchtwangen	6 6/8	Herrieden	3	Ansbach	2 4/8	17 4/8	2 6/8
Neidhardswinden	Neustadt	3	Erlbach	1 6/8	Windsheim	6	28 6/8	9
Neidlingen	Feuchtwangen	1 4/8	Feuchtwangen	1 6/8	Ansbach	6 6/8	23	6 6/8
Nemsdorf	Schwabach	2	Schwabach	2	Fürth	4	18 6/8	9 6/8
Nensling	Weißenburg	3 6/8	Weißenburg	3 6/8	Eichstädt	6	6	16 6/8
Nenzenheim	Scheinfeld	4 6/8	Bibart	3 6/8	Windsheim	6 6/8	33 6/8	13 6/8
Nenzenhofen	Nürnberg	4 6/8	Altdorf	3 4/8	Nürnberg	4 6/8	19 4/8	16 6/8
Neppersreuth	Schwabach	1 3/8	Schwabach	1 7/8	Fürth	7	16	9 6/8
Nerrel	Schwabach	4 6/8	Schwabach	4 6/8	Fürth	6	19 6/8	14 6/8
Nesselmühle	Gunzenhausen	2	Gunzenhausen	2	Ansbach	6	14	6
Nessenmühle	Hersbruck	2 6/8	Lauf	1	Nürnberg	5 4/8	22 6/8	17 1/8
Netzstall	Nürnberg	3 6/8	Altdorf	2 6/8	Nürnberg	3 6/8	18	15 6/8
Neubau (Birklingen)	Scheinfeld	3 6/8	Bibart	2 6/8	Windsheim	8 3/8	35 6/8	16 6/8
Neubau (Einersheim)	Scheinfeld	4 1/8	Bibart	3 6/8	Windsheim	8 4/8	36 6/8	17
Neubronn	Ansbach	3 6/8	Ansbach	3 6/8	Ansbach	3 6/8	22 6/8	3 3/8
Neubirkenholz	Neustadt	6 6/8	Erlbach	3 6/8	Windsheim	5 7/8	25 4/8	6
Neudorf	Ansbach	1 6/8	Ansbach	1 6/8	Ansbach	1 6/8	20 6/8	1 6/8
Neudorf	Neustadt	6 4/8	Erlbach	3 4/8	Windsheim	5 1/8	25 4/8	6
Neudorf	Weißenburg	2 4/8	Pappenheim	2 1/8	Eichstädt	5	5	16 6/8
Neudorfermühle	Ansbach	1 6/8	Ansbach	1 6/8	Ansbach	1 6/8	21	1 6/8
Neudorfermühle	Uffenheim	6	Windsheim	2 6/8	Windsheim	2 6/8	29	9 4/8
Neuebersbach	Neustadt	2 6/8	Neustadt	2 6/8	Windsheim	7 6/8	33	13 4/8

Namen der Orte	Einverleibt dem						Entfernung vom Sitze des Appell.-Ger., Kreis-Ger., Stadt-Ger. Stunden.
	Rentamte.	Stunden.	Landgerichte.	Stunden.	Bezirksgerichte.	Stunden.	
Neue Bleiche	M. Nürnberg	6/8	St. Nürnberg	6/8	Nürnberg	6/8	22 6/8	12 6/8
Neuenbettelsau	Heilsbronn	1 6/8	Heilsbronn	1 6/8	Ansbach	5 6/8	18 6/8	6 6/8
Neuenmuhr	Gunzenhausen	1 6/8	Gunzenhausen	1 6/8	Ansbach	6 6/8	13 6/8	8 6/8
Neue Mühle	Scheinfeld	3 6/8	Scheinfeld	3 6/8	Windsheim	8 6/8	31 6/8	15 6/8
Neujang	Eichstädt	5 6/8	Kipfenberg	3	Eichstädt	5 6/8	5 6/8	22 6/8
Neujang	Weißenburg	4 6/8	Pappenheim	2	Eichstädt	8	8	16 6/8
Neugrub	Scheinfeld	4	Scheinfeld	4	Windsheim	9 6/8	38 6/8	19
Neuhaus	Beilngries	4 6/8	Beilngries	4 6/8	Eichstädt	13 6/8	13 6/8	24 6/8
Neuhaus	Hersbruck	4	Lauf	2 6/8	Nürnberg	7 6/8	25 6/8	19
Neuhaus	Nürnberg	1 6/8	Nürnberg	1 6/8	Nürnberg	1 6/8	22 6/8	13
Neuhausen	M. Nürnberg	1 6/8	St. Nürnberg	1 6/8	Nürnberg	1 6/8	22 6/8	13
Neuheim	Weißenburg	2 6/8	Pappenheim	3 6/8	Eichstädt	9 6/8	9 6/8	15 6/8
Neuherberg	Gunzenhausen	2 6/8	Gunzenhausen	2 6/8	Ansbach	8 6/8	11 6/8	8 6/8
Neuherberg	Uffenheim	1 6/8	Uffenheim	1 6/8	Windsheim	2 6/8	29 6/8	9 6/8
Neuherberg	Weißenburg	4 6/8	Pappenheim	2 6/8	Eichstädt	8 6/8	8 6/8	16
Neuhöflein	Heilsbronn	1 6/8	Heilsbronn	1 6/8	Ansbach	4 6/8	21 6/8	4 6/8
Neuhof	Fürth	2 6/8	Fürth	2 6/8	Fürth	2 6/8	23 6/8	14 6/8
Neuhof	Hersbruck	3 6/8	Lauf	2	Nürnberg	5	25 6/8	16 6/8
Neuhof an der Zenn	Neustadt	4 6/8	Erlach	1 6/8	Windsheim	5 6/8	26 6/8	6 6/8
Neukatterbach	Neustadt	5	Erlach	2	Windsheim	6 6/8	27 6/8	7 6/8
Neukirchen	Ansbach	1 6/8	Ansbach	1 6/8	Ansbach	1 6/8	19 6/8	1 6/8
Neumühle (Großhaslach)	Ansbach	3 6/8	Ansbach	3 6/8	Ansbach	3 6/8	22	3 6/8
Neumühle (Weißenzell)	Ansbach	2	Ansbach	2	Ansbach	2	21 6/8	2
Neumühle (Gunzendorf)	Ansbach	7	Leutershausen	4 6/8	Ansbach	7	27 6/8	7
Neumühle (Eysölden)	Beilngries	7 6/8	Greding	5	Eichstädt	9 6/8	9 6/8	16 6/8
Neumühle	M. Dinkelsbühl	6/8	St. Dinkelsbühl	6/8	Ansbach	11 6/8	21	11 6/8
Neumühle (Illenschwang)	Dinkelsbühl	2 6/8	Dinkelsbühl	2 6/8	Ansbach	11 6/8	19 6/8	11 6/8
Neumühle (Schopfloch)	Dinkelsbühl	2 6/8	Dinkelsbühl	2 6/8	Ansbach	8 6/8	22 6/8	8 6/8
Neumühle (Untermichelbach)	Dinkelsbühl	3 6/8	Dinkelsbühl	3 6/8	Ansbach	9 6/8	18 6/8	9 6/8
Neumühle (Weidelbach)	Dinkelsbühl	2 6/8	Dinkelsbühl	2 6/8	Ansbach	10 6/8	24	10 6/8
Neumühle (Thannhausen)	Gunzenhausen	3 6/8	Gunzenhausen	3 6/8	Ansbach	9 6/8	11 6/8	9 6/8

Namen der Orte.	Einverleibt dem Bezirksamte.	Stunden.	Landgerichte.	Stunden.	Bezirksgerichte.	Stunden.	Entfernung vom Sitze des Appell.-Ger. Eichstädt	Schw.-Ger. Ansbach
							Stunden.	
Neumühle (Oberkemmathen)	Dinkelsbühl	2 4/8	Wassertrüdingen	4 4/8	Ansbach	8 3/8	20 5/8	8 1/8
Neumühle (Thürnhofen)	Feuchtwangen	2	Feuchtwangen	2	Ansbach	7 4/8	19 5/8	7 5/8
Neumühle (Langenzenn)	Fürth	4	Cadolzburg	2 2/8	Fürth	4	25 1/8	9 6/8
Neumühle (Oberasbach)	Fürth	1 3/8	Fürth	1 3/8	Fürth	1 3/8	20 7/8	10 4/8
Neumühle (Wettelsheim)	Gunzenhausen	5 4/8	Heidenheim	3 4/8	Eichstädt	9 4/8	9 4/8	13
Neumühle (Diespeck)	Neustadt	1 1/8	Neustadt	1 1/8	Windsheim	6	31 1/8	12
Neumühle (Bellershausen)	Rothenburg	3 5/8	Schillingsfürst	1	Windsheim	10 4/8	27 7/8	7 4/8
Neumühle (Günzersreuth)	Schwabach	2 6/8	Schwabach	2 2/8	Fürth	7 3/8	15 1/8	8 3/8
Neundorf	Scheinfeld	2 1/8	Bibart	1 1/8	Windsheim	4 1/8	34	14 4/8
Neunkirchen	Ansbach	2 4/8	Ansbach	2 4/8	Ansbach	2 5/8	21 3/8	2 4/8
Neunkirchen am Sand	Hersbruck	2 4/8	Lauf	1	Nürnberg	5 3/8	23 3/8	17 4/8
Neunstetten	Feuchtwangen	4 3/8	Herrieden	1 3/8	Ansbach	3	21	3
Neußlmühle	Dinkelsbühl	2 4/8	Dinkelsbühl	2 4/8	Ansbach	12 2/8	20	12 2/8
Neuschauerberg	Neustadt	2 4/8	Erlbach	1 4/8	Windsheim	6 3/8	29	9 4/8
Neuselingsbach	Neustadt	3 7/8	Erlbach	7/8	Windsheim	5 3/8	26 4/8	7
Neuses	Ansbach	3/8	Ansbach	3/8	Ansbach	3/8	20	3/8
Neuses	Dinkelsbühl	1 3/8	Dinkelsbühl	1 3/8	Ansbach	9 3/8	21 3/8	9 3/8
Neuses	Erlangen	2 7/8	Erlangen	2 7/8	Fürth	3 3/8	25 4/8	14 1/8
Neuses	Feuchtwangen	6	Herrieden	2	Ansbach	2 3/8	18 3/8	2 3/8
Neuses	Fürth	3 7/8	Cadolzburg	1 7/8	Fürth	3 7/8	22	7 4/8
Neuses	Gunzenhausen	3 3/8	Gunzenhausen	3 3/8	Ansbach	4 3/8	16 3/8	4 3/8
Neuses	Heilsbronn	2 3/8	Heilsbronn	2 3/8	Ansbach	5 3/8	17	5 3/8
Neuses	Scheinfeld	1 4/8	Scheinfeld	1 4/8	Windsheim	7 3/8	35 3/8	15 4/8
Neuses	Schwabach	1 3/8	Schwabach	1 3/8	Fürth	6	17 3/8	11 4/8
Neusitz	Rothenburg	1	Rothenburg	1	Windsheim	6 3/8	28 3/8	8 3/8
Neustadt a/A.	Neustadt	—	Neustadt	—	Windsheim	4 7/8	30 3/8	10 3/8
Neustädtlein	Dinkelsbühl	3/8	Dinkelsbühl	3/8	Ansbach	11 3/8	20 7/8	11 1/8
Neustett	Rothenburg	3 3/8	Rothenburg	3 3/8	Windsheim	6 1/8	31	11 4/8
Neustetten	Ansbach	4 4/8	Ansbach	4 4/8	Ansbach	4 4/8	23 7/8	4 4/8
Neuweiler	Rothenburg	2 3/8	Schillingsfürst	1	Windsheim	9	27	7 4/8
Neuziegenrück	Neustadt	3 3/8	Erlbach	3/8	Windsheim	5 3/8	26 4/8	7
Niederdombach	Feuchtwangen	4 3/8	Herrieden	1 3/8	Ansbach	3	21 4/8	3

Namen der Orte.	Einverleibt dem Bezirksamte.	Stunden.	Landgerichte.	Stunden.	Bezirksgerichte.	Stunden.	Entfernung vom Sitze des Appell.-Ger. Eichstädt (Stunden)	Schw.-Ger. Ansbach (Stunden)
Niederhofen	Weißenburg	1	Weißenburg	1	Eichstädt	6 4/8	6 4/8	14 4/8
Niederndorf	Scheinfeld	3 4/8	Scheinfeld	3 4/8	Windsheim	9	35	15 4/8
Niederoberbach	Feuchtwangen	6 6/8	Herrieden	2 3/8	Ansbach	3	17 4/8	3
Niederpappenheim	Weißenburg	3 6/8	Pappenheim	4/8	Eichstädt	6 4/8	6 4/8	16 4/8
Niederwimpasing	Eichstädt	1/8	Eichstädt	1/8	Eichstädt	1/8	1/8	20 4/8
Niedermühle	Scheinfeld	3 4/8	Bibart	2 6/8	Windsheim	9 6/8	35 4/8	16
Nonnenmühle	Neustadt	4 1/8	Neustadt	4 4/8	Windsheim	8 6/8	34 2/8	14 6/8
Nordenberg	Rothenburg	2 6/8	Rothenburg	2 6/8	Windsheim	4 1/8	28 4/8	9
Nordheim	Scheinfeld	4 4/8	Bibart	3 4/8	Windsheim	9	31 1/8	11 1/8
Nordstetten	Gunzenhausen	1 6/8	Gunzenhausen	1 6/8	Ansbach	8 6/8	15	8 6/8
Nürnberg	M. Nürnberg	—	St. Nürnberg	—	Nürnberg	—	21 4/8	11 6/8
Nuschelberg	Hersbruck	4 6/8	Lauf	1 4/8	Nürnberg	4 4/8	25	16 6/8

O.

Namen der Orte.	Bezirksamte.	Stunden.	Landgerichte.	Stunden.	Bezirksgerichte.	Stunden.	Appell.-Ger. Eichstädt	Schw.-Ger. Ansbach
Obelshof	Gunzenhausen	3	Heidenheim	6/8	Eichstädt	13 4/8	13 4/8	10 4/8
Oberbronn	Gunzenhausen	1 7/8	Gunzenhausen	1 7/8	Ansbach	8 4/8	11 2/8	8 6/8
Oberahorn	Feuchtwangen	1 4/8	Feuchtwangen	1 4/8	Ansbach	8 1/8	20 4/8	8 6/8
Oberalbach	Neustadt	3	Erlbach	3 6/8	Windsheim	8	31	11 1/8
Oberaltenbernheim	Uffenheim	7 2/8	Windsheim	3 1/8	Windsheim	3 1/8	25 2/8	5 6/8
Oberambach	Scheinfeld	1 1/8	Scheinfeld	1 4/8	Windsheim	6 4/8	35	15 4/8
Oberampfrach	Feuchtwangen	3	Feuchtwangen	3	Ansbach	10	25	10
Oberappenberg	Gunzenhausen	6 1/8	Heidenheim	2 6/8	Eichstädt	13 6/8	13 2/8	14
Oberarielshofen	s. Arielshofen Ober							
Oberasbach	Fürth	2 1/8	Fürth	2 1/8	Fürth	2 1/8	21	10 6/8
Oberasbach	Gunzenhausen	1	Gunzenhausen	1	Ansbach	8 6/8	11 4/8	8 4/8
Oberaumühle	Dinkelsbühl	6 4/8	Wassertrüdingen	6/8	Ansbach	9 6/8	16	9 6/8
Oberbreitenau	Ansbach	7	Leutershausen	3 6/8	Ansbach	7	26	7
Oberbreitenlohe	Weißenburg	4 4/8	Ellingen	3 4/8	Eichstädt	11 6/8	11 6/8	10 6/8
Oberbuch	s. Weihersbuch							
Oberbüchlein	Fürth	3 4/8	Cadolzburg	3 4/8	Fürth	3 4/8	20 4/8	8 6/8
Oberbürg	Nürnberg	2	Nürnberg	2	Nürnberg	2	23 4/8	13 6/8
Oberdachsbach	Uffenheim	7 4/8	Windsheim	3 6/8	Windsheim	3 1/8	28 4/8	9
Oberdachstetten	Ansbach	4 6/8	Leutershausen	4 6/8	Ansbach	4 6/8	24 1/8	4 4/8
Oberdallersbach	Feuchtwangen	1 6/8	Feuchtwangen	1 6/8	Ansbach	6 6/8	22 4/8	6 6/8
Oberdautenwinden	Ansbach	1 1/8	Ansbach	1 7/8	Ansbach	1 1/8	19 4/8	1 7/8
Oberdeutenbach	Schwabach	2 4/8	Schwabach	2 4/8	Fürth	2 6/8	19 4/8	10 6/8
Oberdombach	Ansbach	2 4/8	Ansbach	2 6/8	Ansbach	2 4/8	20 6/8	2 4/8

Namen der Orte.	Einverleibt dem						Entfernung von Orte und		
	Bezirksamte.	Stunden	Landgerichte.	Stunden	Bezirksgerichte.	Stunden	Appell.-Ger. Gerichts.	Gem.-Ger. Antheil.	
							Stunden.		
Oberreichenbach	Ansbach	1	Ansbach	1	Ansbach	1	20	1
Oberrichtädt	Eichstädt	2	Eichstädt	2	Eichstädt	2	2	18%
Obere Blasenmühle	Gunzenhausen	3½	Heidenheim	2	Eichstädt	11%	11%	11
Obermannsdorf	Eichstädt	8	Kipfenberg	2½	Eichstädt	8	8	24
Obere Glasschleife	Schwabach	3½	Roth	½	Fürth	8½	15%	11%
Obere Mühle (Grethaelach)	Ansbach	3½	Ansbach	3½	Ansbach	3½	23½	3%
Obere Mühle	Scheinfeld	3½	Bibart	2½	Windsheim	8½	36%	17
Obere Mühle (Uffenheim)	Uffenheim	½	Uffenheim	½	Windsheim	4%	30%	10%
Obere Papiermühle	Schwabach	5%	Roth	3%	Fürth	11	11%	10%
Obere Papiermühle	Weißenburg	2½	Pappenheim	2	Eichstädt	8	8	15%
Oberer Eisenhammer	Eichstädt	4%	Eichstädt	4%	Eichstädt	4%	4%	18%
Oberreifbach	Gunzenhausen	3	Gunzenhausen	3	Ansbach	7%	13%	7%
Obere Wallmühle	Ansbach	2%	Ansbach	2%	Ansbach	2%	18	2%
Oberseelbbrecht	Neustadt	5	Uhlfeld	2	Windsheim	4%	25%	5%
Oberselben	Ansbach	5	Leutershausen	2%	Ansbach	5	25%	5
Oberfirmbach	Neustadt	4%	Uhlfeld	3%	Windsheim	7%	29%	10%
Oberferrieden	Nürnberg	7	Altdorf	2%	Nürnberg	7	15%	16%
Oberflachsmühle	Schwabach	1%	Schwabach	1%	Fürth	7	16	12
Oberfürberg	Fürth	1	Fürth	1	Fürth	1	22%	12%
Obergailnau	Rothenburg	3%	Schillingsfürst	1%	Windsheim	10%	29	9%
Oberglasmühle	Feuchtwangen	1%	Feuchtwangen	1%	Ansbach	6%	22%	6%
Oberhaidmühle	Eichstädt	4%	Eichstädt	4%	Eichstädt	4%	4%	23%
Oberhambach	Gunzenhausen	2%	Gunzenhausen	2%	Ansbach	6%	14%	6%
Oberhardt	Dinkelsbühl	1%	Dinkelsbühl	1%	Ansbach	11	22%	11
Oberheckenhofen	Schwabach	5	Roth	2	Fürth	10%	12%	11%
Oberbegenau	Ansbach	5	Leutershausen	2%	Ansbach	5	25%	5
Oberheidelbach	Nürnberg	6	Altdorf	2%	Nürnberg	6	19	19
Oberhesbach	f. Hesbach							
Oberheumödern	Gunzenhausen	6%	Heidenheim	4%	Eichstädt	9%	9%	14%
Oberhinterhof	Feuchtwangen	2%	Feuchtwangen	2%	Ansbach	9%	14%	9%
Oberhochstadt	Weißenburg	1%	Weißenburg	1%	Eichstädt	6%	8%	14%
Oberhöchstett	Neustadt	3%	Neustadt	3%	Windsheim	8%	19	19%
Oberickelsheim	Uffenheim	2%	Uffenheim	2%	Windsheim	6%	33%	13%

4

Namen der Orte.	Einverleibt bem Bezirksamte.	Stunden	Landgerichte.	Stunden	Bezirksgerichte.	Stunden	Entfernung vom Sitze des Appell.-Ger.-Gerichts.	Stunden	Ober-Ger.-Gerichts.
Oberkrierberg	Feuchtwangen	2¹/₄	Feuchtwangen	2¹/₄	Ansbach	7³/₄	20		7³/₄
Oberkemmathen	Dinkelsbühl	2⁴/₄	Wassertrüdingen	4⁴/₄	Ansbach	8¹/₄	20⁴/₄		8¹/₄
Oberkesselberg	Beilngries	6⁴/₄	Greding	4⁴/₄	Eichstädt	4⁴/₄	4⁴/₄		18⁴/₄
Oberflagen	Dinkelsbühl	3⁴/₄	Dinkelsbühl	3⁴/₄	Ansbach	11⁴/₄	19⁴/₄		11⁴/₄
Oberkönigshofen	Dinkelsbühl	4⁴/₄	Wassertrüdingen	4⁴/₄	Ansbach	6	19⁴/₄		6
Oberkrumbach ·	Hersbruck	1⁴/₄	Hersbruck	1¹/₄	Nürnberg	7⁴/₄	25⁴/₄		19⁴/₄
Oberkruppach f. Kruppach Ober									
Oberlaimbach	Scheinfeld	1	Bibart	1	Windsheim	5¹/₄	32⁴/₄		13
Oberlaimbach	Schwabach	1¹/₄	Schwabach	1¹/₄	Fürth	4⁴/₄	18		9⁴/₄
Oberlinbelburg f. Lindelburg Ober									
Oberlettermühle	Feuchtwangen	1¹/₄	Feuchtwangen	1¹/₄	Ansbach	8⁴/₄	20⁴/₄		8⁴/₄
Obermässing	Beilngries	5¹/₄	Greding	3⁴/₄	Eichstädt	11	11		18⁴/₄
Obermainbach	Schwabach	1	Schwabach	1	Fürth	6¹/₄	16		10⁴/₄
Obermaisdingen	Dinkelsbühl	1¹/₄	Dinkelsbühl	1¹/₄	Ansbach	10⁴/₄	22⁴/₄		10⁴/₄
Obermaud	Schwabach	5⁴/₄	Roth	2¹/₄	Fürth	11	12		12
Obernichelbach	Dinkelsbühl	2⁴/₄	Dinkelsbühl	2⁴/₄	Ansbach	9⁴/₄	18⁴/₄		9⁴/₄
Obernichelbach a. b. Zenn	Fürth	2⁴/₄	Fürth	2⁴/₄	Fürth	2⁴/₄	25⁴/₄		11⁴/₄
Obernimberg	Nürnberg	5⁴/₄	Altdorf	1⁴/₄	Nürnberg	5⁴/₄	15⁴/₄		16
Obernbgersheim	Dinkelsbühl	7¹/₄	Wassertrüdingen	1⁴/₄	Ansbach	8⁴/₄	15⁴/₄		8⁴/₄
Obermosbach	Feuchtwangen	2⁴/₄	Feuchtwangen	2⁴/₄	Ansbach	7¹/₄	19⁴/₄		7¹/₄
Obermühl (Gehren)	Feuchtwangen	6¹/₄	Herrieden	4⁴/₄	Ansbach	5	15⁴/₄		5
Obermühle (Elpersdorf)	Ansbach	2¹/₄	Ansbach	2¹/₄	Ansbach	2¹/₄	19¹/₄		2¹/₄
Obermühle (Rügland)	Ansbach	3⁴/₄	Ansbach	3⁴/₄	Ansbach	3⁴/₄	23		3⁴/₄
Obermühle (Buch)	Ansbach	5⁴/₄	Leutershausen	1¹/₄	Ansbach	5⁴/₄	21⁴/₄		5⁴/₄
Obermühle (Titling)	Beilngries	6¹/₄	Greding	4	Eichstädt	3⁴/₄	3⁴/₄		13
Obermühle (Dürrwangen)	Dinkelsbühl	2¹/₄	Dinkelsbühl	2¹/₄	Ansbach	8⁴/₄	20⁴/₄		8⁴/₄
Obermühle (Großgründlach)	Fürth	2	Fürth	2	Fürth	2	21⁴/₄		13⁴/₄
Obermühle (Algersdorf)	Hersbruck	3¹/₄	Hersbruck	3¹/₄	Nürnberg	10⁴/₄	27⁴/₄		22⁴/₄
Obermühle (Leimburg)	Nürnberg	5	Altdorf	2	Nürnberg	5	18⁴/₄		16⁴/₄
Obermühle (Betlenseß)	Rothenburg	1¹/₄	Rothenburg	1¹/₄	Windsheim	8¹/₄	30⁴/₄		11⁴/₄

Namen der Orte.	Bezirksamts.	Stunden.	Landgerichte.	Stunden.	Bezirksgerichte.	Stunden.	Appell.-Ger. Gericht Stunden.	Schw.-Ger. Kreises Stunden.
Obermühle (Faulenberg)	Rothenburg	3	Schillingsfürst	⁴/₈	Windsheim	9	27	7²/₈
Obermühle (Stilzendorf)	Rothenburg	4²/₈	Schillingsfürst	1	Windsheim	9	25²/₈	6²/₈
Obermühle (Ermetheim)	Uffenheim	2	Uffenheim	2	Windsheim	2²/₈	28²/₈	9²/₈
Obermühle (Ippichhausen)	Uffenheim	2²/₈	Uffenheim	2²/₈	Windsheim	6²/₈	33²/₈	13²/₈
Oberbibert	Ansbach	5²/₈	Ansbach	5²/₈	Ansbach	5²/₈	24²/₈	5²/₈
Oberdorf	Ansbach	6²/₈	Leutershausen	3	Ansbach	6²/₈	25²/₈	6²/₈
Oberdorf	Beilngries	1²/₈	Beilngries	1²/₈	Eichstädt	11²/₈	11²/₈	23²/₈
Oberdorf	Erlangen	1²/₈	Erlangen	1²/₈	Fürth	5²/₈	26²/₈	16²/₈
Oberdorf (Gehren)	Feuchtwangen	6	Herrieden	3²/₈	Ansbach	4²/₈	16	4²/₈
Oberdorf	Hersbruck	1²/₈	Hersbruck	1²/₈	Nürnberg	7	24²/₈	19
Oberdorf	Hersbruck	5²/₈	Lauf	4	Nürnberg	8²/₈	26²/₈	20²/₈
Oberdorf	Neustadt	5²/₈	Erlbach	2²/₈	Windsheim	7²/₈	26²/₈	6²/₈
Oberdorf	Nürnberg	7²/₈	Altdorf	2²/₈	Nürnberg	7²/₈	19²/₈	19²/₈
Oberdorf	Uffenheim	6	Windsheim	1²/₈	Windsheim	1²/₈	28	8²/₈
Oberdorf	Weißenburg	1²/₈	Ellingen	1	Eichstädt	8²/₈	8²/₈	13²/₈
Obernesselbach	Uffenheim	5²/₈	Windsheim	4	Windsheim	4	30²/₈	11
Oberniedern-dorf	Neustadt	4²/₈	Erlbach	4²/₈	Windsheim	8²/₈	31²/₈	12
Oberoerbenberg	Rothenburg	2²/₈	Rothenburg	2²/₈	Windsheim	4²/₈	28²/₈	9
Oberufricht	Beilngries	1²/₈	Beilngries	4²/₈	Eichstädt	12²/₈	12²/₈	19²/₈
Oberntiel	Uffenheim	3²/₈	Windsheim	1²/₈	Windsheim	1²/₈	28²/₈	9²/₈
Obernzenn	Ansbach	5²/₈	Leutershausen	6²/₈	Ansbach	5²/₈	25²/₈	5²/₈
Oberößheim	s. Oeßheim Ober							
Oberrabach	Dinkelsbühl	1²/₈	Dinkelsbühl	1²/₈	Ansbach	9²/₈	22²/₈	9²/₈
Oberrammers-dorf	Ansbach	2²/₈	Ansbach	2²/₈	Ansbach	2²/₈	17²/₈	2²/₈
Oberraunstadt	Ansbach	3²/₈	Leutershausen	1²/₈	Ansbach	3²/₈	24	3²/₈
Oberraussbach	Feuchtwangen	1²/₈	Feuchtwangen	1²/₈	Ansbach	7²/₈	23²/₈	7²/₈
Oberreichenbach	Fürth	5²/₈	Cadolzburg	2²/₈	Fürth	5²/₈	21²/₈	6²/₈
Oberreichenbach	Schwabach	1²/₈	Schwabach	1²/₈	Fürth	6	16²/₈	9²/₈
Oberrieden	s. Rieden Ober							
Oberrinnbach	Scheinfeld	2²/₈	Scheinfeld	2²/₈	Windsheim	7²/₈	31²/₈	15
Ober-Rosenbach	s. Rosenbach							
Oberroßbach	Neustadt	1²/₈	Neustadt	1²/₈	Windsheim	4	29²/₈	10²/₈
Oberrothmühle	Feuchtwangen	⁴/₈	Feuchtwangen	⁴/₈	Ansbach	7	22²/₈	7
Obersachsen	Neustadt	1²/₈	Neustadt	1²/₈	Windsheim	6²/₈	31	11²/₈

Namen der Orte.	Einverleibt dem Bezirksamte.	Stunden.	Landgerichte.	Stunden.	Bezirksgerichte.	Stunden.	Entfernung vom Sitze des Appell.-Ger. Eichstädt. Stunden.	Schw.-Ger. Ansbach. Stunden.
Oberscheckenbach	Rothenburg	3	Rothenburg	3	Windsheim	4 1/8	29 4/8	10
Oberscheinfeld	Scheinfeld	1 4/8	Scheinfeld	1 6/8	Windsheim	7 5/8	35 4/8	16
Oberschlauers-bach	Neustadt	6 4/8	Erlbach	3 4/8	Windsheim	6 6/8	25 4/8	5 6/8
Oberschöllenbach	Erlangen	3 4/8	Erlangen	3 4/8	Fürth	5	25 4/8	16 6/8
Oberschönau	Feuchtwangen	6 4/8	Herrieden	4 6/8	Ansbach	5 4/8	15 4/8	5 4/8
Oberschönbronn	Feuchtwangen	3	Feuchtwangen	3	Ansbach	7 5/8	19 4/8	7 5/8
Oberschwaningen	Dinkelsbühl	6 5/8	Wassertrüdingen	2	Ansbach	7 4/8	16 4/8	7 4/8
Oberschweinach	Neustadt	1/8	Neustadt	1/8	Windsheim	4 7/8	29 4/8	10
Obersteinbach	Scheinfeld	1 5/8	Scheinfeld	1 6/8	Windsheim	5 6/8	32 4/8	12 4/8
Obersteinbach (Belmbrach)	Schwabach	4 6/8	Roth	1 6/8	Fürth	10	13 4/8	11 4/8
Obersteinbach (G. g. Namens)	Schwabach	4 6/8	Roth	3 6/8	Fürth	10	14	8 6/8
Oberstrahlbach	Neustadt	6/8	Neustadt	6/8	Windsheim	5 4/8	30	10 6/8
Obersulzbach	Ansbach	4	Leutershausen	3 1/8	Ansbach	4	23 4/8	4
Obertaschendorf	Scheinfeld	2 6/8	Scheinfeld	2 7/8	Windsheim	8	33 6/8	14 6/8
Oberulsenbach	Neustadt	2 4/8	Erlbach	4/8	Windsheim	4 6/8	27 4/8	8 6/8
Oberveithof	Nürnberg	4/8	Nürnberg	6/8	Nürnberg	6/8	22 4/8	12 4/8
Oberweihersbuch	s. Weihersbuch				—			
Oberweiler	Gunzenhausen	4 6/8	Heidenheim	1 4/8	Eichstädt	12	12	11 4/8
Oberwellitzleithen	Nürnberg	6 6/8	Altdorf	4/8	Nürnberg	6 6/8	17 4/8	18
Oberwimpassing	Eichstädt	4/8	Eichstädt	6/8	Eichstädt	6/8	4/8	19 6/8
Oberwindsberg	Hersbruck	5 5/8	Lauf	4	Nürnberg	8 6/8	26 4/8	20 4/8
Oberwinnstetten	Dinkelsbühl	1	Dinkelsbühl	1	Ansbach	11 6/8	22 4/8	11 6/8
Oberwörnitz	Rothenburg	4 5/8	Schillingsfürst	1 6/8	Windsheim	10 6/8	28 6/8	6 6/8
Oberwolkersdorf	Schwabach	1 5/8	Schwabach	1 6/8	Fürth	4	18 6/8	10 4/8
Oberwurmbach	Gunzenhausen	1	Gunzenhausen	1	Ansbach	8 4/8	13	8 6/8
Oberzell	Eichstädt	3 5/8	Kipfenberg	4 6/8	Eichstädt	3 4/8	3 6/8	23
Ochenbruck	Nürnberg	5 5/8	Altdorf	2 6/8	Nürnberg	5 6/8	15 4/8	15 6/8
Ochsenfeld	Eichstädt	3	Eichstädt	3	Eichstädt	3	3	22 4/8
Ochsenhard	Weißenburg	6	Pappenheim	2	Eichstädt	3 4/8	3 4/8	18 6/8
Oedenberg	Hersbruck	5 4/8	Lauf	1 6/8	Nürnberg	4	25 6/8	15 6/8
Oedenhof	Fürth	4 4/8	Cadolzburg	1 6/8	Fürth	4 4/8	25 6/8	8
Oedenreuth	Fürth	4 6/8	Cadolzburg	3 6/8	Fürth	4 6/8	20	8
Oedhof	Beilngries	1 6/8	Beilngries	1 4/8	Eichstädt	11 6/8	11 6/8	25 4/8
Oedhof	Hersbruck	5 5/8	Lauf	3	Nürnberg	6 4/8	26 6/8	18 6/8
Oelkleinsmühle	Weißenburg	3 6/8	Ellingen	2 7/8	Eichstädt	10 6/8	10 6/8	10
Oelkeesmühle	Scheinfeld	1	Scheinfeld	1	Windsheim	6 4/8	35	15 4/8
Oelmühle	Feuchtwangen	2 6/8	Feuchtwangen	2 6/8	Ansbach	7 6/8	20	7 6/8
Oelmühle	M. Dinkelsbühl	6/8	St. Dinkelsbühl	4/8	Ansbach	10	21 6/8	10

Namen der Orte.	Einverleibt dem						Entfernung vom Sitze des		
	Bezirksamts.	Stunden.	Landgerichts.	Stunden.	Bezirksgerichts.	Stunden.	Appell.-Ger. Gerichts.	Gem.-Ger. Gerichts.	Stunden.
Oelmühle	f. Eppenmühle								
Oelmühle	Rothenburg	4	Schillingsfürst	⁴/₄	Windsheim	9⁴/₄	27⁴/₄	8	
Oering	Beilngries	2⁴/₄	Berlngries	2⁴/₄	Eichstädt	13	13	24⁴/₄	
Oesterberg	Beilngries	3⁴/₄	Greding	2	Eichstädt	10	10	19	
Oestheim (Ober:)	Rothenburg	3⁴/₄	Schillingsfürst	1⁴/₄	Windsheim	10⁴/₄	28⁴/₄	0	
Offenbau	Beilngries	6	Greding	3⁴/₄	Eichstädt	8⁴/₄	8⁴/₄	18	
Offenhausen	Nürnberg	7⁴/₄	Altdorf	2⁴/₄	Nürnberg	7⁴/₄	19⁴/₄	18⁴/₄	
Ohrenbach	Rothenburg	3⁴/₄	Rothenburg	3⁴/₄	Windsheim	4⁴/₄	29⁴/₄	10	
Oftenrieb	Dinkelsbühl	5⁴/₄	Wassertrüdingen	⁴/₄	Ansbach	8⁴/₄	16⁴/₄	8⁴/₄	
Orbau	Feuchtwangen	6⁴/₄	Herrieden	4⁴/₄	Ansbach	4⁴/₄	15⁴/₄	4⁴/₄	
Oberdorf	Weißenburg	2⁴/₄	Pappenheim	1⁴/₄	Eichstädt	7⁴/₄	7⁴/₄	16	
Osternohe	Hersbruck	4⁴/₄	Lauf	3⁴/₄	Nürnberg	8	26⁴/₄	19⁴/₄	
Oberlagsgarten	M. Fürth	⁴/₄	St. Fürth	⁴/₄	Fürth	⁴/₄	22⁴/₄	12⁴/₄	
Ottheim	Gunzenhausen	3⁴/₄	Heidenheim	1⁴/₄	Eichstädt	14	14	11	
Ottenhofen	Uffenheim	4	Windsheim	2⁴/₄	Windsheim	2⁴/₄	26⁴/₄	6⁴/₄	
Ottensoos	Hersbruck	2⁴/₄	Lauf	1⁴/₄	Nürnberg	6	23	17⁴/₄	
Ottersdorf	Schwabach	1⁴/₄	Schwabach	1⁴/₄	Fürth	6⁴/₄	15⁴/₄	10⁴/₄	
Ottmannsberg	Gunzenhausen	3⁴/₄	Gunzenhausen	3⁴/₄	Ansbach	8⁴/₄	11	9⁴/₄	
Ottmannshoben	Weißenburg	2	Ellingen	1⁴/₄	Eichstädt	8⁴/₄	8⁴/₄	13⁴/₄	
Ottmaring	Beilngries	1⁴/₄	Beilngries	1⁴/₄	Eichstädt	11⁴/₄	11⁴/₄	25⁴/₄	

P.

Namen der Orte.	Einverleibt dem						Entfernung vom Sitze des		
Pagenhardt	Gunzenhausen	5	Heidenheim	2⁴/₄	Eichstädt	14	14	12⁴/₄	
Pahres	Neustadt	1⁴/₄	Neustadt	1⁴/₄	Windsheim	6⁴/₄	32⁴/₄	12⁴/₄	
Papiermühle (Bridersell)	Ansbach	2⁴/₄	Ansbach	2⁴/₄	Ansbach	2⁴/₄	21⁴/₄	2⁴/₄	
Papiermühle (Eyersbausen)	Ansbach	5⁴/₄	Leutershausen	5⁴/₄	Ansbach	5⁴/₄	25	5⁴/₄	
Papiermühle (Mindorf)	Eichstädt	4⁴/₄	Eichstädt	4⁴/₄	Eichstädt	4⁴/₄	4⁴/₄	19⁴/₄	
Papiermühle (Wolfsbronn)	Gunzenhausen	4	Heidenheim	1⁴/₄	Eichstädt	12	12	11⁴/₄	
Papiermühle (Altdorf)	Nürnberg	8⁴/₄	Altdorf	⁴/₄	Nürnberg	6⁴/₄	16⁴/₄	17⁴/₄	
Papiermühle (abgetrennt)	M. Rothenburg	⁴/₄	St. Rothenburg	⁴/₄	Windsheim	7⁴/₄	29⁴/₄	10	
Papiermühle s. Obere Papiermühle									
Papiermühle (Pappenheim)	Weißenburg	3⁴/₄	Pappenheim	⁴/₄	Eichstädt	6⁴/₄	6⁴/₄	16⁴/₄	

Namen der Orte.	Einverleibt dem Bezirksamte.	Stunden.	Landgerichte.	Stunden.	Bezirksgerichte.	Stunden.	Entfernung vom Sitze des Appell.-Ger. Eichstädt. Stunden.	Schw.-Ger. Ansbach. Stunden.
Papiermühle s. Obere Papiermühle								
Pappenheim	Weißenburg	4	Pappenheim	—	Eichstädt	6	6	16 4/8
Parkhaus	Eichstädt	2 2/8	Eichstädt	2 2/8	Eichstädt	2 2/8	2 2/8	19 4/8
Pattenhofen	Nürnberg	5 5/8	Altdorf	1 4/8	Nürnberg	5 5/8	15 4/8	16 6/8
Paulushofen	Beilngries	1	Beilngries	1	Eichstädt	9 4/8	9 4/8	24 6/8
Pechhütten	Neustadt	2 2/8	Neustadt	2 4/8	Windsheim	3 2/8	29 4/8	10 2/8
Penleinsmühle	Uffenheim	4 4/8	Windsheim	1 4/8	Windsheim	1 4/8	26 4/8	6 2/8
Penzendorf	Schwabach	1 2/8	Schwabach	1 2/8	Fürth	6	17	11 4/8
Penzenhofen	Nürnberg	5 4/8	Altdorf	1 1/8	Nürnberg	5 4/8	18 4/8	16 6/8
Perpenhöchstett	Neustadt	4 7/8	Neustadt	4 2/8	Windsheim	8 7/8	33 4/8	14
Peter St.	M. Nürnberg	4/8	St. Nürnberg	4/8	Nürnberg	4/8	22 4/8	12 4/8
Petersaurach	Heilsbronn	1 4/8	Heilsbronn	1 4/8	Ansbach	4	19 2/8	4
Petersbuch	Beilngries	6 2/8	Greding	5	Eichstädt	3	3	19 4/8
Petersdorf	Ansbach	2 2/8	Ansbach	2 4/8	Ansbach	2 4/8	22 2/8	2 2/8
Petersgmünd	Schwabach	5 2/8	Roth	2 4/8	Fürth	10 4/8	12	10 7/8
Peuerling	Hersbruck	1 2/8	Hersbruck	1 2/8	Nürnberg	6 4/8	20 2/8	18 2/8
Peunting	Nürnberg	7	Altdorf	1 2/8	Nürnberg	7	16	17 2/8
Pfaffengreuth	Ansbach	4/8	Ansbach	4/8	Ansbach	4/8	19 4/8	4/8
Pfaffenhof	Dinkelsbühl	1	Dinkelsbühl	1	Ansbach	9 4/8	22	9 4/8
Pfaffenhofen	Hersbruck	5 2/8	Hersbruck	5 2/8	Nürnberg	14	28 2/8	26
Pfaffenhofen	Schwabach	2 2/8	Roth	2/8	Fürth	8	15 4/8	11 2/8
Pfaffenhofen	Uffenheim	2 7/8	Uffenheim	2 7/8	Windsheim	2 1/8	28 4/8	9
Pfahldorf	Eichstädt	4 4/8	Kipfenberg	3 2/8	Eichstädt	4 4/8	4 4/8	23 2/8
Pfahlenheim	Uffenheim	2 4/8	Uffenheim	2 4/8	Windsheim	6 1/8	32 2/8	13 2/8
Pfalzpaint	Eichstädt	3 4/8	Kipfenberg	2 4/8	Eichstädt	3 4/8	3 4/8	23
Pfeffermühle	Rothenburg	3	Schillingsfürst	1 2/8	Windsheim	10	28 2/8	8 2/8
Pfefferhütte	Nürnberg	6 1/8	Altdorf	2 1/8	Nürnberg	6 2/8	15 4/8	16
Pfeifhaus	Feuchtwangen	3	Feuchtwangen	3	Ansbach	6 2/8	19 2/8	6 2/8
Pfennighof	Beilngries	1 4/8	Beilngries	1 4/8	Eichstädt	11 4/8	11 4/8	26 2/8
Pfetzendorf	Ansbach	4 2/8	Leutershausen	1 1/8	Ansbach	4 2/8	23 2/8	4 2/8
Pfinz	Eichstädt	1 2/8	Eichstädt	1 2/8	Eichstädt	1 2/8	1 2/8	21 4/8
Pflaumers Tuchmanufactur	Weißenburg	1/8	Weißenburg	1/8	Eichstädt	6 2/8	6 2/8	13 2/8
Pflaumfeld	Gunzenhausen	1 4/8	Gunzenhausen	1 4/8	Ansbach	9	13 2/8	9
Pflügelshof	Weißenburg	1 2/8	Ellingen	4/8	Eichstädt	8 2/8	8 2/8	12 2/8
Pflugsmühle	Heilsbronn	5 2/8	Heilsbronn	5 2/8	Ansbach	8	14 2/8	8
Pfofeld	Gunzenhausen	2	Gunzenhausen	2	Ansbach	9 4/8	10 4/8	9 4/8
Pfraundorf	Eichstädt	8 2/8	Kipfenberg	2 2/8	Eichstädt	8 2/8	8 2/8	23
Pfraunfeld	Weißenburg	3	Ellingen	3 4/8	Eichstädt	6 2/8	6 2/8	15 2/8
Pietenfeld	Eichstädt	1 4/8	Eichstädt	1 2/8	Eichstädt	1 2/8	1 2/8	21 4/8

Namen der Orte.	Einverleibt dem Bezirksamte.	Stunden.	Landgerichte.	Stunden.	Bezirksgerichte.	Stunden.	Entfernung vom Sitze des Appell.-Ger. Eichstädt. Stunden.	Schw.-Ger. Ansbach. Stunden.
Pietenfeld a. d. Leithen	Eichstädt	1 5/8	Eichstädt	1 5/8	Eichstädt	1 3/8	1 3/8	21 4/8
Pillenroth	Schwabach	2	Schwabach	2	Fürth	4 6/8	18 6/8	11 4/8
Pilsenmühle	Neustadt	3 6/8	Erlbach	6/8	Windsheim	4 4/8	27	7 4/8
Pilsmühle	Ansbach	3 4/8	Ansbach	3 6/8	Ansbach	3 6/8	23 6/8	3 6/8
Pipperhof	Heilsbronn	5	Heilsbronn	5	Ansbach	7 4/8	15	7 5/8
Pirkach	Beilngries	5 6/8	Beilngries	5 4/8	Eichstädt	15	15	26 4/8
Pirkach	Neustadt	4 6/8	Erlbach	3 6/8	Windsheim	8 1/8	31	11 4/8
Pirkachshof	Neustadt	2 6/8	Neustadt	2 6/8	Windsheim	7 4/8	33	18 4/8
Plankstadt	Neustadt	3 6/8	Erlbach	2 4/8	Windsheim	7	29 4/8	10 6/8
Plankstetten	Beilngries	1 5/8	Beilngries	1 5/8	Eichstädt	11	11	22 6/8
Platten s. Aichen								
Plattnersberg	Nürnberg	1 5/8	Nürnberg	1 5/8	Nürnberg	1 6/8	22 6/8	13
Pleikertshof	Rothenburg	2	Rothenburg	2	Windsheim	6	27 4/8	8
Pleinfeld	Weißenburg	2 6/8	Ellingen	1 6/8	Eichstädt	9 5/8	9 6/8	13
Plöckendorf	Schwabach	1 5/8	Schwabach	1 6/8	Fürth	6 4/8	16	11 6/8
Pöhling	Nürnberg	6	Altdorf	2 6/8	Nürnberg	6	19 6/8	17 6/8
Pollanden	Hersbruck	3 4/8	Hersbruck	3 4/8	Nürnberg	11 6/8	22 6/8	23 4/8
Pollanten	Beilngries	3 4/8	Beilngries	3 4/8	Eichstädt	12 6/8	12 4/8	24
Pollenfeld	Eichstädt	2	Eichstädt	2	Eichstädt	2	2	19 6/8
Polsingen	Gunzenhausen	7	Heidenheim	3 4/8	Eichstädt	13	13	14 6/8
Pommelsbrunn	Hersbruck	2	Hersbruck	2	Nürnberg	10	23 6/8	22
Poppenbach	Ansbach	6	Leutershausen	3 6/8	Ansbach	6	26 4/8	6
Poppenhof	Hersbruck	3 6/8	Lauf	2 4/8	Nürnberg	7 6/8	25 6/8	19 6/8
Poppenhof	Scheinfeld	4	Bibart	3	Windsheim	8 6/8	36 6/8	16 5/8
Poppenreuth	Fürth	4/8	Fürth	4/8	Fürth	6/8	22 4/8	12 6/8
Poppenreuth	Schwabach	2	Schwabach	2	Fürth	7	16	9
Poppenweiler	Feuchtwangen	6/8	Feuchtwangen	6/8	Ansbach	7	22 4/8	7
Possenheim	Scheinfeld	3 6/8	Bibart	2 6/8	Windsheim	8 1/8	36 4/8	17
Possenmühle	Rothenburg	2	Rothenburg	2	Windsheim	6 1/8	30 6/8	11 5/8
Prackenfels	Nürnberg	6 4/8	Altdorf	4/8	Nürnberg	6 4/8	16 4/8	17 6/8
Prackenhof	Neustadt	2 4/8	Erlbach	2 6/8	Windsheim	7 6/8	30	10 4/8
Preith	Eichstädt	1	Eichstädt	1	Eichstädt	1	1	19 4/8
Prethalmühle	Nürnberg	6 4/8	Altdorf	4/8	Nürnberg	6 4/8	16 6/8	17 6/8
Preuntsfelden	Uffenheim	5 5/8	Windsheim	3 6/8	Windsheim	3 6/8	28 6/8	6 6/8
Prexlmühle	Weißenburg	3 1/8	Ellingen	2 6/8	Eichstädt	10 6/8	10 6/8	12 5/8
Prosberg	Hersbruck	1 6/8	Hersbruck	1 6/8	Nürnberg	7 1/8	20 6/8	19 6/8
Prühl	Scheinfeld	2 6/8	Scheinfeld	2 6/8	Windsheim	8 1/8	36 4/8	17
Prühlhof	Eichstädt	3 6/8	Eichstädt	3 6/8	Eichstädt	3 6/8	3 4/8	22 6/8
Prühlermühle	Scheinfeld	2	Scheinfeld	2	Windsheim	8	36 6/8	19 6/8
Pruppach	Schwabach	2 6/8	Schwabach	2 6/8	Fürth	5 6/8	17 4/8	8

Namen der Orte	Einverleibt dem Bezirksamte	Stunden	Landgerichte	Stunden	Bezirksgerichte	Stunden	Entfernung vom Sitze des Appell.-Ger. Eichstädt (Stunden)	Entfernung vom Sitze des Schw.-Ger. Ansbach (Stunden)
Pruppach	Schwabach	2 4/8	Roth	1	Fürth	8	16	12 4/8
Pühlheim	Nürnberg	7	Altdorf	1	Nürnberg	7	18 6/8	18 4/8
Pühlhof	Nürnberg	5 4/8	Altdorf	2 3/8	Nürnberg	5 4/8	18 6/8	17 3/8
Püschelsdorf	Nürnberg	7	Altdorf	1 7/8	Nürnberg	7	19 6/8	18 6/8
Pulvermühle (Lehrberg)	Ansbach	1 7/8	Ansbach	1 7/8	Ansbach	1 7/8	21 3/8	1 7/8
Pulvermühle (Waldhäuslein)	Dinkelsbühl	1 6/8	Dinkelsbühl	1 4/8	Ansbach	8 4/8	22 4/8	9 4/8
Pulvermühle	Neustadt	3/8	Neustadt	6/8	Windsheim	4 6/8	30 6/8	11 3/8
Pulvermühle	M. Rothenburg	4/8	St. Rothenburg	4/8	Windsheim	7 3/8	29 4/8	8 6/8
Putzenreuth	Schwabach	1 7/8	Schwabach	1 7/8	Fürth	6	17 3/8	8 6/8
Pyras	Beilngries	8	Greding	5 4/8	Eichstädt	9 6/8	9 6/8	16 6/8

R.

Namen der Orte	Bezirksamte	Stunden	Landgerichte	Stunden	Bezirksgerichte	Stunden	Appell.-Ger. Eichstädt	Schw.-Ger. Ansbach
Rabenhof	Ansbach	6/8	Ansbach	6/8	Ansbach	6/8	20 4/8	6/8
Rabenshof	Hersbruck	3 3/8	Lauf	2 4/8	Nürnberg	7 3/8	25 6/8	18
Radwang	Dinkelsbühl	4/8	Dinkelsbühl	6/8	Ansbach	11	20 6/8	11
Raindorf	Fürth	3 6/8	Cadolzburg	1 5/8	Fürth	3 6/8	24 4/8	10
Raitenberg	Hersbruck	4	Hersbruck	4	Nürnberg	12	27 3/8	24
Raitenbuch	Beilngries	2	Beilngries	2	Eichstädt	12	12	25 6/8
Raitenbuch	Weißenburg	3 4/8	Weißenburg	3 4/8	Eichstädt	5	5	16 4/8
Rammersdorf	Ansbach	3 6/8	Leutershausen	4/8	Ansbach	3 3/8	23 6/8	3 6/8
Rampertshof	Hersbruck	4 1/8	Lauf	3 4/8	Nürnberg	8 6/8	26 4/8	20
Ramsberg	Weißenburg	3 3/8	Ellingen	2 4/8	Eichstädt	10 6/8	10 6/8	10 6/8
Rangenmühle	Ansbach	3 6/8	Ansbach	3 6/8	Ansbach	3 6/8	22 6/8	3 6/8
Rangmühle	Feuchtwangen	3 6/8	Herrieden	1 1/8	Ansbach	4 6/8	18 6/8	4 6/8
Rangmühle	Gunzenhausen	2 6/8	Heidenheim	1 6/8	Eichstädt	13 3/8	13 6/8	10 6/8
Ransbach an der Holzecke	Feuchtwangen	3	Feuchtwangen	3	Ansbach	10	25	10
Rappenau	Uffenheim	6 6/8	Windsheim	2 4/8	Windsheim	2 4/8	25 4/8	6 6/8
Rappenhof	Dinkelsbühl	2 3/8	Dinkelsbühl	2 6/8	Ansbach	8 6/8	20 4/8	8 6/8
Rappersdorf	Ansbach	4 1/8	Ansbach	4 1/8	Ansbach	4 6/8	21 6/8	4 1/8
Rappersdorf	Beilngries	3 1/8	Beilngries	3 1/8	Eichstädt	12	12	23 4/8
Rapperszell	Eichstädt	3	Kipfenberg	3 6/8	Eichstädt	3	3	22 4/8
Rappoldshofen	Neustadt	2 1/8	Neustadt	2 1/8	Windsheim	6 6/8	32 4/8	13
Rasch	Nürnberg	7	Altdorf	1/8	Nürnberg	7	17	18
Raschbach	Nürnberg	7	Altdorf	1 4/8	Nürnberg	7	18 4/8	18 6/8
Rathsberg	Erlangen	1 4/8	Erlangen	1 1/8	Fürth	5 1/8	26	15 6/8
Ratzenburg	Rothenburg	4	Schillingsfürst	6/8	Windsheim	9	26 6/8	6 6/8
Ratzendorf	Feuchtwangen	2 7/8	Feuchtwangen	2 7/8	Ansbach	7 6/8	24 6/8	7 6/8

Namen der Orte.	Einverleibt dem Bezirksamte.	Stunden.	Landgerichte.	Stunden.	Bezirksgerichte.	Stunden.	Entfernung vom Sitze des Appell.-Ger. Eichstädt (Stunden)	Schw.-Ger. Ansbach (Stunden)
Ratzenwinden	Ansbach	2 6/8	Ansbach	2 6/8	Ansbach	2 6/8	17 4/8	2 6/8
Raubershof	Schwabach	6/8	Schwabach	6/8	Fürth	4 4/8	18	10 6/8
Raubersried	Schwabach	3	Schwabach	3	Fürth	5 6/8	18 4/8	18 6/8
Rauenbuch	Ansbach	3 4/8	Leutershausen	1	Ansbach	3 6/8	21 6/8	8 4/8
Rauenstadt	Dinkelsbühl	2	Dinkelsbühl	2	Ansbach	10 6/8	23 6/8	10 6/8
Rauenzell	Feuchtwangen	4 6/8	Herrieden	1 1/8	Ansbach	3	19 6/8	3
Rauschenberg	Neustadt	3 6/8	Neustadt	3 4/8	Windsheim	8 1/8	34	14 4/8
Rebdorf	Eichstädt	1	Eichstädt	1	Eichstädt	1	1	19 4/8
Rechenberg	Nürnberg	6/8	Nürnberg	6/8	Nürnberg	6/8	22 4/8	12 4/8
Reckenberg	Hersbruck	2	Hersbruck	2	Nürnberg	10	23 4/8	22
Reckersdorf	Ansbach	2 5/8	Ansbach	2 5/8	Ansbach	2 4/8	22 6/8	2 4/8
Rednitzhembach	Schwabach	1 6/8	Schwabach	1 4/8	Fürth	6 6/8	16 6/8	11 6/8
Regelmannsbrunn	Eichstädt	5	Kipfenberg	1	Eichstädt	5	5	25 6/8
Regelsbach	Schwabach	2 1/8	Schwabach	2 1/8	Fürth	3 6/8	18 4/8	9
Regelsberg	Gunzenhausen	3 4/8	Gunzenhausen	3 4/8	Ansbach	10	10 6/8	10
Regelsmühle	Hersbruck	3 6/8	Hersbruck	3 6/8	Nürnberg	11 6/8	23	23 6/8
Regmannsdorf	Feuchtwangen	4 4/8	Herrieden	6/8	Ansbach	2 4/8	20 4/8	2 6/8
Rehdorf	Fürth	2 6/8	Cadolzburg	3	Fürth	2 6/8	21	9 6/8
Rehenbühl	Gunzenhausen	2	Gunzenhausen	2	Ansbach	9 4/8	11	9 4/8
Rehhof	Uffenheim	4 6/8	Windsheim	2 4/8	Windsheim	2 5/8	30	10 4/8
Rehlingen	Weißenburg	4 4/8	Pappenheim	2 6/8	Eichstädt	8 6/8	8 6/8	16 4/8
Reichelsdorf	Schwabach	1 6/8	Schwabach	1 6/8	Fürth	3 4/8	18 4/8	10 6/8
Reichelshofen	Rothenburg	2 6/8	Rothenburg	2 6/8	Windsheim	4 7/8	29 6/8	9 6/8
Reichenau	Feuchtwangen	3 6/8	Herrieden	1 4/8	Ansbach	4 4/8	18 6/8	4 4/8
Reichenbach	Dinkelsbühl	5	Wassertrüdingen	1 6/8	Ansbach	10 6/8	17 6/8	10 6/8
Reichenbach	Feuchtwangen	1 6/8	Feuchtwangen	1 4/8	Ansbach	8 4/8	28 4/8	8 4/8
Reichenbach	Rothenburg	3 4/8	Schillingsfürst	2 4/8	Windsheim	11 1/8	30	10 4/8
Reicheneck	Hersbruck	2	Hersbruck	2	Nürnberg	10	22 6/8	22
Reichenschwand	Hersbruck	1 6/8	Hersbruck	1 6/8	Nürnberg	7	24 4/8	19
Reichersdorf	Beilngries	6 4/8	Greding	3 6/8	Eichstädt	6	6	17 6/8
Reichertsmühle	M. Dinkelsbühl	4/8	St. Dinkelsbühl	4/8	Ansbach	11	21 4/8	11
Reichertsmühle	Weißenburg	2 6/8	Ellingen	1 6/8	Eichstädt	9 6/8	9 6/8	12 6/8
Reichertsroth	Rothenburg	3 7/8	Rothenburg	3 7/8	Windsheim	5 6/8	30 6/8	10 6/8
Reinboldsmühle	Eichstädt	5 6/8	Eichstädt	5 6/8	Eichstädt	5 6/8	5 6/8	24 6/8
Reingrub	Hersbruck	4 4/8	Lauf	3 6/8	Nürnberg	8 4/8	26 4/8	20 6/8
Reinhardshofen	Neustadt	1 7/8	Neustadt	1 7/8	Windsheim	6 6/8	32 6/8	12 6/8
Reinswinden	Ansbach	6 4/8	Leutershausen	4 4/8	Ansbach	6 4/8	26	6 4/8
Reinwarzhofen	Beilngries	6 6/8	Greding	4 4/8	Eichstädt	6 6/8	6 6/8	17 6/8
Reisach	Feuchtwangen	6 6/8	Herrieden	2 4/8	Ansbach	3	17 4/8	3
Reismühle	Beilngries	4	Beilngries	4	Eichstädt	12 4/8	12 4/8	22 6/8

Namen der Orte.	Einverleibt dem Bezirksamte.	Stunden.	Landgerichte.	Stunden.	Bezirksgerichte.	Stunden.	Entfernung vom Sitze des Appell.-Ger. Eichstädt. Stunden.	Entfernung vom Sitze des Schw.-Ger. Ansbach. Stunden.
Reiterseich	Fürth	6 5/8	Cadolzburg	3 3/8	Fürth	6 1/8	20 3/8	6 5/8
Rembelshof	Beilngries	4 6/8	Beilngries	4 6/8	Eichstädt	14 1/8	14 6/8	26
Rennhofen	Neustadt	2 1/8	Neustadt	2 1/8	Windsheim	5 3/8	30	10 4/8
Rennmühle	R. Schwabach	3/8	St. Schwabach	4/8	Fürth	5 4/8	17 6/8	11
Rennweg	Nürnberg	4/8	Nürnberg	3/8	Nürnberg	4/8	22 3/8	12 4/8
Retzendorf	Heilsbronn	3 1/8	Heilsbronn	3 3/8	Ansbach	6	16 3/8	6
Reuenthal	Dinkelsbühl	2 6/8	Dinkelsbühl	2 6/8	Ansbach	10 4/8	24	10 4/8
Reusch	Rothenburg	2 4/8	Rothenburg	2 4/8	Windsheim	8 3/8	31 1/8	11 6/8
Reusch	Uffenheim	1 6/8	Uffenheim	1 6/8	Windsheim	5 6/8	31 6/8	12 3/8
Reutberg	Gunzenhausen	3/8	Gunzenhausen	3/8	Ansbach	8	11 6/8	8
Reutern	Heilsbronn	4	Heilsbronn	4	Ansbach	5 4/8	17 6/8	5 4/8
Reuth	Heilsbronn	2	Heilsbronn	2	Ansbach	5 6/8	17 3/8	5 6/8
Reuth	Nürnberg	5 4/8	Altdorf	3	Nürnberg	5 1/8	19 6/8	18
Reut am Wald	Weißenburg	4 1/8	Weißenburg	4 1/8	Eichstädt	4 6/8	4 6/8	18 1/8
Reutles	Fürth	2 3/8	Fürth	2 3/8	Fürth	2 3/8	23 4/8	15
Rezelsembach	Fürth	3 6/8	Fürth	3 3/8	Fürth	3 1/8	25	10
Rhaim	Dinkelsbühl	6/8	Dinkelsbühl	6/8	Ansbach	11	21 6/8	11
Richthausen	Nürnberg	5 4/8	Altdorf	1 1/8	Nürnberg	5 4/8	16 6/8	16 6/8
Ried	Eichstädt	5	Eichstädt	5	Eichstädt	5	5	20 3/8
Riedelshäuslein	Neustadt	5	Erlbach	2	Windsheim	6 6/8	27 4/8	7 6/8
Riedelshof	Eichstädt	6 3/8	Kipfenberg	1	Eichstädt	6 3/8	6 3/8	25 6/8
Riedelsmühle	s. Untermühle							
Rieden	Nürnberg	7 4/8	Altdorf	1 6/8	Nürnberg	7 4/8	18 4/8	19
Riedenberg	Rothenburg	4 1/8	Schillingsfürst	1 3/8	Windsheim	10 6/8	28	8 4/8
Riedern	Gunzenhausen	3	Gunzenhausen	3	Ansbach	10 4/8	10	10 6/8
Riedfeld	Neustadt	6/8	Neustadt	1/8	Windsheim	4 1/8	30 4/8	11
Riedhof	Beilngries	3 6/8	Beilngries	3 6/8	Eichstädt	13 6/8	13 6/8	25 6/8
Riedmühle	Uffenheim	6/8	Uffenheim	3/8	Windsheim	4 6/8	30 3/8	11 3/8
Rieshofen	Eichstädt	3 3/8	Kipfenberg	2 6/8	Eichstädt	3 1/8	3 1/8	22 6/8
Rimbach	Neustadt	2 6/8	Neustadt	2 3/8	Windsheim	4 6/8	29	9 6/8
Ritzmannsschallbach	Feuchtwangen	1/8	Feuchtwangen	1/8	Ansbach	6 4/8	21 6/8	6 4/8
Rittersbach	Schwabach	4 1/8	Roth	1 3/8	Fürth	9 3/8	18 3/8	10 4/8
Ritzermühle	Beilngries	3 3/8	Beilngries	3 6/8	Eichstädt	12 6/8	12 6/8	24 6/8
Ritzmannshof	Fürth	1 4/8	Fürth	1 4/8	Fürth	1 4/8	23 4/8	13 3/8
Rockenbach	Neustadt	2 1/8	Neustadt	2 4/8	Windsheim	7 1/8	32 6/8	18 3/8
Rockenbrunn	Nürnberg	4 6/8	Altdorf	3	Nürnberg	4 6/8	19 3/8	16 3/8
Rodheim	Uffenheim	2 4/8	Uffenheim	2 1/8	Windsheim	6 4/8	33	18 4/8
Röckenhof	Erlangen	3 6/8	Erlangen	3 6/8	Fürth	6	24 4/8	16 3/8
Röckenhofen	Beilngries	3 4/8	Greding	1 6/8	Eichstädt	9 4/8	9 4/8	19
Röckenweiler	Feuchtwangen	2 1/8	Feuchtwangen	2 1/8	Ansbach	6 3/8	23	6 3/8

Namen der Orte.	Einverleibt dem Bezirksamte.	Stunden.	Landgerichte.	Stunden.	Bezirksgerichte.	Stunden.	Entfernung vom Sitze des Appell.-Ger. Eichstädt. Stunden.	Entfernung vom Sitze des Schw.-Ger. Ansbach. Stunden.
Röcklingen	Dinkelsbühl	5 4/8	Wassertrüdingen	1 1/8	Ansbach	8 4/8	17	8 4/8
Rödershof	Rothenburg	1 7/8	Rothenburg	1 7/8	Windsheim	7 5/8	28 4/8	9
Röhrensee	Scheinfeld	4	Scheinfeld	4	Windsheim	9 6/8	38 5/8	18 4/8
Röhrischhof	Hersbruck	4 7/8	Lauf	2 6/8	Nürnberg	7 4/8	25 4/8	18 5/8
Rös	Feuchtwangen	5 5/8	Herrieden	1 4/8	Ansbach	2	19 5/8	2
Röschenmühle	Neustadt	3 7/8	Erlbach	7/8	Windsheim	4 6/8	26 6/8	7 6/8
Röshof	Ansbach	1 4/8	Ansbach	1 4/8	Ansbach	1 4/8	21	1 4/8
Rösmühle	Feuchtwangen	5 5/8	Herrieden	1 6/8	Ansbach	2	19 5/8	2
Rösmühle	Nürnberg	4 6/8	Altdorf	2 6/8	Nürnberg	4 6/8	18 4/8	16 6/8
Rößleinsdorf	Neustadt	5/8	Neustadt	5/8	Windsheim	4 4/8	30 4/8	11
Rößleinsmühle	M. Schwabach	6/8	St. Schwabach	6/8	Fürth	5 6/8	17 5/8	10 6/8
Röthenbach	Nürnberg	6	Altdorf	4/8	Nürnberg	6	17 4/8	17 4/8
Röthenbach bei Schweinau	Schwabach	2 7/8	Schwabach	2 7/8	Fürth	2 6/8	20	11
Röthenbach bei Sct. Wolfgang	Schwabach	3 6/8	Schwabach	3 6/8	Fürth	5 5/8	19 5/8	14
Röthendorf	Dinkelsbühl	2 4/8	Dinkelsbühl	2 5/8	Ansbach	10 4/8	23 4/8	10 6/8
Röthenhof	Gunzenhausen	2 5/8	Gunzenhausen	2 5/8	Ansbach	8 4/8	11 5/8	8 4/8
Röttenbach	Ansbach *	4 6/8	Leutershausen	1 7/8	Ansbach	4 6/8	22 4/8	4 6/8
Röttenbach	Dinkelsbühl	6	Wassertrüdingen	3 5/8	Ansbach	5 4/8	18 4/8	5 4/8
Röttenbach	Hersbruck	4 6/8	Lauf	1 4/8	Nürnberg	3 5/8	23 6/8	15
Rohensaas	Neustadt	4 6/8	Neustadt	4 5/8	Windsheim	9 5/8	33 4/8	14
Ronhof	Fürth	6/8	Fürth	5/8	Fürth	6/8	22 5/8	11 4/8
Rohr	Schwabach	2 7/8	Schwabach	2 7/8	Fürth	5 5/8	18 5/8	7 5/8
Rohrach	Gunzenhausen	5 5/8	Heidenheim	1 5/8	Eichstädt	11	11	12 6/8
Rohrbach	Feuchtwangen	4 6/8	Herrieden	3	Ansbach	5 5/8	17 4/8	5 6/8
Rohrbach	Weißenburg	2	Ellingen	2	Eichstädt	7 5/8	7 5/8	14 6/8
Rohrberg	Weißenburg	7/8	Weißenburg	7/8	Eichstädt	6 5/8	6 5/8	13 4/8
Rohrersmühle	M. Schwabach	6/8	St. Schwabach	6/8	Fürth	5 6/8	17	10 4/8
Rohrmühle	Ansbach	3	Ansbach	3	Ansbach	3	22 4/8	3
Rohrmühle	Dinkelsbühl	2 1/8	Dinkelsbühl	2 1/8	Ansbach	8 5/8	22 5/8	8 4/8
Rohrmühle	s. Walkersmühle							
Rohrmühle (Dachsbach)	Neustadt	3 4/8	Neustadt	3 4/8	Windsheim	8 6/8	33 5/8	13 5/8
Rohrwall	Weißenburg	6/8	Weißenburg	6/8	Eichstädt	6 4/8	6 4/8	13 5/8
Rollhofen	Hersbruck	3 6/8	Lauf	1 5/8	Nürnberg	6 4/8	24 4/8	18 6/8
Rosenau	M. Nürnberg	4/8	St. Nürnberg	4/8	Nürnberg	4/8	21 5/8	11 5/8
Rosenbach	Ansbach	3 6/8	Ansbach	3 6/8	Ansbach	3 6/8	23 5/8	3 6/8
Rosenbach { Ober-, Mittel-, Unter- }	Erlangen	2 5/8	Erlangen	2 5/8	Fürth	5 5/8	26 5/8	17 4/8

Namen der Orte.	Einverleibt dem Bezirksamte.	Stunden.	Landgerichte.	Stunden.	Bezirksgerichte.	Stunden.	Entfernung vom Sitze des Appell.-Ger. Eichstädt. Stunden.	Schw.-Ger. Ansbach. Stunden.
Rosenberg	Ansbach	3 7/8	Ansbach	3 7/8	Ansbach	3 7/8	28 6/8	3 7/8
Rosenbirkach	Scheinfeld	2	Scheinfeld	2	Windsheim	7 5/8	35	15 4/8
Rosenhof	Feuchtwangen	6 2/8	Herrieden	3 3/8	Ansbach	2 6/8	17 4/8	2 6/8
Rosenhof	Rothenburg	4 3/8	Schillingsfürst	1 7/8	Windsheim	10 1/8	28 6/8	8 6/8
Roßbach	Neustadt	3 6/8	Neustadt	3 3/8	Windsheim	7 6/8	33 6/8	14 6/8
Rossendorf	Fürth	3 6/8	Cadolzburg	7/8	Fürth	3 6/8	24 6/8	8 6/8
Roßmeiersdorf	Gunzenhausen	5	Heidenheim	2 4/8	Eichstädt	14	14	12 2/8
Roßstall	Fürth	4 3/8	Cadolzburg	2 4/8	Fürth	4 3/8	21 3/8	8
Roßthal	Beilngries	4 6/8	Beilngries	4 6/8	Eichstädt	14 4/8	14 4/8	25 6/8
Roth	Feuchtwangen	4 3/8	Herrieden	4/8	Ansbach	3 4/8	19	3 6/8
Roth	Schwabach	3 3/8	Roth	—	Fürth	8 4/8	14 6/8	11 6/8
Rothaurach	Schwabach	3 6/8	Roth	4/8	Fürth	9	14 6/8	10 6/8
Rothe Farb	M. Rothenburg	6/8	St. Rothenburg	4/8	Windsheim	7 6/8	29 4/8	9 6/8
Rotheleithen	Neustadt	7 1/8	Erlbach	4 4/8	Windsheim	7 3/8	24 6/8	5 6/8
Rothenaichmühle	Beilngries	6	Greding	3 6/8	Eichstädt	11 6/8	11 6/8	19
Rothenberg	Fürth	2	Fürth	2	Fürth	2	24 6/8	11
Rothenberg	Hersbruck	4 6/8	Lauf	2 7/8	Nürnberg	7	25	18 6/8
Rothenburg	M. Rothenburg	—	St. Rothenburg	—	Windsheim	7 3/8	28 6/8	8 2/8
Rothenhof	Neustadt	5 6/8	Erlbach	2 6/8	Windsheim	4 4/8	25	6 4/8
Rothenstein	Weißenburg	3	Pappenheim	2 4/8	Eichstädt	3 6/8	3 6/8	16 6/8
Rothhof	Dinkelsbühl	1	Dinkelsbühl	1	Ansbach	9 6/8	22 6/8	9 6/8
Rothhof	Rothenburg	5	Schillingsfürst	2 7/8	Windsheim	11 7/8	29	9 4/8
Rothmühle s.	Hohenrothmühle							
Rottmannsdorf	Heilsbronn	4 7/8	Heilsbronn	4 3/8	Ansbach	3	18	3
Rottnersdorf	Dinkelsbühl	5 4/8	Wassertrüdingen	4 6/8	Ansbach	5	18 6/8	5
Rudelsdorf	Heilsbronn	3 7/8	Heilsbronn	3 3/8	Ansbach	7 6/8	16 4/8	7 6/8
Rudertsdorf	Beilngries	2 6/8	Beilngries	2 6/8	Eichstädt	9 4/8	9 4/8	24
Ruderzhofen	Beilngries	3	Beilngries	3	Eichstädt	10 6/8	10 6/8	20 6/8
Rudolphshof	Hersbruck	3 3/8	Lauf	6/8	Nürnberg	4 6/8	24	16 6/8
Rudolzhofen	Uffenheim	1 1/8	Uffenheim	1 1/8	Windsheim	3 3/8	29 4/8	10
Rühlanden	Hersbruck	1 1/8	Lauf	2	Nürnberg	6 3/8	22 4/8	18
Rühling	Beilngries	3 4/8	Beilngries	3 6/8	Eichstädt	10 6/8	10 6/8	19 4/8
Rühlingshof	Nürnberg	6 4/8	Altdorf	1 4/8	Nürnberg	6 4/8	15 6/8	18 6/8
Rückersdorf	Heilsbronn	2 6/8	Heilsbronn	2 3/8	Ansbach	4	18 4/8	4
Rückersdorf	Hersbruck	4	Lauf	1	Nürnberg	3 6/8	23 6/8	15 6/8
Rückertshofen	Rothenburg	3 1/8	Rothenburg	3 1/8	Windsheim	5 4/8	30	10 6/8
Rückertsmühle	Uffenheim	1 6/8	Uffenheim	1 6/8	Windsheim	5 6/8	32 4/8	13
Rüdelhof	Neustadt	2	Erlbach	2 4/8	Windsheim	7 1/8	29 6/8	10 7/8
Rüdern	Ansbach	4 7/8	Ansbach	4 7/8	Ansbach	4 7/8	24 6/8	4 7/8
Rüdern	Scheinfeld	2	Bibart	1	Windsheim	4	31 6/8	12
Rüdisbronn	Uffenheim	4 4/8	Windsheim	2	Windsheim	2	29 6/8	10 3/8

Namen der Orte.	Einverleibt dem Bezirksamte.	Stunden.	Landgerichte.	Stunden.	Bezirksgerichte.	Stunden.	Entfernung vom Sitze des Appell.-Ger. Eichstädt (Stunden)	Schw.-Ger. Ansbach (Stunden)
Rügland	Ansbach	3 3/8	Ansbach	3 6/8	Ansbach	3 6/8	23	3 6/8
Rühlingstetten	Dinkelsbühl	3 2/8	Dinkelsbühl	3 6/8	Ansbach	14 4/8	21 7/8	14 4/8
Rülledorf	Fürth	5 5/8	Cadolzburg	1 4/8	Fürth	5 5/8	23	6 6/8
Rusenmühle	Rothenburg	4 6/8	Schillingsfürst	2	Windsheim	7 6/8	24 4/8	5 4/8
Russenhofen	Dinkelsbühl	3 4/8	Dinkelsbühl	3 4/8	Ansbach	10	18 6/8	10
Rummelmühle	Uffenheim	2 5/8	Uffenheim	2 6/8	Windsheim	2 6/8	29	9 4/8
Rummelsberg	Nürnberg	4 4/8	Altdorf	2 1/8	Nürnberg	4 4/8	15 6/8	15 4/8
Runnenmühle	Uffenheim	2 4/8	Uffenheim	2 6/8	Windsheim	1 7/8	28	8 4/8
Ruppertsbuch	Eichstädt	1 6/8	Eichstädt	1 6/8	Eichstädt	1 6/8	1 6/8	17 6/8
Ruppmannsburg	Beilngries	6 6/8	Greding	4	Eichstädt	6 6/8	6 6/8	17 7/8
Rupprechtsgarten	M. Nürnberg	4/8	St. Nürnberg	4/8	Nürnberg	4/8	21 4/8	12
Rupprechtstegen	Hersbruck	4	Hersbruck	4	Nürnberg	10 4/8	27 7/8	22 6/8
Ruthmannsweiler	Scheinfeld	1	Scheinfeld	1	Windsheim	5	33 3/8	13 6/8
Rutzendorf	Heilsbronn	3 6/8	Heilsbronn	3 6/8	Ansbach	2	19	2
Rutzendorfermühle	Heilsbronn	3 7/8	Heilsbronn	3 7/8	Ansbach	2	19	2
Rutzenhof	Heilsbronn	4/8	Heilsbronn	4/8	Ansbach	5 4/8	19 4/8	5 4/8
Rutzenhof	Weißenburg	4 6/8	Pappenheim	1 7/8	Eichstädt	7 4/8	7 4/8	16

S.

Namen der Orte.	Bezirksamte.	Stunden.	Landgerichte.	Stunden.	Bezirksgerichte.	Stunden.	Appell.-Ger. Eichstädt	Schw.-Ger. Ansbach
Sachsbach	Feuchtwangen	4	Herrieden	2	Ansbach	5	18 3/8	5
Sachsen	Ansbach	4 6/8	Leutershausen	6/8	Ansbach	4 7/8	22 4/8	4 6/8
Sachsen	Heilsbronn	3 3/8	Heilsbronn	3 3/8	Ansbach	2 3/8	19 3/8	2 6/8
Sack	Fürth	1	Fürth	1	Fürth	1	22 6/8	12
Sägmühle (Oberkemmathen)	Dinkelsbühl	3 4/8	Wassertrüdingen	4 1/8	Ansbach	7 3/8	20	7 3/8
Sägmühle (Unterndorf)	Gunzenhausen	3 6/8	Gunzenhausen	3 4/8	Ansbach	9 6/8	11	9 6/8
Sägmühle (Windischhausen)	Gunzenhausen	5 6/8	Heidenheim	2 4/8	Eichstädt	10 7/8	10 6/8	13 6/8
Sägmühle (Wolfsbronn)	Gunzenhausen	4	Heidenheim	1 6/8	Eichstädt	12	12	11 6/8
Sägmühle (Treuchtlingen)	Weißenburg	3 4/8	Pappenheim	1 4/8	Eichstädt	8 3/8	8 3/8	14 4/8
Sallach	Eichstädt	1 6/8	Eichstädt	1 6/8	Eichstädt	1 6/8	1 6/8	18 4/8
Sallmannshof	Heilsbronn	4	Heilsbronn	4	Ansbach	5 4/8	17 6/8	5 4/8

Namen der Orte.	Einverleibt dem Bezirksamte.	Stunden.	Landgerichte.	Stunden.	Bezirksgerichte.	Stunden.	Entfernung vom Sitze des Appell.-Ger. Eichstädt. Stunden.	Schw.-Ger. Ansbach. Stunden.
Sammenheim	Gunzenhausen	2 4/8	Heidenheim	1 4/8	Eichstädt	14 7/8	14 7/8	9 6/8
Sammühle	Beilngries	6 2/8	Greding	4	Eichstädt	3 6/8	3 6/8	19 3/8
Sct. Egidi	s. Egidi Sct.							
Sct. Jobst	s. Jobst Sct.							
Sct. Johannis	s. Johannis Sct.							
Sct. Kunigunda	s. Kunigunda Sct.							
Sct. Leonhard	s. Leonhard Sct.							
Sct. Martin	s. Martin Sct.							
Sct. Martin	s. Martin Sct.							
Sct. Michael	s. Michael Sct.							
Sct. Peter	s. Peter Sct.							
Sct. Sebastian	s. Sebastian Sct.							
Sct. Ulrich	s. Ulrich Sct.							
Sct. Ulrich	s. Ulrich Sct.							
Sct. Veit	s. Veit Sct.							
Sandbühl	M. Nürnberg	6/8	St. Nürnberg	6/8	Nürnberg	6/8	22 2/8	12 4/8
Sandhof	Rothenburg	3 4/8	Rothenburg	3 4/8	Windsheim	9 6/8	29 7/8	9 7/8
Sandmühle	Rothenburg	4 6/8	Schillingsfürst	2	Windsheim	11	28 6/8	9 7/8
Sandreuth	Nürnberg	6/8	Nürnberg	6/8	Nürnberg	6/8	21	11 4/8
Sappenfeld	Eichstädt	1 6/8	Eichstädt	1 6/8	Eichstädt	1 6/8	1 6/8	17 6/8
Sauerbach	Feuchtwangen	4	Herrieden	6/8	Ansbach	4	16 6/8	4
Sauernheim	Heilsbronn	3 7/8	Heilsbronn	3 7/8	Ansbach	5	17 4/8	5
Saulenhofen	Gunzenhausen	1 6/8	Gunzenhausen	1 6/8	Ansbach	9 7/8	13 6/8	9 6/8
Schaafhof	Ansbach	2 6/8	Ansbach	2 3/8	Ansbach	2 3/8	22	2 6/8
Schaafhof	Dinkelsbühl	6 4/8	Wassertrüdingen	6/8	Ansbach	8 6/8	16 4/8	8 4/8
Schaafhof	Nürnberg	1 3/8	Nürnberg	1 6/8	Nürnberg	1 6/8	23	13 7/8
Schaafhof	Nürnberg	6 3/8	Altdorf	1 6/8	Nürnberg	6 7/8	15 6/8	16 4/8
Schänzlein am Hallerthor	M. Nürnberg	1/8	St. Nürnberg	5/8	Nürnberg	6/8	21 4/8	12
Schafhausen	Eichstädt	4 6/8	Kipfenberg	2 4/8	Eichstädt	4 6/8	4 6/8	23 4/8
Schafhöfe	Uffenheim	6/8	Uffenheim	5/8	Windsheim	4 7/8	30 3/8	10 6/8
Schafhof	Rothenburg	1	Rothenburg	1	Windsheim	6 6/8	28 7/8	6 6/8
Schafhof	Rothenburg	3 6/8	Schillingsfürst	3/8	Windsheim	9	27	7 4/8
Schafhof	Uffenheim	7 1/8	Windsheim	2 6/8	Windsheim	2 6/8	26	6 6/8
Schafstallung	Weißenburg	6/8	Weißenburg	6/8	Eichstädt	5 6/8	5 6/8	18 6/8
Schafnach	Schwabach	1 6/8	Schwabach	1 6/8	Fürth	6 6/8	16 6/8	11 6/8
Schalkhausen	Ansbach	7/8	Ansbach	7/8	Ansbach	7/8	20	6/8
Schallershof	Erlangen	1	Erlangen	1	Fürth	3 6/8	25 6/8	14 6/8
Schallershof	Nürnberg	6/8	Nürnberg	6/8	Nürnberg	6/8	22 6/8	12 4/8
Schambach	Eichstädt	4 4/8	Kipfenberg	2 6/8	Eichstädt	4 6/8	4 6/8	24 6/8
Schambach	Weißenburg	2 6/8	Pappenheim	1 6/8	Eichstädt	7 6/8	7 6/8	15 6/8

Namen der Orte	Einverleibt dem Bezirksamte.	Stunden.	Landgerichte.	Stunden.	Bezirksgerichte.	Stunden.	Entfernung vom Sitze des Appell.-Ger. Eichstädt. Stunden.	Schw.-Ger. Ansbach. Stunden.
Schandhof	M. Rothenburg	4/8	St. Rothenburg	4/8	Windsheim	7 6/8	29 4/8	10
Schaudlauber Nr. 893	s. Rothe Farb							
Schattenhof	Schwabach	1 4/8	Schwabach	1 4/8	Fürth	6 6/8	16 5/8	8 4/8
Schauerberg	Neustadt	2 4/8	Erlbach	1 5/8	Windsheim	6 4/8	29	8 6/8
Schauerheim	Neustadt	1	Neustadt	1	Windsheim	4 1/8	31 7/8	11 6/8
Scheckenmühle	Dinkelsbühl	6/8	Dinkelsbühl	6/8	Ansbach	11 1/8	21 5/8	11 1/8
Scheckenmühle	Gunzenhausen	4 4/8	Heidenheim	1	Eichstädt	12 6/8	12 7/8	12 7/8
Scheermühle	Ansbach	1 7/8	Ansbach	1 1/8	Ansbach	1 1/8	20 5/8	1 5/8
Scheermühle	Gunzenhausen	2 7/8	Gunzenhausen	2 7/8	Ansbach	9 6/8	11 4/8	9 6/8
Scheinfeld	Scheinfeld	—	Scheinfeld	—	Windsheim	5 6/8	34 4/8	14 6/8
Schelldorf	Eichstädt	6	Kipfenberg	2 6/8	Eichstädt	6	6	25 4/8
Schellert	Neustadt	1 6/8	Neustadt	1 6/8	Windsheim	4 6/8	29	9 4/8
Schellhof	Gunzenhausen	3 1/8	Gunzenhausen	3 4/8	Ansbach	9 4/8	11 6/8	9 4/8
• Schenkenburg	M. Fürth	1/8	St. Fürth	1/8	Fürth	1/8	22	12 7/8
Scherau	Nürnberg	4 4/8	Altdorf	2 6/8	Nürnberg	4 1/8	18 6/8	16 4/8
Schernberg	Feuchtwangen	4 6/8	Herrieden	4/8	Ansbach	2 4/8	20 5/8	2 6/8
Schernershöfe	Weißenburg	1 7/8	Ellingen	2 5/8	Eichstädt	8 6/8	8 6/8	12 4/8
Schernfeld	Eichstädt	2	Eichstädt	2	Eichstädt	2	2	18 4/8
Scheupeleinsmühle	Gunzenhausen	6/8	Gunzenhausen	4/8	Ansbach	7 6/8	12 4/8	7 6/8
Schillingsfürst	Rothenburg	3 6/8	Schillingsfürst	—	Windsheim	9	27	7 4/8
Schindelrangen	Hersbruck	4 4/8	Lauf	4	Nürnberg	8 6/8	27	20 4/8
Schlauersbach	Heilsbronn	2 4/8	Heilsbronn	2 1/8	Ansbach	4	18 7/8	4
Schleifer am Berg	Weißenburg	6/8	Weißenburg	6/8	Eichstädt	6 4/8	6 4/8	14 6/8
Schleifmühle (Burk)	Dinkelsbühl	4	Wassertrüdingen	4 4/8	Ansbach	6 4/8	20 4/8	6 6/8
Schleifmühle	M. Erlangen	6/8	St. Erlangen	6/8	Fürth	4 4/8	25 7/8	15
Schleifmühle	Feuchtwangen	1/8	Feuchtwangen	6/8	Ansbach	7 1/8	22 5/8	7 5/8
Schleifmühle	Neustadt	5/8	Neustadt	6/8	Windsheim	5 6/8	31	11 4/8
Schleifmühle	Nürnberg	7 4/8	Altdorf	1	Nürnberg	7 4/8	17 7/8	18 4/8
Schleifmühle	Scheinfeld	3 7/8	Scheinfeld	3 7/8	Windsheim	9 6/8	38 5/8	18 6/8
Schlierberg	Dinkelsbühl	3 6/8	Wassertrüdingen	4 1/8	Ansbach	7 1/8	20	7 6/8
Schlittenhardt	Gunzenhausen	6	Heidenheim	2 4/8	Eichstädt	11 6/8	11 6/8	13 6/8
Schlößlein	M. Rothenburg	1/8	St. Rothenburg	1/8	Windsheim	7 4/8	28 7/8	9 6/8
Schlößenmühle	Feuchtwangen	3	Feuchtwangen	3	Ansbach	6 6/8	19 7/8	6 6/8
Schloßberg	Hersbruck	4 4/8	Lauf	3 7/8	Nürnberg	8	26 4/8	19 6/8
Schloßmühle	Eichstädt	5 6/8	Kipfenberg	2	Eichstädt	5 6/8	5 5/8	22 6/8
Schloßmühle	Scheinfeld	1 4/8	Scheinfeld	1 4/8	Windsheim	7 6/8	35 6/8	16 6/8
Schlungenhof	Gunzenhausen	6/8	Gunzenhausen	4/8	Ansbach	7 5/8	12 4/8	7 6/8

Namen der Orte.	Einverleibt dem Bezirksamts.	Stunden.	Landgerichts.	Stunden.	Bezirksgerichts.	Stunden.	Entfernung vom Sitze des Appell.-Ger. Eichstädt. Stunden.	Schw.-Ger. Ansbach. Stunden.
Schmalach	Ansbach	2 1/8	Ansbach	2 1/8	Ansbach	2 1/8	21 6/8	2 1/8
Schmalnbach	Ansbach	1 4/8	Ansbach	1 4/8	Ansbach	1 4/8	21	1 4/8
Schmalnbachshof	Ansbach	1 4/8	Ansbach	1 4/8	Ansbach	1 4/8	21	1 4/8
Schmalnbachermühle	Ansbach	1 6/8	Ansbach	1 6/8	Ansbach	1 6/8	21	1 6/8
Schmalnbühl	Ansbach	4 6/8	Ansbach	4 6/8	Ansbach	4 6/8	24 4/8	4 6/8
Schmalwiesen	Weißenburg	7/8	Ellingen	6/8	Eichstädt	7 4/8	7 6/8	12 4/8
Schmalzmühle	Dinkelsbühl	5	Wassertrüdingen	1 6/8	Ansbach	9	17 6/8	9
Schmarmühle	Weißenburg	3 3/8	Pappenheim	1 4/8	Eichstädt	8	8	14 4/8
Schmausenbuck	Nürnberg	2	Nürnberg	2	Nürnberg	2	23 6/8	14
Schmelnricht	Beilngries	4 4/8	Beilngries	4 4/8	Eichstädt	12	12	19 6/8
Schmermühle	Rothenburg	4	Schillingsfürst	4/8	Windsheim	9 4/8	27 4/8	8
Schmelzmühle	M. Rothenburg	1/8	St. Rothenburg	1/8	Windsheim	7 7/8	29 6/8	9 4/8
Schnackenhof	Hersbruck	4 6/8	Lauf	1 7/8	Nürnberg	3 4/8	23 6/8	16 6/8
Schnackenmühle	Gunzenhausen	1 4/8	Gunzenhausen	1 6/8	Ansbach	7 7/8	18 6/8	7 7/8
Schnaittach	Hersbruck	3 6/8	Lauf	2 7/8	Nürnberg	7	25	18 6/8
Schneckenhof	Erlangen	1 6/8	Erlangen	1 6/8	Fürth	5 6/8	27	16 6/8
Schneckenmühle	s. Ziegelmühle							
Schneckenmühle	Scheinfeld	3 6/8	Scheinfeld	3 6/8	Windsheim	9 4/8	38	18 4/8
Schneemühle	Neustadt	3	Erlbach	3	Windsheim	7 6/8	30 6/8	10 6/8
Schneitmühle	Ansbach	5 1/8	Ansbach	5 1/8	Ansbach	5 1/8	24 6/8	5 1/8
Schneitmühle	Neustadt	3 4/8	Neustadt	3 4/8	Windsheim	8 6/8	34 6/8	14 4/8
Schnelldorf	Feuchtwangen	3 4/8	Feuchtwangen	3 4/8	Ansbach	10 6/8	25 4/8	10 4/8
Schnepfendorf	Rothenburg	1 4/8	Rothenburg	1 4/8	Windsheim	7 6/8	30 6/8	10 6/8
Schnepfenmühle	Feuchtwangen	3 6/8	Feuchtwangen	3 6/8	Ansbach	5 6/8	18	5 6/8
Schnepfenreuth	Fürth	1 7/8	Fürth	1 7/8	Fürth	1 7/8	21 4/8	13 6/8
Schniegling	Nürnberg	1 4/8	Nürnberg	1 6/8	Nürnberg	1 6/8	22	12
Schnittling	Schwabach	6 4/8	Roth	5 6/8	Fürth	11 6/8	13	8 4/8
Schnodsenbach	Scheinfeld	6/8	Scheinfeld	6/8	Windsheim	6 6/8	35	15 4/8
Schnürleinsmühle	Weißenburg	6/8	Weißenburg	6/8	Eichstädt	5 6/8	5 6/8	18 6/8
Schnufenhofen	Beilngries	4 6/8	Beilngries	4 6/8	Eichstädt	15 6/8	15 6/8	26 6/8
Schobbach	Dinkelsbühl	6 2/8	Wassertrüdingen	4/8	Ansbach	9	16	9
Schockenmühle	Ansbach	1	Ansbach	1	Ansbach	1	19 6/8	1
Schöneich	Scheinfeld	1 4/8	Scheinfeld	1 4/8	Windsheim	7 3/8	35 6/8	16 6/8
Schöneichermühle	Scheinfeld	1 4/8	Scheinfeld	1 4/8	Windsheim	7 3/8	35 6/8	16 6/8
Schönau	Eichstädt	2 4/8	Eichstädt	2 4/8	Eichstädt	2 4/8	2 4/8	17 6/8
Schönau	Feuchtwangen	3	Herrieden	1 3/8	Ansbach	4 3/8	20	4 3/8
Schönberg	Hersbruck	3	Lauf	1	Nürnberg	5 6/8	22 6/8	17
Schönbronn	Ansbach	1 6/8	Ansbach	1 6/8	Ansbach	1 6/8	21	1 6/8

Namen der Orte	Einverleibt bem Bezirksamt.	Stunden	Landgericht.	Stunden	Bezirksgericht.	Stunden	Entfernung vom Sitz des Appell.-Ger.	Sch.-Ger.
Schönbrunn	Eichstädt	7/₄	Aiplenberg	2	Eichstädt	7/₄	7/₄	26/₄
Schönbrunn	Rothenburg	3	Schillingsfürst	1/₄	Windsheim	7/₄	26/₄	6/₄
Schönbühl	Hellbronn	/₄	Hellbronn	/₄	Ansbach	5	18/₄	5
Schönfeld	Eichstädt	3/₄	Eichstädt	3/₄	Eichstädt	3/₄	3/₄	18/₄
Schönmühl	Feuchtwangen	/₄	Feuchtwangen	/₄	Ansbach	7/₄	21/₄	7/₄
Schopfhof	Schwabach	2	Schwabach	2	Fürth	7	15/₄	9/₄
Schopfloch	Dinkelsbühl	2	Dinkelsbühl	2	Ansbach	8/₄	22/₄	8/₄
Schopperhof	Nürnberg	/₄	Nürnberg	/₄	Nürnberg	/₄	22/₄	12°/₄
Schormühle	Uffenheim	7/₄	Windsheim	3	Windsheim	3	29/₄	10
Schornborf	Rothenburg	4/₄	Schillingsfürst	1	Windsheim	8	25/₄	6/₄
Schornweisach	Neustadt	3/₄	Neustadt	3/₄	Windsheim	8	34	14/₄
Schreinermühle	Feuchtwangen	4/₄	Herrieden	/₄	Ansbach	3	3	19/₄
Schrolsdorf	Nürnberg	7/₄	Altdorf	2/₄	Nürnberg	7/₄	19/₄	19/₄
Schübelsberg	Nürnberg	/₄	Nürnberg	/₄	Nürnberg	/₄	22°	12/₄
Schürmühle	Weißenburg	3/₄	Pappenheim	2	Eichstädt	8	8	15
Schupf	Hersbruck	3	Hersbruck	3	Nürnberg	10/₄	21/₄	22/₄
Schußbach	Uffenheim	7/₄	Windsheim	2/₄	Windsheim	2/₄	26/₄	6/₄
Schußendorf	Beilngries	4/₄	Greding	1/₄	Eichstädt	6	8	19
Schußmühle	Feuchtwangen	2/₄	Feuchtwangen	2/₄	Ansbach	5/₄	21/₄	5/₄
Schwabach	M. Schwabach	—	El. Schwabach	—	Fürth	5/₄	17	10/₄
Schwabenmühle	Gunzenhausen	2/₄	Gunzenhausen	2/₄	Ansbach	7/₄	13/₄	7/₄
Schwabenmühle	M. Rothenburg	/₄	El. Rothenburg	/₄	Windsheim	7/₄	29/₄	9/₄
Schwaberoth	Ansbach	6/₄	Leutershausen	4/₄	Ansbach	6/₄	26/₄	6/₄
Schwabermühle	Fürth	3/₄	Cadolzburg	/₄	Fürth	3/₄	23/₄	9
Schwaig	Nürnberg	2/₄	Nürnberg	2/₄	Nürnberg	2/₄	24/₄	14/₄
Schwaighausen	Feuchtwangen	2/₄	Feuchtwangen	2/₄	Ansbach	7/₄	20/₄	7/₄
Schwaighausen	Fürth	6	Cadolzburg	3/₄	Fürth	6	23/₄	5/₄
Schwalbenhof	Fürth	4/₄	Cadolzburg	2/₄	Fürth	4/₄	21/₄	8
Schwalbenmühle	Hellbronn	3	Hellbronn	/₄	Ansbach	6/₄	16	6/₄
Schwand	Rothenburg	5/₄	Schillingsfürst	1/₄	Windsheim	8/₄	24	5/₄
Schwand	Schwabach	2/₄	Schwabach	2/₄	Fürth	7/₄	16/₄	12/₄
Schwandmühle	Dinkelsbühl	5/₄	Wassertrüdingen	1/₄	Ansbach	7/₄	17/₄	7/₄
Schwarzenbach	Nürnberg	6°	Altdorf	1/₄	Nürnberg	6/₄	16/₄	17
Schwarzenberg	Scheinfeld	/₄	Scheinfeld	/₄	Windsheim	6	34/₄	15
Schwarzendrud	Nürnberg	5	Altdorf	2/₄	Nürnberg	5	15/₄	14/₄
Schwarzenmühle	M. Rothenburg	/₄	El. Rothenburg	/₄	Windsheim	8/₄	29/₄	10/₄
Schwarzenmühle (Finsterheim)	Scheinfeld	4/₄	Ibart	3/₄	Windsheim	8/₄	37/₄	17/₄
Schwarzenmühle (Mönchfenheim)	Scheinfeld	4/₄	Ibart	3/₄	Windsheim	9/₄	35/₄	16/₄
Schwebheim	Uffenheim	3	Windsheim	1/₄	Windsheim	1/₄	27/₄	8

5 *

Namen der Orte.	Bezirksamt.	Stunden.	Landgericht.	Stunden.	Bezirksgericht.	Stunden.	Appell.-Ger.-Bezirk.	Schw.-Ger.-Bezirk.	Stunden.
Schweigersdorf	Beilngries	1¾	Beilngries	1¾	Eichstädt	10⅜	10⅜	22⅜	
Schweigersdorf-winden	Rolhenburg	3⅜	Schillingsfürst	⅜	Windsheim	8⅜	26⅜	7	
Schweina	Gunzenhausen	1¼	Gunzenhausen	1¼	Ansbach	6⅜	13⅜	6⅜	
Schweinau	Nürnberg	1	Nürnberg	1	Nürnberg	1	20⅜	11	
Schweinsdorf	Rolhenburg	1¼	Rolhenburg	1¼	Windsheim	5⅜	28⅜	9	
Schwimmbach	Beilngries	6¼	Greding	3⅜	Eichstädt	7⅜	7⅜	17⅜	
Sebastian Sct.	M. Nürnberg	⅜	St. Nürnberg	⅜	Nürnberg	⅜	21⅜	12	
Seckendorf	Fürth	3	Cadolzburg	⅜	Fürth	3	24⅜	8⅜	
See	Hersbruck	2¼	Hersbruck	2¼	Nürnberg	10⅜	22⅜	22⅜	
Seekerlarbrei-mühle	Scheinfeld	4⅜	Bibart	3¼	Windsheim	8⅜	36⅜	17⅜	
Seebronn	Feuchtwangen	5	Herrieden	1¾	Ansbach	2⅜	19⅜	2⅜	
Seegringen	Dinkelsbühl	⅜	Dinkelsbühl	⅜	Ansbach	11⅜	22	11⅜	
Seehäusel	Rolhenburg	1¼	Rolhenburg	1¼	Windsheim	5⅜	28⅜	9	
Seehaus	Scheinfeld	4¼	Bibart	3¼	Windsheim	2⅜	31⅜	11⅜	
Seehof	Scheinfeld	3¼	Bibart	2¼	Windsheim	7⅜	36	16⅜	
Seeligenstadt	Gunzenhausen	3⅜	Gunzenhausen	3⅜	Ansbach	6	18⅜	6	
Seemannsmühle	Weißenburg	2⅜	Ellingen	2	Eichstädt	10	10	12⅜	
Seemühle	Ansbach	2⅜	Ansbach	2⅜	Ansbach	2⅜	22	2⅜	
Seemühle	Rolhenburg	3⅜	Rolhenburg	3⅜	Windsheim	3⅜	26⅜	9	
Seemühle (Orsthrim)	Rolhenburg	2⅜	Schillingsfürst	1⅜	Windsheim	10	29	9⅜	
Seemühle (Bettringen)	Rolhenburg	3⅜	Schillingsfürst	2⅜	Windsheim	11⅜	30	10⅜	
Seenheim	Uffenheim	1⅞	Uffenheim	1⅞	Windsheim	2⅜	29⅜	9⅜	
Seerammsmühle	Scheinfeld	3⅜	Scheinfeld	3⅜	Windsheim	9⅜	58⅜	18⅜	
Segenhurth	Eichstädt	5⅜	Eichstädt	5⅜	Eichstädt	5⅜	5⅜	24	
Seibolsstetten	Hersbruck	3⅜	Hersbruck	3⅜	Nürnberg	10⅜	21⅜	22⅜	
Seidelsdorf	Dinkelsbühl	⅜	Dinkelsbühl	⅜	Ansbach	10⅜	22	10⅜	
Seidenbuch	Scheinfeld	1⅜	Scheinfeld	1⅜	Windsheim	7	34⅜	16⅜	
Seidenzell	Feuchtwangen	2	Feuchtwangen	2	Ansbach	9	24	9	
Seidendorf	Heilsbronn	1⅜	Heilsbronn	1⅜	Ansbach	6⅜	18⅜	8⅜	
Seidersdorf	Gunzenhausen	2⅜	Gunzenhausen	2⅜	Ansbach	7⅜	13	7⅜	
Selingsdorf	Feuchtwangen	4⅜	Herrieden	1⅜	Ansbach	4⅜	18⅜	4⅜	
Seubelbach	Hersbruck	1⅜	Hersbruck	1⅜	Nürnberg	7⅜	28⅜	19⅜	
Sengelhof	Rolhenburg	3	Schillingsfürst	1⅜	Windsheim	7⅜	26⅜	7	
Sengersberg	Neustadt	2⅜	Neustadt	2⅜	Windsheim	6⅜	31⅜	11⅜	
Seubersdorf	Neustadt	6⅜	Gritbach	3⅜	Windsheim	7⅜	27⅜	8	
Seubeldshof	Hersbruck	4¼	Lauf	⅜	Nürnberg	5⅜	24⅜	17	
Seubrishof	Scheinfeld	2⅜	Scheinfeld	2⅜	Windsheim	7⅜	35⅜	16⅜	

Namen der Orte.	Einverleibt dem Bezirksamte.	Stunden.	Landgerichte.	Stunden.	Bezirksgerichte.	Stunden.	Entfernung vom Sitze bei Appell.-Ger. Eichstädt (Stunden)	Handels-Ger. Ansbach (Stunden)
Seckendorf	Fürth	$2\frac{4}{8}$	Cadolzburg	1	Fürth	$2\frac{6}{8}$	$24\frac{6}{8}$	$9\frac{4}{8}$
Semmersholz	Eichstädt	2	Eichstädt	2	Eichstädt	2	2	$18\frac{4}{8}$
Sichersdorf	Fürth	$3\frac{2}{8}$	Cadolzburg	$3\frac{2}{8}$	Fürth	$3\frac{6}{8}$	$20\frac{4}{8}$	8
Sickersdorf	Feuchtwangen	$2\frac{6}{8}$	Feuchtwangen	$2\frac{6}{8}$	Ansbach	6	20	6
Siebenbronnenmühle	Weißenburg	$\frac{6}{8}$	Weißenburg	$\frac{6}{8}$	Eichstädt	$6\frac{6}{8}$	$6\frac{6}{8}$	13
Siechenmühle	M. Rothenburg	$\frac{6}{8}$	St. Rothenburg	$\frac{6}{8}$	Windsheim	$7\frac{7}{8}$	$29\frac{4}{8}$	$9\frac{6}{8}$
Siechenwirth	Weißenburg	$\frac{1}{8}$	Weißenburg	$\frac{1}{8}$	Eichstädt	$6\frac{6}{8}$	$6\frac{6}{8}$	$13\frac{4}{8}$
Siechhaus	M. Dinkelsbühl	$\frac{1}{8}$	St. Dinkelsbühl	$\frac{4}{8}$	Ansbach	$10\frac{4}{8}$	21	$10\frac{6}{8}$
Siechhaus	M. Rothenburg	$\frac{6}{8}$	St. Rothenburg	$\frac{6}{8}$	Windsheim	$7\frac{7}{8}$	$28\frac{4}{8}$	$9\frac{6}{8}$
Sinbelbach	Neustadt	$3\frac{4}{8}$	Erlbach	$1\frac{6}{8}$	Windsheim	$5\frac{6}{8}$	$28\frac{6}{8}$	9
Siegelsdorf	Fürth	$2\frac{6}{8}$	Fürth	$2\frac{6}{8}$	Fürth	$2\frac{6}{8}$	25	$10\frac{4}{8}$
Siegersdorf	Hersbruck	$3\frac{1}{8}$	Lauf	$2\frac{6}{8}$	Nürnberg	$7\frac{6}{8}$	$25\frac{6}{8}$	19
Sieglitzberg	Hersbruck	$3\frac{4}{8}$	Hersbruck	$3\frac{6}{8}$	Nürnberg	11	$26\frac{4}{8}$	23
Sieglitzhof	Erlangen	$\frac{6}{8}$	Erlangen	$\frac{1}{8}$	Fürth	$5\frac{4}{8}$	$25\frac{6}{8}$	$10\frac{6}{8}$
Sieglitzhof	Hersbruck	$3\frac{6}{8}$	Hersbruck	$3\frac{6}{8}$	Nürnberg	$11\frac{4}{8}$	$27\frac{6}{8}$	$23\frac{4}{8}$
Silbermühle	Ansbach	$1\frac{6}{8}$	Ansbach	$1\frac{6}{8}$	Ansbach	$1\frac{7}{8}$	$18\frac{6}{8}$	$1\frac{6}{8}$
Silbermühle	Weißenburg	$\frac{6}{8}$	Weißenburg	$\frac{1}{8}$	Eichstädt	$6\frac{6}{8}$	$6\frac{6}{8}$	$12\frac{6}{8}$
Simbach	Beilngries	$3\frac{6}{8}$	Beilngries	$3\frac{6}{8}$	Eichstädt	$13\frac{6}{8}$	$13\frac{6}{8}$	25
Simmelsberg	Hersbruck	$5\frac{1}{8}$	Lauf	2	Nürnberg	$3\frac{6}{8}$	$25\frac{4}{8}$	$15\frac{4}{8}$
Simmelsdorf	Hersbruck	$4\frac{6}{8}$	Lauf	$3\frac{6}{8}$	Nürnberg	8	26	$19\frac{6}{8}$
Simmershofen	Uffenheim	$2\frac{6}{8}$	Uffenheim	$2\frac{6}{8}$	Windsheim	$6\frac{6}{8}$	$32\frac{6}{8}$	$12\frac{6}{8}$
Simonsmühle	Uffenheim	$2\frac{1}{8}$	Uffenheim	$2\frac{1}{8}$	Windsheim	$2\frac{4}{8}$	$28\frac{6}{8}$	9
Simonshofen	Hersbruck	$4\frac{1}{8}$	Lauf	$1\frac{6}{8}$	Nürnberg	$5\frac{6}{8}$	25	$17\frac{6}{8}$
Simmenmühle	Gunzenhausen	$1\frac{6}{8}$	Heidenheim	2	Eichstädt	$14\frac{6}{8}$	$14\frac{6}{8}$	$9\frac{6}{8}$
Sinnbronn	Dinkelsbühl	$1\frac{6}{8}$	Dinkelsbühl	$1\frac{6}{8}$	Ansbach	12	$19\frac{6}{8}$	12
Sintmannsbach	Neustadt	$4\frac{6}{8}$	Neustadt	$4\frac{1}{8}$	Windsheim	$7\frac{7}{8}$	32	$12\frac{4}{8}$
Sippelmühle	Beilngries	5	Beilngries	5	Eichstädt	$14\frac{6}{8}$	$14\frac{6}{8}$	26
Sittlingen	Dinkelsbühl	1	Dinkelsbühl	1	Ansbach	$11\frac{4}{8}$	$21\frac{4}{8}$	$11\frac{4}{8}$
Sixtmühle	Neustadt	$2\frac{4}{8}$	Erlbach	$2\frac{6}{8}$	Windsheim	$7\frac{1}{8}$	$29\frac{6}{8}$	$10\frac{6}{8}$
Söddelbrunn	Rothenburg	$1\frac{6}{8}$	Rothenburg	$1\frac{6}{8}$	Windsheim	$7\frac{1}{8}$	28	$8\frac{6}{8}$
Solenhofen	Weißenburg	6	Pappenheim	2	Eichstädt	$4\frac{6}{8}$	$4\frac{6}{8}$	$17\frac{7}{8}$
Sollngriesbach	Beilngries	3	Beilngries	3	Eichstädt	12	12	29
Sommerau	Feuchtwangen	$\frac{6}{8}$	Feuchtwangen	$\frac{6}{8}$	Ansbach	$7\frac{6}{8}$	$22\frac{6}{8}$	$7\frac{6}{8}$
Sommerkeller	Weißenburg	$1\frac{6}{8}$	Ellingen	$\frac{6}{8}$	Eichstädt	8	8	$12\frac{6}{8}$
Sommerkellerhäuser	Weißenburg	$\frac{6}{8}$	Weißenburg	$\frac{6}{8}$	Eichstädt	$5\frac{4}{8}$	$5\frac{4}{8}$	14
Sommersdorf	Feuchtwangen	$6\frac{4}{8}$	Herrieden	$2\frac{6}{8}$	Ansbach	$3\frac{6}{8}$	$17\frac{6}{8}$	$3\frac{6}{8}$
Sondernohe	Ansbach	$6\frac{1}{8}$	Ansbach	$5\frac{1}{8}$	Ansbach	$5\frac{1}{8}$	$24\frac{6}{8}$	$6\frac{6}{8}$
Sontheim	Uffenheim	$4\frac{6}{8}$	Windsheim	$1\frac{6}{8}$	Windsheim	$1\frac{6}{8}$	26	$6\frac{6}{8}$
Sorg	Schwabach	$2\frac{4}{8}$	Schwabach	$2\frac{4}{8}$	Fürth	$5\frac{4}{8}$	18	$12\frac{4}{8}$

Namen der Orte.	Einverleibt dem Bezirksamte.	Stunden.	Landgerichte.	Stunden.	Bezirksgerichte.	Stunden.	Entfernung vom Sitze des Appell.-Ger. Eichstädt. Stunden.	Schw.-Ger. Ansbach. Stunden.
Sorghof	Gunzenhausen	2 4/8	Gunzenhausen	2 3/8	Ansbach	10	10 4/8	10
Sornhüll	Beilngries	6	Greding	5	Eichstädt	3	3	21 5/8
Spagenhof	Gunzenhausen	3 6/8	Gunzenhausen	3 6/8	Ansbach	9 6/8	11 6/8	9 6/8
Spalt	Schwabach	6 4/8	Roth	5 1/8	Fürth	11 6/8	18	9
Sperdorf	Erlangen	1 3/8	Erlangen	1 3/8	Fürth	4 6/8	28	16 3/8
Speckheim	Heilsbronn	3 6/8	Heilsbronn	3 6/8	Ansbach	6 6/8	16 4/8	6 6/8
Speierhof	Rothenburg	2 6/8	Rothenburg	2 6/8	Windsheim	8	28 4/8	7
Speikern	Hersbruck	2 1/8	Lauf	1 4/8	Nürnberg	6 6/8	25 6/8	18
Sperbersbach.	Feuchtwangen	1 4/8	Feuchtwangen	1 6/8	Ansbach	7 6/8	23 6/8	7 6/8
Sperberslohe	Eichstädt	2 1/8	Eichstädt	2 1/8	Eichstädt	2 1/8	2 1/8	18
Sperberslohe	Schwabach	4 1/8	Schwabach	4 1/8	Fürth	6 6/8	18 4/8	14 6/8
Spielberg	Ansbach	4 2/8	Leutershausen	4	Ansbach	4 6/8	23 6/8	4 6/8
Spielberg	Gunzenhausen	2 4/8	Heidenheim	1 6/8	Eichstädt	13 6/8	13 6/8	10
Spitalhof	Nürnberg	1 4/8	Nürnberg	1 6/8	Nürnberg	1 4/8	23	18 6/8
Spitzgarten s. Rupprechtsgarten								
Stadel	Feuchtwangen	3	Herrieden	1 6/8	Ansbach	4 1/8	20 6/8	4 4/8
Stadelhof	Fürth	6/8	Fürth	6/8	Fürth	6/8	28	12 6/8
Stadelhof	Neustadt	3	Erlbach	3	Windsheim	7 6/8	30 6/8	10 6/8
Stadelhof	Weißenburg	1 6/8	Pappenheim	2 7/8	Eichstädt	9	9	14 4/8
Stadelhofen	Beilngries	6 6/8	Greding	4	Eichstädt	5	5	18
Stadeln	Fürth	1 6/8	Fürth	1 6/8	Fürth	1 6/8	28 4/8	13 6/8
Stadeln	Gunzenhausen	1 6/8	Gunzenhausen	1 4/8	Ansbach	6	18 4/8	6
Stadtmühle	Feuchtwangen	6 4/8	Herrieden	4 6/8	Ansbach	5	15 6/8	5
Ställe	M. Nürnberg	6/8	St. Nürnberg	4/8	Nürnberg	4/8	21 6/8	11 6/8
Stahlhöfe	Dinkelsbühl	5	Wassertrüdingen	1 6/8	Ansbach	10 6/8	17 4/8	10 6/8
Stahlmühle	Gunzenhausen	5 6/8	Heidenheim	2 7/8	Eichstädt	12 4/8	12 6/8	13 6/8
Stalbrunn	Hersbruck	2 4/8	Hersbruck	2 4/8	Nürnberg	10 6/8	23 4/8	22 4/8
Stammermühle	Fürth	6	Cadolzburg	3 6/8	Fürth	6	23 4/8	5 4/8
Stampfermühle	Beilngries	—	Beilngries	—	Eichstädt	11	11	22 6/8
Staudenhof	Beilngries	1 3/8	Beilngries	1 6/8	Eichstädt	10 1/8	10 6/8	21 6/8
Stauf	Beilngries	7 6/8	Greding	4 4/8	Eichstädt	8	8	16 6/8
Staufersbuch	Beilngries	3	Beilngries	3	Eichstädt	13	13	24 6/8
Stegbruck	Feuchtwangen	3 4/8	Herrieden	6/8	Ansbach	3 6/8	20 6/8	3 6/8
Stegmühle	M. Rothenburg	1/8	St. Rothenburg	1/8	Windsheim	7 6/8	29	9 4/8
Steigmühle	Feuchtwangen	3 6/8	Feuchtwangen	3 6/8	Ansbach	6 1/8	18 6/8	6 6/8
Stein	Nürnberg	1 7/8	Nürnberg	1 7/8	Nürnberg	1 7/8	20 6/8	10
Steinabühl	Gunzenhausen	1 4/8	Gunzenhausen	1 6/8	Ansbach	6 4/8	13 6/8	6 4/8
Steinach	Ansbach	7	Leutershausen	4 4/8	Ansbach	7	27 6/8	7
Steinach	Erlangen	3	Erlangen	3	Fürth	1 6/8	28 6/8	12 6/8
Steinach a. d. Ens	Rothenburg	3 6/8	Rothenburg	3 4/8	Windsheim	3 6/8	28	8 6/8

Namen der Orte.	Einverleibt dem						Entfernung vom Sitze des	
	Bezirksamte.	Stunden.	Landgerichte.	Stunden.	Bezirksgerichte.	Stunden.	Appell.-Ger. Eichstädt	Schw.-Ger. Ansbach
							Stunden.	
Steinacker	Gunzenhausen	1 6/8	Gunzenhausen	1 6/8	Ansbach	9 5/8	13 6/8	9 6/8
Steinbach (Aberndorf)	Ansbach	1 4/8	Ansbach	1 4/8	Ansbach	1 4/8	18 4/8	1 4/8
Steinbach (Grosshaslach)	Ansbach	3 6/8	Ansbach	3 4/8	Ansbach	3 5/8	23 6/8	3 6/8
Steinbach	Feuchtwangen	1 6/8	Feuchtwangen	1 6/8	Ansbach	6 4/8	21 4/8	6 6/8
Steinbach	Feuchtwangen	4 6/8	Herrieden	1 7/8	Ansbach	2 6/8	21	2 6/8
Steinbach	Fürth	4	Cadolzburg	6/8	Fürth	4	29	8
Steinbach	Nürnberg	6 6/8	Altdorf	2 1/8	Nürnberg	6 1/8	15 4/8	17
Steinbach	M. Rothenburg	1	St. Rothenburg	1	Windsheim	8 1/8	30	10 4/8
Steinbach a. d. Holzecke	Rothenburg	5	Schillingsfürst	3 4/8	Windsheim	12 4/8	28	9 4/8
Steinbach	Uffenheim	7 6/8	Windsheim	3 1/8	Windsheim	3 1/8	28 4/8	8 6/8
Steinbächlein	Ansbach	5	Leutershausen	1 1/8	Ansbach	5	23 4/8	5
Steinberg	Rothenburg	5 4/8	Schillingsfürst	1 7/8	Windsheim	8 6/8	23 4/8	5 6/8
Steinberg	Schwabach	3 1/8	Schwabach	3 6/8	Fürth	5	18 6/8	13 4/8
Steinbruch (Kleinschwarzenlohe)	Schwabach	3 1/8	Schwabach	3 6/8	Fürth	5	18 4/8	13 1/8
Steinbruch (Rednitzhembach)	Schwabach	2 1/8	Schwabach	2 1/8	Fürth	7 6/8	16	11 4/8
Steinbühl	Nürnberg	6/8	Nürnberg	6/8	Nürnberg	6/8	21 4/8	11 6/8
Steindl	Beilngries	8	Greding	4 6/8	Eichstädt	8 4/8	6 4/8	16
Steinensittenbach	Hersbruck	3 4/8	Hersbruck	3 4/8	Nürnberg	11	27 4/8	28
Steinersdorf	Ansbach	1 4/8	Ansbach	1 4/8	Ansbach	1 4/8	20 6/8	1 4/8
Steinhardt	Gunzenhausen	5 6/8	Heidenheim	2 6/8	Eichstädt	13 4/8	13 4/8	14
Steinhof	Heilsbronn	1 1/8	Heilsbronn	1 6/8	Ansbach	5 6/8	18 6/8	5 6/8
Steinmühle (Weihenzell)	Ansbach	2 6/8	Ansbach	2 6/8	Ansbach	2 5/8	21 4/8	2 6/8
Steinmühle (Großhebing)	Beilngries	4 6/8	Greding	1 6/8	Eichstädt	6 6/8	6 6/8	18 6/8
Steinmühle (Haag)	Heilsbronn	1 6/8	Heilsbronn	1 6/8	Ansbach	5 6/8	18 6/8	5 6/8
Steinmühle	M. Rothenburg	6/8	St. Rothenburg	6/8	Windsheim	7 4/8	29	9 4/8
Steinmühle	Scheinfeld	4 4/8	Bibart	3 4/8	Windsheim	8 7/8	37 7/8	17 6/8
Steinsfeld	Rothenburg	1 6/8	Rothenburg	1 6/8	Windsheim	5 6/8	29 6/8	10
Steinsfurth	Schwabach	6 4/8	Roth	4 4/8	Fürth	11 6/8	12 4/8	8 6/8
Steinweiler	Dinkelsbühl	2	Dinkelsbühl	2	Ansbach	10 6/8	23 5/8	10 6/8
Sternberg	Beilngries	5 1/8	Beilngries	5 1/8	Eichstädt	14 6/8	14 6/8	26 6/8
Stettberg	Ansbach	5 6/8	Leutershausen	3 6/8	Ansbach	5 6/8	26 4/8	5 6/8

Namen der Orte.	Einverleibt dem Bezirksamte.	Stunden.	Landgerichte.	Stunden.	Bezirksgerichte.	Stunden.	Appel-Ger.	Schwur-Ger.	Stunden.
Stetten	Bellngries	6⁴/₈	Grebing	4	Eichstädt	7⁴/₈	7⁴/₈	16⁴/₈	
Stetten	Gunzenhausen	2²/₈	Gunzenhausen	2²/₈	Ansbach	9⁴/₈	14⁴/₈	9⁴/₈	
Stettenberg	Erlangen	4⁴/₈	Erlangen	4⁴/₈	Fürth	4⁴/₈	28⁴/₈	15⁴/₈	
Stiegelmühle	Schwabach	5⁴/₈	Roth	5⁴/₈	Fürth	10⁴/₈	14⁴/₈	7⁴/₈	
Stierbaum	Beilngries	3⁴/₈	Beilngries	3⁴/₈	Eichstädt	10⁴/₈	10⁴/₈	19⁴/₈	
Sterhöfflelten	Scheinfeld	2⁴/₈	Scheinfeld	2⁴/₈	Windsheim	8	36⁴/₈	16⁴/₈	
Stilzenberf	Rothenburg	4	Schillingsfürst	⁴/₈	Windsheim	9	26⁴/₈	7⁴/₈	
Stinzendorf	Fürth	4⁴/₈	Cadolzburg	1²/₈	Fürth	4⁴/₈	25⁴/₈	8	
Stirn	Weißenburg	4	Ellingen	2⁴/₈	Eichstädt	11	11	11⁴/₈	
Stirenhof	Gunzenhausen	2⁴/₈	Gunzenhausen	2⁴/₈	Ansbach	7⁴/₈	13	7⁴/₈	
Stöckach	Fürth	3⁴/₈	Cadolzburg	2⁴/₈	Fürth	3⁴/₈	21⁴/₈	8	
Stöckach	Neustadt	5	Erlbach	2	Windsheim	5⁴/₈	25⁴/₈	6⁴/₈	
Stöckach	Neustadt	⁴/₈	Neustadt	⁴/₈	Windsheim	4⁴/₈	30	10⁴/₈	
Stöckachmühle	Neustadt	⁴/₈	Neustadt	⁴/₈	Windsheim	4⁴/₈	30⁴/₈	10⁴/₈	
Stockau	Dinkelsbühl	3	Wassertrübingen	4⁴/₈	Ansbach	8	20⁴/₈	8	
Stockheim	Ansbach	4	Ansbach	4	Ansbach	4	23⁴/₈	4	
Stockheim	Gunzenhausen	3⁴/₈	Gunzenhausen	3⁴/₈	Ansbach	9⁴/₈	11⁴/₈	9⁴/₈	
Stockmühle	Dinkelsbühl	6⁴/₈	Wassertrübingen	⁴/₈	Ansbach	8⁴/₈	16	8⁴/₈	
Stöppach	Herabruck	2⁴/₈	Herabruck	2⁴/₈	Nürnberg	10⁴/₈	26⁴/₈	22⁴/₈	
Storzelbach	Weißenburg	2	Ellingen	2⁴/₈	Eichstädt	8⁴/₈	8⁴/₈	11⁴/₈	
Stoffelsmühle	Uffenheim	1⁴/₈	Uffenheim	1⁴/₈	Windsheim	5⁴/₈	31⁴/₈	12⁴/₈	
Stollenhof	Feuchtwangen	3	Feuchtwangen	3	Ansbach	10	25	10	
Stollmühle	Heilbronn	4⁴/₈	Heilbronn	4⁴/₈	Ansbach	5	17⁴/₈	5	
Stolzmühle	Neustadt	6⁴/₈	Erlbach	3⁴/₈	Windsheim	5⁴/₈	25⁴/₈	6	
Stopfenheim	Weißenburg	2⁴/₈	Ellingen	1⁴/₈	Eichstädt	9⁴/₈	9⁴/₈	10⁴/₈	
Stralkrobof	Ansbach	5⁴/₈	Leutershausen	5	Ansbach	5⁴/₈	25	5⁴/₈	
Straßenwirthshaus	Ansbach	2⁴/₈	Ansbach	2⁴/₈	Ansbach	2⁴/₈	21	2⁴/₈	
Straßenwirthshaus	Gunzenhausen	2⁴/₈	Gunzenhausen	2⁴/₈	Ansbach	7⁴/₈	13	7⁴/₈	
Straßhaus	Eichstädt	8⁴/₈	Kipfenberg	2⁴/₈	Eichstädt	8⁴/₈	8⁴/₈	25⁴/₈	
Strauchmühle	Neustadt	4⁴/₈	Erlbach	1⁴/₈	Windsheim	6	26	8⁴/₈	
Streugenberg	Herabruck	3⁴/₈	Lauf	⁴/₈	Nürnberg	4⁴/₈	23⁴/₈	16	
Streuborf	Gunzenhausen	2	Gunzenhausen	2	Ansbach	6	14	6	
Strülthof	Heilbronn	4	Heilbronn	4	Ansbach	2⁴/₈	18⁴/₈	2⁴/₈	
Strüth	Ansbach	1⁴/₈	Ansbach	1⁴/₈	Ansbach	1⁴/₈	20⁴/₈	1⁴/₈	
Stübach	Neustadt	1⁴/₈	Neustadt	1⁴/₈	Windsheim	5⁴/₈	31⁴/₈	12⁴/₈	
Stürzelhof	Nürnberg	6	Altdorf	⁴/₈	Nürnberg	6	16⁴/₈	17⁴/₈	
Stüpenbef	Rothenburg	4⁴/₈	Schillingsfürst	1⁴/₈	Windsheim	10⁴/₈	28⁴/₈	8⁴/₈	
Subberedorf	Heilbronn	2⁴/₈	Heilbronn	2⁴/₈	Ansbach	7	17	7	
Zufferoheim	Weißenburg	2⁴/₈	Pappenheim	2⁴/₈	Eichstädt	5	5	15⁴/₈	

Namen der Orte.	Einverleibt dem Bezirksamte.	Stunden.	Landgerichte.	Stunden.	Bezirksgerichte.	Stunden.	Entfernung vom Sitze des Appell.-Ger. Eichstädt	Schw.-Ger. Ansbach
							Stunden.	
Sugenheim	Scheinfeld	2 6/8	Bibart	1 6/8	Windsheim	3 4/8	31	11 4/8
Sünderlach	Gunzenhausen	6/8	Gunzenhausen	5/8	Ansbach	7 2/8	12 6/8	7 2/8
Sündersbühl	Nürnberg	6/8	Nürnberg	6/8	Nürnberg	6/8	21	11 4/8
Sulz Kloster	Rothenburg	5 4/8	Schillingsfürst	1 6/8	Windsheim	9 4/8	23 6/8	6 4/8
Sulzach	Dinkelsbühl	2 4/8	Dinkelsbühl	2 4/8	Ansbach	9	21	9
Sulzkirchen	Beilngries	5	Beilngries	5	Eichstädt	13	13	20 4/8
Syburg	Weißenburg	4 6/8	Ellingen	4 6/8	Eichstädt	6 4/8	6 4/8	16 2/8
Syrenberg	Scheinfeld	3 4/8	Scheinfeld	3 6/8	Windsheim	9 5/8	36 4/8	17

T.

Taselhof	M. Nürnberg	6/8	St. Nürnberg	4/8	Nürnberg	6/8	22	11 4/8
Taselmühle	Beilngries	6 4/8	Greding	4	Eichstädt	3 6/8	3 6/8	18 6/8
Tanzbärennest	Weißenburg	1/8	Weißenburg	1/8	Eichstädt	5 4/8	5 4/8	14
Tanzenhaid	Neustadt	3	Erlbach	4 5/8	Windsheim	8 6/8	31 4/8	12
Taschendorf	Scheinfeld	2 6/8	Scheinfeld	2 6/8	Windsheim	7 7/8	33 4/8	14
Tauberhof	Fürth	2 6/8	Cadolzburg	1 6/8	Fürth	2 6/8	24 4/8	9 6/8
Tauberbockenfeld	s. Bockenfeld							
Tauberfeld	Eichstädt	3 4/8	Eichstädt	3 4/8	Eichstädt	3 4/8	3 4/8	23
Taubermühle	Rothenburg	3 4/8	Schillingsfürst	2 6/8	Windsheim	11 6/8	30	10 4/8
Tauberschallbach	Feuchtwangen	1/8	Feuchtwangen	1/8	Ansbach	6 4/8	22	6 4/8
Tauberscheckenbach	Rothenburg	2 4/8	Rothenburg	2 4/8	Windsheim	6 6/8	30 6/8	11 6/8
Tauberzell	Rothenburg	3 1/8	Rothenburg	3 1/8	Windsheim	6 6/8	31 6/8	11 6/8
Tauchersreuth	Hersbruck	5 6/8	Lauf	2 6/8	Nürnberg	4 6/8	25 4/8	16
Taugenroth	Feuchtwangen	6 6/8	Herrieden	4	Ansbach	5	15 4/8	5
Tempelhof	Eichstädt	3	Eichstädt	3	Eichstädt	3	3	22 6/8
Tennenlohe	Erlangen	1 6/8	Erlangen	1 6/8	Fürth	3	24	15 6/8
Tennenlohe	Schwabach	1 6/8	Schwabach	1 4/8	Fürth	6 6/8	15 6/8	10 6/8
Thalheim	Hersbruck	3	Hersbruck	3	Nürnberg	11	22 6/8	23
Thalmässing	Beilngries	6	Greding	3 4/8	Eichstädt	7	7	17 6/8
Thalmannsfeld	Weißenburg	4 4/8	Ellingen	4 7/8	Eichstädt	6 4/8	6 4/8	16 6/8
Thann	Beilngries	4 4/8	Beilngries	4 4/8	Eichstädt	14	14	25
Thann	Feuchtwangen	4 6/8	Herrieden	1 6/8	Ansbach	3 6/8	18	3 6/8
Thannbrunn	Beilngries	1	Beilngries	4	Eichstädt	13 4/8	13 4/8	24 4/8
Thannhausen	Gunzenhausen	3	Gunzenhausen	3	Ansbach	10 4/8	10 4/8	10 4/8
Thellenberg	Schwabach	5 4/8	Roth	6 6/8	Fürth	10 6/8	14 4/8	8
Theilenhofen	Gunzenhausen	2 1/8	Gunzenhausen	2 4/8	Ansbach	10	10	10
Theuerbronn	Rothenburg	5	Schillingsfürst	3 1/8	Windsheim	12 6/8	30 6/8	10 6/8
Theuerleinsmühl	Scheinfeld	4	Scheinfeld	4	Windsheim	9 6/8	38 6/8	18 4/8
Thierbach	Ansbach	2 7/8	Ansbach	2 7/8	Ansbach	2 7/8	22 4/8	2 7/8

Namen der Orte	Einverleibt dem						Entfernung vom Sitze des		
	Bezirksamt.	Stunden.	Landgericht.	Stunden.	Bezirksgericht.	Stunden.	Appel.-Ger. Gericht.	Obr.-Ger. Lricht.	Stunden.
Thierberg	Scheinfeld	⁴/₈	Scheinfeld	⁴/₈	Windsheim	6⁴/₈	34	14⁴/₈	
Thiergartenhof	Rothenburg	3¹/₈	Schillingsfürst	⁴/₈	Windsheim	9⁴/₈	27¹/₈	8	
Thierhof	Gunzenhausen	3	Gunzenhausen	3	Ansbach	7⁴/₈	13⁴/₈	7⁴/₈	
Thon	Nürnberg	⁴/₈	Nürnberg	⁴/₈	Nürnberg	⁴/₈	22⁴/₈	12⁴/₈	
Thonhof	Heilsbronn	4⁴/₈	Heilsbronn	4⁴/₈	Ansbach	6⁴/₈	15⁴/₈	6⁴/₈	
Thümenberg	s. Plattnersberg								
Thürnhofen	Feuchtwangen	1⁴/₈	Feuchtwangen	1⁴/₈	Ansbach	8⁴/₈	20⁴/₈	8⁴/₈	
Thurndorf	Eichstädt	6⁴/₈	Kipfenberg	2⁴/₈	Eichstädt	6⁴/₈	6⁴/₈	25⁴/₈	
Thurndorf	Auskach	2⁴/₈	Ansbach	2⁴/₈	Ansbach	2⁴/₈	22	2⁴/₈	
Tiefenbach	Weißenburg	2⁴/₈	Ellingen	1⁴/₈	Eichstädt	9⁴/₈	9⁴/₈	11⁴/₈	
Tiefenthal	Ansbach	2⁴/₈	Ansbach	2⁴/₈	Ansbach	2⁴/₈	22⁴/₈	2⁴/₈	
Tiefweg	Dinkelsbühl	1⁴/₈	Dinkelsbühl	1⁴/₈	Ansbach	11⁴/₈	20	11⁴/₈	
Titting	Beilngries	6⁴/₈	Greding	4	Eichstädt	3⁴/₈	3⁴/₈	19	
Töging	Beilngries	2	Beilngries	2	Eichstädt	12	12	25⁴/₈	
Trabelshof	Neustadt	3⁴/₈	Erlbach	4	Windsheim	8⁴/₈	31⁴/₈	11⁴/₈	
Trachenhöchsten	Heilsbronn	1⁴/₈	Heilsbronn	1⁴/₈	Ansbach	6⁴/₈	18⁴/₈	6⁴/₈	
Tragelsbächert	Neustadt	4⁴/₈	Neustadt	4⁴/₈	Windsheim	8⁴/₈	34⁴/₈	15	
Traisdorf	Rothenburg	4	Schillingsfürst	1⁴/₈	Windsheim	8	26	6⁴/₈	
Traidshöchsten	Neustadt	4⁴/₈	Neustadt	4⁴/₈	Windsheim	8⁴/₈	33	13⁴/₈	
Trautenfurth	Schwabach	6⁴/₈	Roth	5⁴/₈	Fürth	11⁴/₈	13⁴/₈	8⁴/₈	
Trautskirchen	Neustadt	5	Erlbach	2	Windsheim	4	26	6⁴/₈	
Trendel	Gunzenhausen	7	Heidenheim	3⁴/₈	Eichstädt	13⁴/₈	13⁴/₈	14⁴/₈	
Trendelmühle	Dinkelsbühl	2⁴/₈	Dinkelsbühl	2⁴/₈	Ansbach	8⁴/₈	20	6⁴/₈	
Trettendorf	Fürth	4⁴/₈	Cadolzburg	3	Fürth	4⁴/₈	20⁴/₈	7⁴/₈	
Treuchtlingen	Weißenburg	3⁴/₈	Pappenheim	1⁴/₈	Eichstädt	8⁴/₈	8⁴/₈	14⁴/₈	
Trens	Herrsbruck	3⁴/₈	Herrsbruck	3⁴/₈	Nürnberg	11	27⁴/₈	23	
Tribur	Feuchtwangen	1⁴/₈	Feuchtwangen	1⁴/₈	Ansbach	8⁴/₈	23⁴/₈	8⁴/₈	
Triebendorf (Betzendorf)	Heilsbronn	1⁴/₈	Heilsbronn	1⁴/₈	Ansbach	5	21	5	
Triebendorf (Weißenbronn)	Heilsbronn	1⁴/₈	Heilsbronn	1⁴/₈	Ansbach	6⁴/₈	17⁴/₈	6⁴/₈	
Triesdorf	Feuchtwangen	6⁴/₈	Herrieden	4	Ansbach	3⁴/₈	16⁴/₈	3⁴/₈	
Trommetsheim	Weißenburg	2⁴/₈	Ellingen	3	Eichstädt	9⁴/₈	9⁴/₈	11⁴/₈	
Trübenbronn	Neustadt	3⁴/₈	Erlbach	2⁴/₈	Windsheim	7⁴/₈	29⁴/₈	10⁴/₈	
Tuchenbach	Fürth	3⁴/₈	Fürth	3⁴/₈	Fürth	3⁴/₈	25⁴/₈	11	
Tulnau	Nürnberg	⁴/₈	Nürnberg	⁴/₈	Nürnberg	⁴/₈	22⁴/₈	12⁴/₈	

U.

Namen der Orte	Einverleibt dem						Entfernung vom Sitze des		
Uebermatzhofen	Weißenburg	4⁴/₈	Pappenheim	1⁴/₈	Eichstädt	7	7	17⁴/₈	
Ueberschlagmühle	Feuchtwangen	⁴/₈	Feuchtwangen	⁴/₈	Ansbach	7⁴/₈	22⁴/₈	7⁴/₈	

Namen der Orte.	Einverleibt dem Bezirksamte.	Stunden.	Landgerichte.	Stunden.	Bezirksgerichte.	Stunden.	Entfernung vom Sitze des Appell.-Ger. Eichstädt (Stunden)	Schw.-Ger. Ansbach (Stunden)
Uehlfeld	Neustadt	4 4/8	Neustadt	4 4/8	Windsheim	8 1/8	34	14 6/8
Uffenheim	Uffenheim	—	Uffenheim	—	Windsheim	4 4/8	30 6/8	10 6/8
Uhlenmühle	Rothenburg	3 6/8	Rothenburg	3 1/8	Windsheim	6 4/8	31 6/8	11 6/8
Ulgenau	Schwabach	6/8	Schwabach	6/8	Fürth	5 6/8	16 6/8	10 6/8
Ullstadt	Scheinfeld	1 6/8	Bibart	2	Windsheim	4 6/8	32 6/8	13
Ulrich Ect. (Kühlelsbach)	Dinkelsbühl	1	Dinkelsbühl	1	Ansbach	11 4/8	21 6/8	11 4/8
Ulrich Ect.	Feuchtwangen	6/8	Feuchtwangen	6/8	Ansbach	7 4/8	22 6/8	7 6/8
Uffenheim	Uffenheim	1 6/8	Uffenheim	1 4/8	Windsheim	4 4/8	30 6/8	11
Undungsmühle	Neustadt	3 4/8	Neustadt	3 1/8	Windsheim	7 6/8	39 6/8	14 6/8
Ungelstetten	Nürnberg	5	Altdorf	1 4/8	Nürnberg	5	17 6/8	16 6/8
Ungetsheim	Feuchtwangen	2 6/8	Feuchtwangen	2 6/8	Ansbach	7 6/8	24 1/8	7 6/8
Ungerthal	Schwabach	1 6/8	Schwabach	1 4/8	Fürth	6 6/8	15 6/8	10 6/8
Unsinnigmühle	M. Dinkelsbühl	6/8	St. Dinkelsbühl	4/8	Ansbach	10	21 6/8	10 …
Unterachtel	Hersbruck	4 6/8	Lauf	4 1/8	Nürnberg	9	27	20 6/8
Unterahorn	Feuchtwangen	1 6/8	Feuchtwangen	1 6/8	Ansbach	8	20 6/8	8
Unteraichenbach	Ansbach	1 1/8	Ansbach	1 1/8	Ansbach	1 1/8	18 6/8	1 1/8
Unteralbach	Neustadt	3	Erlbach	3 6/8	Windsheim	8 1/8	30 4/8	11
Unteraltenbernheim	Uffenheim	7 6/8	Windsheim	3 6/8	Windsheim	3 6/8	25 4/8	6
Unterampfrach	Feuchtwangen	2 4/8	Feuchtwangen	2 4/8	Ansbach	9 6/8	24 4/8	8 6/8
Unterartelshofen	Hersbruck	3 4/8	Hersbruck	3 4/8	Nürnberg	11 6/8	26 6/8	23 6/8
Unterasbach	Fürth	2	Fürth	2	Fürth	2	20 6/8	10 6/8
Unterasbach	Gunzenhausen	1 1/8	Gunzenhausen	1 1/8	Ansbach	8 6/8	11 6/8	8 6/8
Unterbreitenau	Ansbach	6 6/8	Leutershausen	3 1/8	Ansbach	6 6/8	25 6/8	6 6/8
Unterbreitenlohe	Weißenburg	4 6/8	Ellingen	3 6/8	Eichstädt	11 6/8	11 6/8	10 6/8
Unterbruch	s. Weihersbuch							
Unterbächlein	Fürth	3 6/8	Cadolzburg	3 6/8	Fürth	3 6/8	20 4/8	8 6/8
Unterbürg	Nürnberg	1 6/8	Nürnberg	1 6/8	Nürnberg	1 6/8	23 6/8	13 4/8
Unterbachmühle	Weißenburg	2 4/8	Pappenheim	2 4/8	Eichstädt	5	5	16
Unterdallersbach	Feuchtwangen	1 6/8	Feuchtwangen	1 6/8	Ansbach	6 6/8	22 6/8	6 6/8
Unterdautenwinden	Ansbach	2	Ansbach	2	Ansbach	2	19 4/8	2
Unterdembach	Schwabach	2 4/8	Schwabach	2 4/8	Fürth	2 6/8	19 6/8	10 6/8
Untere Blasenmühle	Gunzenhausen	3 6/8	Heidenheim	2 6/8	Eichstädt	11 6/8	11 6/8	11 6/8
Untere Glasschleife	Schwabach	2 6/8	Roth	4/8	Fürth	8	15 6/8	11 6/8
Unteremmendorf	Eichstädt	7 6/8	Kipfenberg	2 6/8	Eichstädt	7 6/8	7 6/8	23 6/8
Untere Mühle (Unterbibart)	Ansbach	4 6/8	Ansbach	4 6/8	Ansbach	4 6/8	24 6/8	4 6/8

Namen der Orte.	Einverleibt dem						
	Bezirksamte.	Stunden.	Landgerichte.	Stunden.	Bezirksgerichte.	Stunden.	

Untere Mühle (Großhaslach) — Ansbach — 3⁰/₀ Ansbach — 3⁰/₀ Ansbach — 3⁰/₀ 23⁰/₀ 3⁰/₀
Untere Mühle (Dilgersdorf) — Rothenburg — 4⁰/₀ Schillingsfürst — 1¹/₂ Windsheim — 9 25⁰/₀ 6⁰/₀
Untere Mühle (Bibart) — Scheinfeld — 1 Bibart — — Windsheim — 5⁰/₀ 32⁰/₀ 13⁰/₀
Untere Mühle (Hellmitzheim) — Scheinfeld — 3⁰/₀ Bibart — 2⁰/₀ Windsheim — 8⁰/₀ 56⁰/₀ 17⁰/₀
Untere Mühle (Appenfelden) — Scheinfeld — 2⁰/₀ Scheinfeld — 2⁰/₀ Windsheim — 8⁰/₀ 36⁰/₀ 17⁰/₀
Untere Mühle (Rohr) — Schwabach — 2⁰/₀ Schwabach — 2⁰/₀ Fürth — 5⁰/₀ 18⁰/₀ 7⁰/₀
Untererlbach — Schwabach — 5⁰/₀ Roth — 6⁰/₀ Fürth — 11 14⁰/₀ 8⁰/₀
Unterreichenbach — Heilsbronn — 4 Heilsbronn — 4 Ansbach — 6⁰/₀ 15⁰/₀ 6⁰/₀
Untere Ballmühle — Ansbach — 2 Ansbach — 2 Ansbach — 2 18⁰/₀ 2
Untere Papiermühle — Welzeuburg — 2⁰/₀ Pappenheim — 1⁰/₀ Eichstädt — 7⁰/₀ 7⁰/₀ 15⁰/₀
Unterfarrnbach — Fürth — ⁰/₀ Fürth — ⁰/₀ Fürth — ⁰/₀ 23⁰/₀ 12⁰/₀
Unterfeldbrecht — Neustadt — 5⁰/₀ Erlbach — 2⁰/₀ Windsheim — 4⁰/₀ 25⁰/₀ 5⁰/₀
Unterfelden — Ansbach — 4⁰/₀ Leutershausen — 2⁰/₀ Ansbach — 4⁰/₀ 25 4⁰/₀
Unterkrieben — Nürnberg — 6⁰/₀ Altdorf — 2⁰/₀ Nürnberg — 6⁰/₀ 15 16⁰/₀
Unterfichtenmühle — Schwabach — 1¹/₂ Schwabach — 1¹/₂ Fürth — 7 16 12
Unterfürberg — Fürth — ⁰/₀ Fürth — ⁰/₀ Fürth — ⁰/₀ 22⁰/₀ 12⁰/₀
Untergailnau — f. Gailnau Unter
Unterglasmühle — Feuchtwangen — 1⁰/₀ Feuchtwangen — 1⁰/₀ Ansbach — 6 23⁰/₀ 6
Unterhaidmühle — Eichstädt — 4⁰/₀ Eichstädt — 4⁰/₀ Eichstädt — 4⁰/₀ 4⁰/₀ 25⁰/₀
Unterhambach — Gunzenhausen — 1¹/₀ Gunzenhausen — 1¹/₀ Ansbach — 9⁰/₀ 14 9⁰/₀
Unterhambacher Mühle — Gunzenhausen — 1⁰/₀ Gunzenhausen — 1⁰/₀ Ansbach — 9⁰/₀ 13⁰/₀ 9⁰/₀
Unterhedenhofen — Schwabach — 4⁰/₀ Roth — 1⁰/₀ Fürth — 10 19⁰/₀ 10⁰/₀
Unterhegenau — Ansbach — 4⁰/₀ Leutershausen — 2⁰/₀ Ansbach — 4⁰/₀ 25⁰/₀ 4⁰/₀
Unterheibelbach — Nürnberg — 5⁰/₀ Altdorf — 2⁰/₀ Nürnberg — 5⁰/₀ 18⁰/₀ 17⁰/₀
Unterhebbach — Ansbach — 2⁰/₀ Ansbach — 2⁰/₀ Ansbach — 2⁰/₀ 22 2⁰/₀
Unterheumödern — Gunzenhausen — 6⁰/₀ Heidenheim — 4⁰/₀ Eichstädt — 9⁰/₀ 9⁰/₀ 14⁰/₀
Unterhinterhof — Feuchtwangen — 2⁰/₀ Feuchtwangen — 2⁰/₀ Ansbach — 9⁰/₀ 24⁰/₀ 9⁰/₀
Unterickelsheim — Uffenheim — 2⁰/₀ Uffenheim — 2⁰/₀ Windsheim — 6⁰/₀ 33⁰/₀ 13⁰/₀
Unterfeierberg — Feuchtwangen — 2⁰/₀ Feuchtwangen — 2⁰/₀ Ansbach — 7⁰/₀ 20 7⁰/₀
Unterkesselberg — Bellugries — 6⁰/₀ Greding — 4⁰/₀ Eichstädt — 4⁰/₀ 4⁰/₀ 18⁰/₀
Unterklingen — Dinkelsbühl — 3¹/₂ Dinkelsbühl — 3⁰/₀ Ansbach — 11⁰/₀ 19⁰/₀ 11⁰/₀

Namen der Orte.	Einverleibt dem Bezirksamte.	Stunden.	Landgerichte.	Stunden.	Bezirksgerichte.	Stunden.	Entfernung vom Sitze des Appell.-Ger. Eichstädt (Stunden)	Entfernung vom Sitze des [illegible]-Ger. Ansbach (Stunden)
Unterkönigshofen	Dinkelsbühl	5	Wassertrüdingen	4 4/8	Ansbach	5 1/8	19 6/8	5 4/8
Unterkrumbach	Hersbruck	1	Hersbruck	1	Nürnberg	6 1/8	24 6/8	20 3/8
Unterkrappach	Hersbruck	1 6/8	Hersbruck	1 6/8	Nürnberg	7 6/8	20 4/8	20
Unterlaimbach	Scheinfeld	1	Scheinfeld	1	Windsheim	4 6/8	33	13 4/8
Unterleimbach	Schwabach	1 1/8	Schwabach	1 1/8	Fürth	4 1/8	18	9 6/8
Unterlindelburg	Nürnberg	6	Altdorf	2 3/8	Nürnberg	6	14 6/8	15 3/8
Untermainbach	Schwabach	1 1/8	Schwabach	1 4/8	Fürth	6 6/8	16	11 6/8
Untermässing	Beilngries	4 6/8	Greding	2 7/8	Eichstädt	10	10	18
Untermaidlingen	Dinkelsbühl	1	Dinkelsbühl	1	Ansbach	10 6/8	22 3/8	10 6/8
Untermichelbach	Dinkelsbühl	3 3/8	Dinkelsbühl	3 6/8	Ansbach	9 3/8	18	9 4/8
Untermichelbach	Fürth	2 6/8	Fürth	2 4/8	Fürth	2 6/8	25 4/8	11 4/8
Untermimberg	Nürnberg	5 4/8	Altdorf	2	Nürnberg	5 6/8	15 3/8	15 6/8
Untermöckenlohe	Eichstädt	3	Eichstädt	3	Eichstädt	3	3	22 4/8
Untermosbach	Feuchtwangen	3	Feuchtwangen	3	Ansbach	6 6/8	19	6 6/8
Untermühle	Beilngries	1/8	Beilngries	1/8	Eichstädt	10	10	23 3/8
Untermühle	Gunzenhausen	6	Heidenheim	2 3/8	Eichstädt	10	10	14
Untermühle (Ehpreichshausen)	Uffenheim	2 3/8	Uffenheim	2 4/8	Windsheim	7	33 6/8	18 6/8
Unternbibert	Ansbach	4 6/8	Ansbach	4 6/8	Ansbach	4 6/8	24 1/8	4 6/8
Unternesselbach	Neustadt	2 3/8	Neustadt	2 3/8	Windsheim	1	32 6/8	13
Unternordenberg	Rothenburg	2 7/8	Rothenburg	2 3/8	Windsheim	4 7/8	28 6/8	9
Unterntief	Uffenheim	4	Windsheim	1 6/8	Windsheim	1 6/8	26 6/8	9 6/8
Unternzenn	Ansbach	6	Leutershausen	6 6/8	Ansbach	6–	26 4/8	6
Unteroestheim	Rothenburg	3	Schillingsfürst	1 6/8	Windsheim	10 6/8	28 6/8	9 7/8
Unterradach	Dinkelsbühl	1 6/8	Dinkelsbühl	1 4/8	Ansbach	9 6/8	23	9 6/8
Unterransbach	Feuchtwangen	1 3/8	Feuchtwangen	1 3/8	Ansbach	7 1/8	25 6/8	7 3/8
Unterreichenbach	Schwabach	6/8	Schwabach	3/8	Fürth	5 6/8	17	8 6/8
Unterrieden	Nürnberg	7 3/8	Altdorf	1	Nürnberg	7 3/8	18	18 4/8
Unterrimbach	Scheinfeld	3	Scheinfeld	3	Windsheim	7 3/8	35	15 [illegible]
Unter Rosenbach	s. Rosenbach							
Unterroßbach	Neustadt	1 6/8	Neustadt	1 3/8	Windsheim	3 6/8	30	10 1/8
Unterrothmühle	Feuchtwangen	6/8	Feuchtwangen	6/8	Ansbach	7	22 3/8	7
Untersachsen	Neustadt	1 6/8	Neustadt	1 6/8	Windsheim	6	31	11 4/8
Unterschlauersbach	Fürth	5 6/8	Cadolzburg	3 6/8	Fürth	5 6/8	24	5 6/8
Unterschöllenbach	Erlangen	3 6/8	Erlangen	3 4/8	Fürth	6	26 4/8	17
Unterschönau	Feuchtwangen	6 4/8	Herrieden	4 4/8	Ansbach	5 4/8	15	5 6/8
Unterschwaningen	Dinkelsbühl	6 4/8	Wassertrüdingen	1 4/8	Ansbach	7 4/8	16 6/8	7 4/8
Unterschweinach	Neustadt	7/8	Neustadt	7/8	Windsheim	4 4/8	29 6/8	10 6/8
Untersdorf	Hersbruck	4 4/8	Lauf	2 6/8	Nürnberg	7 6/8	25 6/8	19

Namen der Orte.	Einverleibt dem Bezirksamte.	Stunden.	Landgerichte.	Stunden.	Bezirksgerichte.	Stunden.	Entfernung vom Sitze des Appell.-Ger. Eichstädt (Stunden.)	Schw.-Ger. Ansbach (Stunden.)
Untersteinbach (Belmbrach)	Schwabach	4 4/8	Roth	1 1/8	Fürth	9 6/8	13 4/8	11 6/8
Untersteinbach (Obersteinbach)	Schwabach	5 1/8	Roth	3	Fürth	10 6/8	18 3/8	9 4/8
Unterstrahlbach	Neustadt	3/8	Neustadt	3/8	Windsheim	5 1/8	30 2/8	10 3/8
Untersulzbach	Ansbach	3 4/8	Leutershausen	3 4/8	Ansbach	3 4/8	23	3 4/8
Unterulsenbach	Neustadt	3 3/8	Erlbach	1 1/8	Windsheim	5 7/8	27 6/8	8 6/8
Unterveilhof	Nürnberg	3/8	Nürnberg	6/8	Nürnberg	3/8	22 1/8	10 4/8
Unterweihersbuch	Nürnberg	2 3/8	Nürnberg	2 3/8	Nürnberg	2 1/8	20	9 3/8
Unterwellitz-leithen	Nürnberg	6 3/8	Altdorf	4/8	Nürnberg	6 1/8	17 4/8	17 4/8
Unterwindsberg	Hersbruck	5 1/8	Lauf	3 3/8	Nürnberg	8 1/8	26 4/8	20 3/8
Unterwinnstetten	Dinkelsbühl	1/8	Dinkelsbühl	1/8	Ansbach	11 6/8	22 3/8	11 6/8
Unterwörnitz	Rothenburg	4 3/8	Schillingsfürst	1 6/8	Windsheim	10 4/8	28 6/8	8
Unterwolkersdorf	Schwabach	1 7/8	Schwabach	1 3/8	Fürth	4	18 3/8	10 4/8
Unterwurmbach	Gunzenhausen	4/8	Gunzenhausen	7/8	Ansbach	8 1/8	12 6/8	8 6/8
Untreumühle	Ansbach	4 3/8	Leutershausen	4/8	Ansbach	4 1/8	23 6/8	4 6/8
Urbansmühle	Feuchtwangen	3 1/8	Feuchtwangen	3 3/8	Ansbach	7 1/8	19 6/8	7 7/8
Urfersheim	Uffenheim	4	Windsheim	1 3/8	Windsheim	1 6/8	27 7/8	7 6/8
Urphertshofen	Ansbach	5 3/8	Leutershausen	5 1/8	Ansbach	5 4/8	25 6/8	5 6/8
Urphertshofen	Rothenburg	2 4/8	Rothenburg	2 4/8	Windsheim	5	29	9 4/8
Ursheim	Gunzenhausen	6 6/8	Heidenheim	2 3/8	Eichstädt	13	13	14
Uttenhofen	Uffenheim	1	Uffenheim	1	Windsheim	4	30 6/8	10 6/8
Uttenreuth	Erlangen	1 4/8	Erlangen	1 4/8	Fürth	5 4/8	25 4/8	17 7/8
Utzenmühle	Heilsbronn	4	Heilsbronn	4	Ansbach	5 4/8	17 6/8	5 4/8
Utzmannsbach	Hersbruck	4 1/8	Lauf	4	Nürnberg	7 3/8	27	19 4/8
Utzmühle	Beilngries	1/8	Beilngries	1/8	Eichstädt	10	10	23 4/8

W.

Wach	Fürth	1 6/8	Fürth	1 7/8	Fürth	1 7/8	24	14 6/8
Wahlenmühle	Neustadt	2 6/8	Neustadt	2 6/8	Windsheim	7	32 1/8	12 6/8
Wehlberg	Feuchtwangen	2 7/8	Feuchtwangen	2 3/8	Ansbach	5 3/8	22 4/8	5 4/8
Weil Ect.	Weißenburg	2 6/8	Ellingen	1 4/8	Eichstädt	9 3/8	8 3/8	13 3/8
Weitsaurach	Heilsbronn	2 3/8	Heilsbronn	2 6/8	Ansbach	7 1/8	17	7 3/8
Weitsbronn	Fürth	2 6/8	Fürth	2 3/8	Fürth	2 6/8	25	10 4/8
Weitersbach	Gunzenhausen	3 1/8	Gunzenhausen	3 4/8	Ansbach	10 3/8	10 4/8	10 3/8
Weitsmühle	Fürth	2 6/8	Fürth	2 3/8	Fürth	2 6/8	24 4/8	10 4/8
Weilsmühle	Uffenheim	7 3/8	Windsheim	3 1/8	Windsheim	3 4/8	25 1/8	8 6/8
Weitsweiler	Dinkelsbühl	3 1/8	Dinkelsbühl	3 4/8	Ansbach	11	10 1/8	11
Weilswend	Dinkelsbühl	2 6/8	Dinkelsbühl	2 6/8	Ansbach	10 4/8	23 4/8	10 4/8

Namen der Orte.	Einverleibt dem Bezirksamte.	Stunden.	Landgerichte.	Stunden.	Bezirksgerichte.	Stunden.	Entfernung vom Sitze des Appell.-Ger. Eichstädt. (Stunden.)	Schw.-Ger. Ansbach. (Stunden.)
Velden	Feuchtwangen	4 6/8	Herrieden	1 1/8	Ansbach	3 4/8	18 4/8	3 4/8
Velden	Hersbruck	5	Hersbruck	5	Nürnberg	13	27 7/8	25
Veldershof	Hersbruck	4 6/8	Lauf	1 6/8	Nürnberg	5 6/8	24 3/8	17 4/8
Vestenberg	Ansbach	2 4/8	Ansbach	2 4/8	Ansbach	2 4/8	22	2 4/8
Vettermühle	Scheinfeld	1	Bibart	1 3/8	Windsheim	5 3/8	32 4/8	13
Viehhausen	Beilngries	4	Greding	2 5/8	Eichstädt	10 6/8	10 6/8	18 6/8
Viehhofen	Hersbruck	5 1/8	Hersbruck	5 4/8	Nürnberg	14	28 6/8	26
Vikersbronn	Dinkelsbühl	2	Dinkelsbühl	2	Ansbach	11 1/8	19 6/8	11 4/8
Vincenzenbronn	Fürth	4 6/8	Cadolzburg	2 3/8	Fürth	4 6/8	23	6 6/8
Virnsberg	Ansbach	4 7/8	Ansbach	4 7/8	Ansbach	4 7/8	24 4/8	4 7/8
Virnsbergerhaag	Neustadt	1 6/8	Neustadt	1 6/8	Windsheim	4 6/8	32	12 6/8
Vockenrodt	Neustadt	4 6/8	Erlbach	1 6/8	Windsheim	5 4/8	26 4/8	6 6/8
Vogelherd	Nürnberg	1 6/8	Nürnberg	1 6/8	Nürnberg	1 6/8	23	13
Vogelhof	Hersbruck	4	Lauf	6/8	Nürnberg	5	24 4/8	16 6/8
Vogelsgarten	St. Nürnberg	6/8	St. Nürnberg	6/8	Nürnberg	6/8	22 6/8	12 4/8
Voggendorf	Feuchtwangen	5 6/8	Herrieden	3 4/8	Ansbach	4 4/8	16 4/8	4 4/8
Voggendorf	Neustadt	4 6/8	Neustadt	4 6/8	Windsheim	9	34	14 4/8
Vogtthal	Beilngries	2 6/8	Beilngries	2 6/8	Eichstädt	11	11	26
Vogtshof	Beilngries	8 6/8	Greding	6 6/8	Eichstädt	10	10	17
Voigtsmühle	Scheinfeld	5 1/8	Bibart	4 1/8	Windsheim	9 4/8	36 6/8	17 6/8
Voigtsreichenbach	Fürth	4 6/8	Cadolzburg	1 4/8	Fürth	4 6/8	23	7 4/8
Volkersdorf	Heilsbronn	3 6/8	Heilsbronn	3 6/8	Ansbach	2 6/8	19	2 6/8
Volkersgau	Schwabach	1 7/8	Schwabach	1 7/8	Fürth	6 6/8	17	8 6/8
Volkertsweiler	Feuchtwangen	7/8	Feuchtwangen	7/8	Ansbach	7 6/8	21 4/8	7 6/8
Vorbach	Rothenburg	6/8	Rothenburg	6/8	Windsheim	7 1/8	29 4/8	10
Vorderbreitenthann	Feuchtwangen	1 4/8	Feuchtwangen	1 4/8	Ansbach	6	22 6/8	6
Vorderer Zehenthof s. Zehnthof								
Vorderhaslach	Nürnberg	8 4/8	Altdorf	3 6/8	Nürnberg	8 4/8	20 4/8	20 4/8
Vorderpfeinach	Uffenheim	1 4/8	Uffenheim	1 4/8	Windsheim	4	29 6/8	10 6/8
Vorderwolchsberg	s. Großwolchsberg							
Vorhof	Rothenburg	2 1/8	Rothenburg	2 1/8	Windsheim	5	28 4/8	9
Vorra	Hersbruck	3	Hersbruck	3	Nürnberg	11	25 4/8	23

W.

Waasenmühle	Fürth	3 6/8	Cadolzburg	2 5/8	Fürth	3 6/8	25 4/8	9 6/8
Waasenmühle (Neustadt)	Neustadt	6/8	Neustadt	6/8	Windsheim	4 6/8	30 4/8	11
Waasenmühle	s. Ladelsmühle							

Namen der Orte.	Einverleibt dem						Entfernung vom Sitze des	
	Bezirksamte.	Stunden.	Landgerichte.	Stunden.	Bezirksgerichte.	Stunden.	Appell.-Ger. Eichstädt.	Stadt-Ger. Ansbach.
							Stunden.	Stunden.
Waasenmühle	Rothenburg	7/8	Rothenburg	7/8	Windsheim	7 5/8	29	9
Waasenmühle	Uffenheim	5	Windsheim	1 4/8	Windsheim	1 5/8	26 4/8	7
Wachendorf	Fürth	3 5/8	Cadolzburg	6/8	Fürth	3 6/8	23	9
Wachenhofen	Weißenburg	3 1/8	Ellingen	3	Eichstädt	9 6/8	9 6/8	10 6/8
Wachenzell	Eichstädt	2 4/8	Eichstädt	2 4/8	Eichstädt	2 4/8	2 6/8	19 6/8
Wachsenberg	Rothenburg	1 4/8	Rothenburg	1 4/8	Windsheim	6 1/8	28	8 6/8
Wachstein	Gunzenhausen	2 6/8	Gunzenhausen	2 7/8	Ansbach	9 6/8	10 6/8	9 6/8
Wachtlhof	Beilngries	4 6/8	Beilngries	4 6/8	Eichstädt	15 6/8	15 6/8	28 6/8
Wackersberg	Beilngries	2 5/8	Beilngries	2 4/8	Eichstädt	10	12	23 6/8
Wassermühle	Feuchtwangen	6	Herrieden	4	Ansbach	5	15 6/8	5
Wahrberg	Feuchtwangen	3	Herrieden	2 7/8	Ansbach	4 3/8	21	4 6/8
Wackersreuth	Schwabach	1 4/8	Schwabach	1 4/8	Fürth	6 6/8	16 6/8	9 6/8
Waizendorf	Ansbach	5	Leutershausen	1 3/8	Ansbach	5	23 4/8	5
Waizendorf	Feuchtwangen	4 3/8	Herrieden	3	Ansbach	5 7/8	17 4/8	5 6/8
Waizenfeld	Hersbruck	3 4/8	Hersbruck	3 4/8	Nürnberg	11 4/8	23 4/8	23 4/8
Waizenhofen	Beilngries	5 6/8	Beilngries	3 6/8	Eichstädt	6 6/8	6 6/8	17 6/8
Walburgswind	Neustadt	6 6/8	Erlbach	3 6/8	Windsheim	5 7/8	25 4/8	6
Wald	Gunzenhausen	1 6/8	Gunzenhausen	1 7/8	Ansbach	6 7/8	13 6/8	6 1/8
Waldbauer	Heilsbronn	3	Heilsbronn	3	Ansbach	6 4/8	16 4/8	6 6/8
Waldbachsbach	Uffenheim	7 6/8	Windsheim	3 7/8	Windsheim	3 6/8	28 6/8	9
Waldeck	Dinkelsbühl	2 7/8	Dinkelsbühl	2 7/8	Ansbach	10	23 4/8	10
Waldhänslein	Dinkelsbühl	1 4/8	Dinkelsbühl	1 4/8	Ansbach	9 4/8	23 7/8	9 4/8
Waldhof	Scheinfeld	2 7/8	Bibart	1 7/8	Windsheim	7 6/8	35 6/8	16 6/8
Waldkirchen	Beilngries	3 6/8	Beilngries	3 6/8	Eichstädt	13 4/8	13 4/8	25 6/8
Walkersdorf	Rothenburg	3 4/8	Schillingsfürst	1	Windsheim	10	28	8 6/8
Walkershofen	Uffenheim	2 6/8	Uffenheim	2 5/8	Windsheim	6 4/8	32	12 4/8
Walkershöfe	Weißenburg	1 4/8	Ellingen	7/8	Eichstädt	3 6/8	8 4/8	12
Walkerszell	Weißenburg	3 1/8	Ellingen	2	Eichstädt	9 5/8	9 6/8	12
Walkmühle (Brunst)	Ansbach	2 6/8	Ansbach	2 5/8	Ansbach	2 4/8	22 4/8	2 6/8
Walkmühle s. Obere Walkmühle								
Walkmühle (Schalkhausen)	Ansbach	2 1/8	Ansbach	2 1/8	Ansbach	2 1/8	21 4/8	2 1/8
Walkmühle s. Untere Walkmühle								
Walkmühle	M. Dinkelsbühl	6/8	St. Dinkelsbühl	4/8	Ansbach	11 6/8	21 6/8	11 6/8
Walkmühle (Knittelsbach)	Dinkelsbühl	1 6/8	Dinkelsbühl	1 6/8	Ansbach	11 6/8	21	11 6/8
Walkmühle (Aichenzell)	Feuchtwangen	5/8	Feuchtwangen	6/8	Ansbach	7 6/8	22 6/8	7 4/8
Walkmühle	Gunzenhausen	4/8	Gunzenhausen	6/8	Ansbach	7 3/8	12 6/8	7 6/8
Walkmühle	Neustadt	4 6/8	Erlbach	1 6/8	Windsheim	6 6/8	28 6/8	9

Namen der Orte.	Einverleibt dem Bezirksamte.	Stunden.	Landgerichte.	Stunden.	Bezirksgerichte.	Stunden.	Entfernung vom Sitze des Appell.-Ger. Eichstädt. Stunden.	Schw.-Ger. Ansbach. Stunden.
Walkmühle beim Siechenhaus	M. Rothenburg	1/8	St. Rothenburg	1/8	Windsheim	7 7/8	29 4/8	10
Walkmühle unter Rothenburg	M. Rothenburg	1/8	St. Rothenburg	1/8	Windsheim	8	29 5/8	10 2/8
Walkmühle	Uffenheim	4 5/8	Windsheim	1/8	Windsheim	1/8	27 6/8	8
Walkmühle	Weißenburg	2 5/8	Pappenheim	2	Eichstädt	8	8	16 3/8
Walkmühle	Weißenburg	1/8	Weißenburg	1/8	Eichstädt	6 6/8	6 6/8	13 5/8
Waller	Hersbruck	3 5/8	Hersbruck	3 6/8	Nürnberg	10 6/8	21 6/8	22 5/8
Wallersberg	Nürnberg	6	Altdorf	1 1/8	Nürnberg	6	16	16 5/8
Wallersdorf	Ansbach	1 6/8	Ansbach	1 6/8	Ansbach	1 6/8	18 5/8	1 6/8
Wallisau	Schwabach	5 5/8	Roth	2	Fürth	10 4/8	13 3/8	12 4/8
Wallmersbach	Uffenheim	1 6/8	Uffenheim	1 6/8	Windsheim	5 4/8	31	11 6/8
Wallmershof	Neustadt	3 5/8	Neustadt	3 5/8	Windsheim	8 1/8	33 5/8	14 6/8
Walsdorf	Hersbruck	4	Hersbruck	4	Nürnberg	10 6/8	28	22 5/8
Walnsdorf	Beilngries	1 5/8	Beilngries	1 5/8	Eichstädt	11 6/8	11 6/8	22 5/8
Walpersdorf	Schwabach	1 5/8	Schwabach	1 5/8	Fürth	6 4/8	16	11 6/8
Waltersberg	Beilngries	5	Beilngries	5	Eichstädt	14 4/8	14 4/8	25 5/8
Waltesmühle	Gunzenhausen	4	Heidenheim	1	Eichstädt	12	12	11 6/8
Walting	Eichstädt	3	Kipfenberg	3 1/8	Eichstädt	3	3	22 5/8
Warzfelden	Ansbach	4 6/8	Ansbach	4 6/8	Ansbach	4 6/8	24	4 6/8
Warzfeldermühle	Ansbach	4 5/8	Ansbach	4 5/8	Ansbach	4 5/8	24 1/8	4 5/8
Wasserberndorf	Scheinfeld	3 5/8	Scheinfeld	3 5/8	Windsheim	9 5/8	38	16 4/8
Wassermungenau	Heilsbronn	4 5/8	Heilsbronn	4 5/8	Ansbach	7 6/8	14 5/8	7 5/8
Wassertrüdingen	Dinkelsbühl	6	Wassertrüdingen	—	Ansbach	8 5/8	16	8 5/8
Wasserzell	Ansbach	1	Ansbach	1	Ansbach	1	20 5/8	1
Wasserzell	Eichstädt	1 5/8	Eichstädt	1 5/8	Eichstädt	1 5/8	1 5/8	20 5/8
Wasserzell	Schwabach	6 4/8	Roth	4 5/8	Fürth	11 5/8	12 4/8	6 5/8
Wasserzellermühle	Ansbach	1 1/8	Ansbach	1 1/8	Ansbach	1 1/8	20 4/8	1 1/8
Wattenbach	Heilsbronn	3 1/8	Heilsbronn	3 4/8	Ansbach	3 4/8	18 5/8	3 4/8
Wattenberg	Beilngries	4 4/8	Beilngries	4 4/8	Eichstädt	14 5/8	14 6/8	25 5/8
Watzendorf	Heilsbronn	2 1/8	Heilsbronn	2 5/8	Ansbach	6 5/8	17 6/8	6 5/8
Wegscheid	Beilngries	3 5/8	Beilngries	3 5/8	Eichstädt	12 5/8	12 5/8	21 1/8
Wehlenberg	Gunzenhausen	2	Gunzenhausen	2	Ansbach	6 5/8	14	6 5/8
Wehlmäusel	Feuchtwangen	2	Feuchtwangen	2	Ansbach	6 6/8	21 6/8	6 6/8
Weiboldshausen	Weißenburg	1 1/8	Ellingen	1/8	Eichstädt	7 6/8	7 6/8	13
Weickersdorf	Eichstädt	1 5/8	Eichstädt	1 6/8	Eichstädt	1 5/8	1 5/8	19 5/8
Weidelbach	Dinkelsbühl	2 5/8	Dinkelsbühl	2 5/8	Ansbach	10	24	10
Weidenbach	Feuchtwangen	6 5/8	Herrieden	3 5/8	Ansbach	3 5/8	16 4/8	3 5/8
Weidendorf	Feuchtwangen	5	Herrieden	2 5/8	Ansbach	4	17 5/8	4
Weidenmühle	Ansbach	5/8	Ansbach	4/8	Ansbach	5/8	19 4/8	5/8

Namen der Orte.	Einverleibt dem Bezirksamte.	Stunden.	Landgerichte.	Stunden.	Bezirksgerichte.	Stunden.	Entfernung vom Sitze des Appell.-Ger. Eichstädt.	Schw.-Ger. Ansbach.
							Stunden.	
Weidenmühle	Heilsbronn	4 5/8	Heilsbronn	4 1/8	Ansbach	3 6/8	17 6/8	8 3/8
Weidenmühle	Hersbruck	2	Hersbruck	2	Nürnberg	10	23 6/8	22
Weidenwang	Beilngries	4 6/8	Beilngries	4 1/8	Eichstädt	14	14	20 6/8
Weigelshof	Nürnberg	7/8	Nürnberg	7/8	Nürnberg	7/8	22 6/8	12 6/8
Weigenheim	Uffenheim	1 6/8	Uffenheim	1 6/8	Windsheim	4 6/8	31 6/8	12
Weigenhofen	Hersbruck	3 3/8	Lauf	1 6/8	Nürnberg	5 6/8	22 6/8	17 3/8
Weigensdorf	Hersbruck	4 6/8	Lauf	3 3/8	Nürnberg	8	23 6/8	19 6/8
Weihenzell	Ansbach	2 2/8	Ansbach	2 1/8	Ansbach	2 1/8	21 6/8	2 1/8
Weiher	Erlangen	2	Erlangen	2	Fürth	6	25 6/8	17 5/8
Weiher	Hersbruck	4/8	Hersbruck	4/8	Nürnberg	8 6/8	23 6/8	20 6/8
Weiher	s. Falzner Weiher							
Weiherhaus	M. Dinkelsbühl	4/8	St. Dinkelsbühl	4/8	Ansbach	13 6/8	20 6/8	11 3/8
Weiherhaus	Nürnberg	4 6/8	Altdorf	1 7/8	Nürnberg	4 6/8	16 6/8	15 6/8
Weiherhaus bei Stein	Schwabach	3	Schwabach	3	Fürth	2 3/8	20	10 6/8
Weiherhaus (Worzeldorf)	Schwabach	1 1/8	Schwabach	1 7/8	Fürth	4 6/8	18 3/8	11 3/8
Weiherhof	Fürth	1 6/8	Cadolzburg	1 4/8	Fürth	1 6/8	22 6/8	9 6/8
Weiherhof	Heilsbronn	2	Heilsbronn	2	Ansbach	3 7/8	20	3 3/8
Weiherhof	Neustadt	1 1/8	Neustadt	1 1/8	Windsheim	3 7/8	30 6/8	11
Weihermühle	Dinkelsbühl	5 6/8	Wassertrüdingen	4 6/8	Ansbach	5 6/8	19	5 6/8
Weihermühle	Fürth	6 1/8	Cadolzburg	3 6/8	Fürth	6 1/8	23 3/8	6 6/8
Weihermühle	Heilsbronn	5	Heilsbronn	5	Ansbach	7 6/8	15	7 6/8
Weihermühle	Neustadt	3	Neustadt	3	Windsheim	0 1/8	33 6/8	13 6/8
Weihersberg	Nürnberg	5 4/8	Altdorf	2 4/8	Nürnberg	5 4/8	19	18
Weihersbuch	Nürnberg	2 6/8	Nürnberg	2 6/8	Nürnberg	2 4/8	20	9 3/8
Weiherschneidbach	Feuchtwangen	6 6/8	Herrieden	3	Ansbach	2 6/8	17 3/8	2 6/8
Weihersmühle	Rothenburg	5 3/8	Schillingsfürst	1 6/8	Windsheim	8 6/8	23 6/8	6 6/8
Weihersmühle	Schwabach	1 1/8	Schwabach	1 1/8	Fürth	6 4/8	16	11 6/8
Weikersdorf	Feuchtwangen	2	Feuchtwangen	2	Ansbach	9	22	9
Weikershof	Heilsbronn	3 3/8	Heilsbronn	3 6/8	Ansbach	2 6/8	18 6/8	2 6/8
Wellershof	Nürnberg	2 6/8	Nürnberg	2 6/8	Nürnberg	2 3/8	21 6/8	11 3/8
Weiler	Beilngries	4 6/8	Greding	2 3/8	Eichstädt	10	10	18
Weiler am See	Feuchtwangen	4/8	Feuchtwangen	4/8	Ansbach	7	22 6/8	7
Weiler	Schwabach	2 1/8	Schwabach	2 4/8	Fürth	4 6/8	18 3/8	7 6/8
Weileran	Gunzenhausen	2	Heidenheim	2	Eichstädt	14 6/8	14 6/8	9 3/8
Weiltingen	Dinkelsbühl	3 4/8	Dinkelsbühl	3 4/8	Ansbach	10 4/8	16 6/8	10 6/8
Welmannshof	Schwabach	4	Roth	1 6/8	Fürth	9 7/8	13 6/8	10 3/8
Weimersheim	Uffenheim	6 3/8	Windsheim	1 1/8	Windsheim	1 1/8	27	7 6/8
Weimersheim	Weißenburg	1 3/8	Ellingen	1 6/8	Eichstädt	7 6/8	7 6/8	12

Namen der Orte.	Bezirksamts.	Stunden.	Landgerichts.	Stunden.	Bezirksgericht.	Stunden.	Appell.-Ger. Bezirks.	Ober.-Ger. Bezirks.
Weinberg	Ansbach	⁴/₈	Ansbach	⁴/₈	Ansbach	⁴/₈	20	⁴/₈
Weinberg	Feuchtwangen	2⁴/₈	Feuchtwangen	2⁴/₈	Ansbach	5	22⁴/₈	5
Weinberg	Gunzenhausen	⁴/₈	Gunzenhausen	⁴/₈	Ansbach	8	11⁴/₈	8
Weinbergshof	Weißenburg	2⁴/₈	Pappenheim	2	Eichstädt	8	8	16⁴/₈
Weingartsmühle	Scheinfeld	3⁴/₈	Scheinfeld	3⁴/₈	Windsheim	9⁴/₈	38	18⁴/₈
Weinhof	Nürnberg	8	Altdorf	⁴/₈	Nürnberg	6	16⁴/₈	17⁴/₈
Weinzierlein	Fürth	3⁴/₈	Cadolzburg	2⁴/₈	Fürth	3⁴/₈	22	8⁴/₈
Weinzierleins- mühle	Fürth	3⁴/₈	Cadolzburg	2⁴/₈	Fürth	3⁴/₈	21⁴/₈	8⁴/₈
Weisbachmühle	Gunzenhausen	3⁴/₈	Gunzenhausen	3⁴/₈	Ansbach	4⁴/₈	16⁴/₈	4⁴/₈
Weißenbach	Herrieden	2⁴/₈	Lauf	2⁴/₈	Nürnberg	7	24⁴/₈	18⁴/₈
Weißhaus	M. Dinkelsbühl	⁴/₈	St. Dinkelsbühl	⁴/₈	Ansbach	11⁴/₈	20⁴/₈	11⁴/₈
Weißenberg	Erlangen	1⁴/₈	Erlangen	1⁴/₈	Fürth	5⁴/₈	28⁴/₈	17⁴/₈
Weißenbronn	Heilsbronn	⁴/₈	Heilsbronn	⁴/₈	Ansbach	5⁴/₈	18⁴/₈	5⁴/₈
Weißenbronn	Altdorf	6⁴/₈	Altdorf	⁴/₈	Nürnberg	6⁴/₈	18⁴/₈	18⁴/₈
Weißenburg	Weißenburg	—	Weißenburg	—	Eichstädt	6⁴/₈	6⁴/₈	18⁴/₈
Weißenkirchberg	s. Brunß							
Weißenkirchen	Eichstädt	1⁴/₈	Eichstädt	1⁴/₈	Eichstädt	1⁴/₈	1⁴/₈	21⁴/₈
Weißenmühle	Ansbach	3⁴/₈	Leutershausen	1⁴/₈	Ansbach	3⁴/₈	21⁴/₈	3⁴/₈
Weißenmühle	M. Rothenburg	1⁴/₈	St. Rothenburg	1⁴/₈	Windsheim	8⁴/₈	30	10⁴/₈
Weiternbach	Heilsbronn	⁴/₈	Heilsbronn	⁴/₈	Ansbach	5⁴/₈	19⁴/₈	5⁴/₈
Weiternbors- mühle	Heilsbronn	⁴/₈	Heilsbronn	⁴/₈	Ansbach	5⁴/₈	19⁴/₈	5⁴/₈
Weitersdorf	Fürth	3⁴/₈	Cadolzburg	2⁴/₈	Fürth	3⁴/₈	21	9
Weizendorf	Gunzenhausen	4	Gunzenhausen	4	Ansbach	4⁴/₈	16⁴/₈	4⁴/₈
Weitmannsdorf	Herrieden	4⁴/₈	Lauf	3⁴/₈	Nürnberg	8	26⁴/₈	19⁴/₈
Welbhausen	Uffenheim	1	Uffenheim	1	Windsheim	4⁴/₈	30⁴/₈	11
Welchenholz	Dinkelsbühl	2⁴/₈	Dinkelsbühl	2⁴/₈	Ansbach	11⁴/₈	19⁴/₈	11⁴/₈
Wellerstadt	Erlangen	2⁴/₈	Erlangen	2⁴/₈	Fürth	6⁴/₈	27⁴/₈	17⁴/₈
Wellerobach	Schwabach	5⁴/₈	Roth	2	Fürth	10⁴/₈	14⁴/₈	13⁴/₈
Wellheim	Eichstädt	5⁴/₈	Eichstädt	5⁴/₈	Eichstädt	5⁴/₈	5⁴/₈	21⁴/₈
Welsgarten	M. Erlangen	⁴/₈	St. Erlangen	⁴/₈	Fürth	4⁴/₈	25⁴/₈	15⁴/₈
Wendelstein	Schwabach	3	Schwabach	3	Fürth	5⁴/₈	18⁴/₈	13⁴/₈
Wendsdorf	Fürth	6	Cadolzburg	3	Fürth	6	22⁴/₈	6⁴/₈
Wengen	Beilngries	7⁴/₈	Greding	5	Eichstädt	6	6	17⁴/₈
Wengenstadt	Ansbach	1	Ansbach	1	Ansbach	1	20⁴/₈	1
Wernfels	Schwabach	5⁴/₈	Roth	6⁴/₈	Fürth	10⁴/₈	14⁴/₈	7⁴/₈
Wernsbach	Ansbach	1⁴/₈	Ansbach	1⁴/₈	Ansbach	1⁴/₈	21⁴/₈	1⁴/₈
Wernsbach	Heilsbronn	2⁴/₈	Heilsbronn	2⁴/₈	Ansbach	5⁴/₈	17⁴/₈	5⁴/₈
Wernsbach	Schwabach	5⁴/₈	Roth	2	Fürth	10⁴/₈	12⁴/₈	12
Wernsmühle	Heilsbronn	2⁴/₈	Heilsbronn	2⁴/₈	Ansbach	5⁴/₈	16⁴/₈	6⁴/₈

6 *

Namen der Orte.	Einverleibt dem Bezirksamte.	Stunden.	Landgerichte.	Stunden.	Bezirksgerichte.	Stunden.	Entfernung vom Sitze des Appell.-Ger. Eichstädt (Stunden)	Han.-Ger. Ansbach (Stunden)
Weslachhof	Ansbach	6	Leutershausen	5 4/8	Ansbach	6	25 4/8	6
Westerholz	Beilngries	5 6/8	Greding	2 7/8	Eichstädt	7	7	17 4/8
Westhaid	Nürnberg	6 4/8	Altdorf	7/8	Nürnberg	6 4/8	16 4/8	17 6/8
Westheim	Feuchtwangen	2	Feuchtwangen	2	Ansbach	5 4/8	21 4/8	5 4/8
Westheim	Gunzenhausen	4 2/8	Heidenheim	2 2/8	Eichstädt	14	14	12
Westheim	Uffenheim	4 6/8	Windsheim	1 6/8	Windsheim	1 6/8	26 6/8	6 6/8
Wettelsheim	Gunzenhausen	5 4/8	Heidenheim	4	Eichstädt	9 2/8	9 6/8	13 2/8
Wettersberg	Hersbruck	3	Hersbruck	3	Nürnberg	10 6/8	21 6/8	23 6/8
Wettringen	Rothenburg	4	Schillingsfürst	2 4/8	Windsheim	11 4/8	20 4/8	10
Wetzendorf	Hersbruck	3 4/8	Lauf	6/8	Nürnberg	4 6/8	23 4/8	16
Wetzendorf	Nürnberg	1	Nürnberg	1	Nürnberg	1	22	12 6/8
Wickleskreuth	Heilsbronn	2	Heilsbronn	2	Ansbach	3	20 6/8	3
Wiedelsheim	Uffenheim	3 4/8	Uffenheim	3 4/8	Windsheim	1	28 6/8	8 6/8
Wiedersbach	Ansbach	3	Leutershausen	2/8	Ansbach	3	22 2/8	3
Wielandshöfe	Eichstädt	5 6/8	Eichstädt	5 6/8	Eichstädt	5 6/8	6 6/8	23
Wiesenbruck	Feuchtwangen	5 6/8	Herrieden	3 6/8	Ansbach	4 2/8	16	4 6/8
Wiesenhaid	Beilngries	4	Beilngries	4	Eichstädt	13	13	23
Wiesenhof	Dinkelsbühl	2 2/8	Dinkelsbühl	2 2/8	Ansbach	8 4/8	20 2/8	8 4/8
Wiesenhofen	Beilngries	1 5/8	Beilngries	1 5/8	Eichstädt	9 2/8	9 2/8	21
Wiesenmühle	Scheinfeld	1 6/8	Bibart	2	Windsheim	4 2/8	32 4/8	13
Wieshof	Gunzenhausen	6 4/8	Heidenheim	3	Eichstädt	11	11	14 6/8
Wiesmühle	Gunzenhausen	6 4/8	Heidenheim	3	Eichstädt	12 6/8	12 6/8	14 6/8
Wiesmühle	Neustadt	3 6/8	Neustadt	3 6/8	Windsheim	7 7/8	32 6/8	12 6/8
Wiesseth	Feuchtwangen	3 4/8	Feuchtwangen	3 4/8	Ansbach	6 2/8	18 4/8	6 2/8
Wiesethbruck	s. Wiesenbruck							
Wildbad	Beilngries	4	Greding	1 6/8	Eichstädt	6 6/8	6 6/8	19
Wildbad	Eichstädt	5	Eichstädt	5	Eichstädt	5	5	20 4/8
Wildbad	M. Rothenburg	1/8	St. Rothenburg	1/8	Windsheim	7 6/8	29	9 4/8
Wildbad	Uffenheim	5	Windsheim	3 2/8	Windsheim	3 6/8	27 2/8	7 6/8
Wildenbergen	Schwabach	1 6/8	Schwabach	1 6/8	Fürth	4 6/8	17 6/8	9
Wildenhof	Rothenburg	2 7/8	Rothenburg	2 5/8	Windsheim	7 6/8	27	7 4/8
Wildenholz	Rothenburg	5 7/8	Schillingsfürst	3 1/8	Windsheim	12 4/8	25 4/8	9 6/8
Wilhelminenberg	Scheinfeld	1 6/8	Scheinfeld	1 6/8	Windsheim	5 6/8	32 2/8	12 6/8
Wilhelmsdorf	Neustadt	3	Erlbach	3	Windsheim	7 2/8	30 6/8	10 6/8
Wilhelmsgreuth	Neustadt	3 6/8	Erlbach	2 4/8	Windsheim	2 6/8	27 2/8	8 2/8
Wilhelmsmühle	Rothenburg	3 2/8	Rothenburg	3 6/8	Windsheim	9 7/8	29 6/8	10 6/8
Wilhermsdorf	Neustadt	4 4/8	Erlbach	1 1/8	Windsheim	6 2/8	28	8 4/8
Wilburgstetten	Dinkelsbühl	2 2/8	Dinkelsbühl	2 1/8	Ansbach	12 4/8	20	12 4/8
Willendorf	Feuchtwangen	7	Herrieden	4 4/8	Ansbach	4 2/8	16 6/8	4 2/8
Willendorf (Eisenbahnstation)	Feuchtwangen	7 2/8	Herrieden	4 6/8	Ansbach	4 4/8	16 6/8	4 6/8

Namen der Orte.	Einverleibt dem Bezirksamte.	Stunden.	Landgerichte.	Stunden.	Bezirksgerichte.	Stunden.	Entfernung vom Sitze des Appell.-Ger. Eichstädt. Stunden.	Entfernung vom Sitze des Hdls.-Ger. Ansbach. Stunden.
Wilmersbach	Neustadt	3 6/8	Neustadt	3 1/8	Windsheim	7 6/8	31 6/8	12 6/8
Wimmelbach	Uffenheim	8 6/8	Windsheim	4 6/8	Windsheim	4 6/8	25 6/8	3 6/8
Wimpashof	Fürth	4 1/8	Cadolzburg	3	Fürth	4 6/8	20 6/8	7 6/8
Windelsbach	Rothenburg	2 6/8	Rothenburg	2 6/8	Windsheim	4 6/8	27 6/8	7
Winden	Ansbach	3 7/8	Leutershausen	6/8	Ansbach	3 6/8	23 6/8	3 6/8
Windhaus	Rothenburg	4	Schillingsfürst	6/8	Windsheim	9	26 6/8	7 6/8
Windischhausen	Gunzenhausen	6	Heidenheim	2 6/8	Eichstädt	10	10	14
Windmühle (Elpersdorf)	Ansbach	1 1/8	Ansbach	1 1/8	Ansbach	1 1/8	18 6/8	1 1/8
Windmühle (Hennenbach)	Ansbach	6/8	Ansbach	6/8	Ansbach	6/8	20	6/8
Windmühle	M. Erlangen	1/8	St. Erlangen	6/8	Fürth	4 6/8	25 6/8	15 6/8
Windsbach	Heilsbronn	3	Heilsbronn	3	Ansbach	5 6/8	16 4/8	5 6/8
Windsfeld	Gunzenhausen	1 6/8	Heidenheim	2 6/8	Eichstädt	12 4/8	12 6/8	9 6/8
Windsheim	Uffenheim	4 1/8	Windsheim	–	Windsheim	—	27 6/8	8
Windshofen	Feuchtwangen	2 6/8	Feuchtwangen	2 6/8	Ansbach	5 4/8	21 6/8	5 6/8
Winkel	Feuchtwangen	4 6/8	Herrieden	1 6/8	Ansbach	3 6/8	18	3 6/8
Winkelhaid	Heilsbronn	4 6/8	Heilsbronn	4 6/8	Ansbach	7 6/8	15 4/8	7 6/8
Winkelhaid	Nürnberg	5 6/8	Altdorf	1 6/8	Nürnberg	5 6/8	16 6/8	16 6/8
Winn	Nürnberg	5 6/8	Altdorf	1 7/8	Nürnberg	5 6/8	18 6/8	18
Winnetten	Dinkelsbühl	1 1/8	Dinkelsbühl	1 6/8	Ansbach	11 6/8	21 6/8	11 6/8
Winterhalten	Feuchtwangen	6/8	Feuchtwangen	6/8	Ansbach	7 6/8	27 6/8	7 6/8
Winterhof	Heilsbronn	2 4/8	Heilsbronn	2 6/8	Ansbach	7	17 6/8	7
Winterschneidbach	Feuchtwangen	7	Herrieden	3	Ansbach	2 6/8	18	2 6/8
Wintersdorf	Fürth	2 6/8	Cadolzburg	2 6/8	Fürth	2 6/8	21 6/8	8
Winterhof	Eichstädt	6/8	Eichstädt	6/8	Eichstädt	6/8	6/8	18
Winterzhofen	Beilngries	2 6/8	Beilngries	2 6/8	Eichstädt	11 6/8	11 6/8	23 6/8
Wippenauhof	Ansbach	4 6/8	Ansbach	4 6/8	Ansbach	4 6/8	23 6/8	4 6/8
Wippendorf	Ansbach	1 6/8	Ansbach	1 6/8	Ansbach	1 6/8	21 6/8	1 6/8
Wirthsmühle (Berching)	Beilngries	2 4/8	Beilngries	2 4/8	Eichstädt	11	11	22 6/8
Wirthsmühle (Obermässing)	Beilngries	5	Greding	2 6/8	Eichstädt	10 4/8	10 6/8	16 6/8
Wissing	Beilngries	4 6/8	Beilngries	4 7/8	Eichstädt	15 6/8	15 6/8	26 6/8
Wittelshofen	Dinkelsbühl	3 6/8	Dinkelsbühl	3 6/8	Ansbach	9 6/8	17 6/8	9 6/8
Wittenbach	Dinkelsbühl	2 6/8	Dinkelsbühl	2 6/8	Ansbach	13 1/8	20 6/8	13 6/8
Wittenfeld	Eichstädt	2 6/8	Eichstädt	2 6/8	Eichstädt	2 6/8	2 6/8	22
Wittinghof	Fürth	5 1/8	Cadolzburg	2 6/8	Fürth	5 1/8	25 6/8	7 6/8
Wittmeß	Eichstädt	2 6/8	Eichstädt	2 6/8	Eichstädt	2 6/8	2 6/8	23 6/8
Wittmanshof	Rothenburg	4	Schillingsfürst	6/8	Windsheim	9 6/8	27 6/8	8 6/8

Namen der Orte.	Einverleibt dem						Entfernung vom Sitz des	
	Bezirksamte.	Stunden.	Landgerichte.	Stunden.	Bezirksgerichte.	Stunden.	Appell.-Ger.-Gerichts.	Bezp.-Ger.-Amtes.
							Stunden.	
Bißmannsmühle	Dinkelsbühl	2¼	Dinkelsbühl	2¼	Ansbach	8	20	8 -
Böhrd	M. Nürnberg	⁴/₄	St. Nürnberg	⁴/₄	Nürnberg	⁴/₄	22⁴/₄	12⁴/₄
Böllmetzhofen	Weißenburg	2¼	Güngen	2	Eichstädt	8	8	14¼
Wöllendorf	Heilbronn	3⁴/₄	Heilbronn	3⁴/₄	Ansbach	4	17⁴/₄	4
Wörmersdorf	Eichstädt	2	Eichstädt	2	Eichstädt	2	2	19⁴/₄
Wörnitz	Rothenburg	4¼	Schillingsfürst	1⁴/₄	Windsheim	10⁴/₄	28⁴/₄	9
Wörnitzhofen	Dinkelsbühl	3⁴/₄	Dinkelsbühl	3⁴/₄	Ansbach	10⁴/₄	18⁴/₄	10⁴/₄
Wohnbach	Rothenburg	3	Schillingsfürst	⁴/₄	Windsheim	9	27	7¼
Wollartswinden	Ansbach	2⁴/₄	Ansbach	2⁴/₄	Ansbach	2⁴/₄	18	2⁴/₄
Wollersbronn	Dinkelsbühl	1⁴/₄	Dinkelsbühl	1⁴/₄	Ansbach	12	22⁴/₄	12
Wollersthal	Feilngries	3⁴/₄	Beilngries	3⁴/₄	Eichstädt	13	18	24⁴/₄
Wolsau	Heilbronn	3⁴/₄	Heilbronn	3⁴/₄	Ansbach	6⁴/₄	16	6⁴/₄
Wolsau	Rothenburg	2	Schillingsfürst	1⁴/₄	Windsheim	9⁴/₄	27⁴/₄	8⁴/₄
Wolfsbrunn	Gunzenhausen	4	Heidenheim	1⁴/₄	Eichstädt	12	12	11⁴/₄
Wolfsbrunn	Heilbronn	⁴/₄	Heilbronn	⁴/₄	Ansbach	5⁴/₄	19⁴/₄	6⁴/₄
Wollstädt	Dinkelsbühl	2⁴/₄	Dinkelsbühl	2⁴/₄	Ansbach	13	19⁴/₄	13
Wollselben	Erlangen	3	Erlangen	3	Fürth	3⁴/₄	24	15⁴/₄
Wolfsmühle	Feuchtwangen	1⁴/₄	Feuchtwangen	1⁴/₄	Ansbach	6	22⁴/₄	6
Wolfsmühle	Gunzenhausen	3⁴/₄	Gunzenhausen	3⁴/₄	Ansbach	8	13⁴/₄	8
Wolfsmühle	Neustadt	3⁴/₄	Erlbach	⁴/₄	Windsheim	5⁴/₄	28	8⁴/₄
Wolfsmühle	Weißenburg	2	Güngen	2	Eichstädt	7⁴/₄	7⁴/₄	14⁴/₄
Wollershof	M. Nürnberg	⁴/₄	St. Nürnberg	⁴/₄	Nürnberg	⁴/₄	22⁴/₄	12⁴/₄
Wolfertshofen	Eichstädt	4	Eichstädt	4	Eichstädt	4	4	23⁴/₄
Wolfertshofer- mühle	Eichstädt	4⁴/₄	Eichstädt	4⁴/₄	Eichstädt	4⁴/₄	4⁴/₄	23⁴/₄
Wollersdorf	Heilbronn	2	Heilbronn	2	Ansbach	6⁴/₄	17⁴/₄	6⁴/₄
Worfersgell	Eichstädt	1⁴/₄	Eichstädt	1⁴/₄	Eichstädt	1⁴/₄	1⁴/₄	18
Worzeldorf	Schwabach	2⁴/₄	Schwabach	2⁴/₄	Fürth	4⁴/₄	16⁴/₄	12
Düllersdorf	Hersbruck	3⁴/₄	Hersbruck	3⁴/₄	Nürnberg	11⁴/₄	23⁴/₄	23⁴/₄
Wülzburg	Weißenburg	1⁴/₄	Weißenburg	1⁴/₄	Eichstädt	5⁴/₄	5⁴/₄	14
Würm	Feuchtwangen	4	Herrieden	⁴/₄	Ansbach	4	18⁴/₄	4
Wünzelburg	Nürnberg	⁴/₄	Nürnberg	⁴/₄	Nürnberg	⁴/₄	22⁴/₄	12⁴/₄
Würdertshofen	Beilngries	2⁴/₄	Beilngries	2⁴/₄	Eichstädt	10⁴/₄	10⁴/₄	24
Wüstenbruck	Ansbach	1⁴/₄	Ansbach	1⁴/₄	Ansbach	1⁴/₄	20	1⁴/₄
Wüstendorf	Ansbach	2⁴/₄	Ansbach	2⁴/₄	Ansbach	2⁴/₄	22	2⁴/₄
Wüstenweiler	Feuchtwangen	⁴/₄	Feuchtwangen	⁴/₄	Ansbach	6⁴/₄	22	6⁴/₄
Wulfersdorf	Neustadt	1⁴/₄	Neustadt	1⁴/₄	Windsheim	6⁴/₄	30⁴/₄	11
Wunderburg	Erlangen	1⁴/₄	Erlangen	1⁴/₄	Fürth	5⁴/₄	25⁴/₄	17⁴/₄
Wurmmühle	Weißenburg	2⁴/₄	Güngen	1⁴/₄	Eichstädt	9	9	13⁴/₄
Wußendorf	Ansbach	2⁴/₄	Ansbach	2⁴/₄	Ansbach	2⁴/₄	22⁴/₄	2⁴/₄
Wustpfühl	Scheinfeld	5	Bibart	4	Windsheim	3⁴/₄	30⁴/₄	11

Namen der Orte.	Einverleibt dem						Entfernung von Sitz des ...
	Bezirksamte.	Stunden.	Landgerichte.	Stunden.	Bezirksgerichte.	Stunden.	Stunden.

3.

Zallach	Ansbach	2°/₀ Ansbach	2°/₀ Ansbach	2°/₀ 22	2°,
Zandel	Eichstädt	8 Kipfenberg	2°/₀ Eichstädt	8 8	26°/₀
Zant	Heilbronn	4°/₀ Heilbronn	4°/₀ Ansbach	3 17°/₀	3
Zantersmühl	Heilbronn	4°/₀ Heilbronn	4°., Ansbach	3 17°/₀	3
Zapfenmühle	Uffenheim	2 Uffenheim	2 Windsheim	5¹/₀ 32°/₀	13
Zautendorf	Fürth	4°/₀ Cadolzburg	1¹/₀ Fürth	4¹/₀ 22°/₀	7°,
Zebborf	Feuchtwangen	1¹/₀ Feuchtwangen	1¹/₀ Ansbach	8 21°/₀	8
Zebnhof, vorderer	Weißenburg	¹/₀ Weißenburg	¹/₀ Eichstädt	6¹/₀ 6°/₀	13¹/₀
Zebnhof, hinterer	Weißenburg	¹/₀ Weißenburg	¹/₀ Eichstädt	6°/₀ 6°/₀	13¹/₀
Zebmmühle	Weißenburg	¹/₀ Weißenburg	¹/₀ Eichstädt	6°/₀ 6°/₀	13¹/₀
Zeisenbronn	Scheinfeld	1 Scheinfeld	1 Windsheim	6°/₀ 35°/₀	15°/₀
Zell a. b. Epng	Eichstädt	4¹/₀ Eichstädt	4¹/₀ Eichstädt	4¹/₀ 4¹/₀	23°/₀
Zellergut	N. Rothenburg	°/₀ St. Rothenburg	°/₀ Windsheim	7¹/₀ 28°/₀	9
Zeträglingen	Ansbach	2°/₀ Ansbach	2°/₀ Ansbach	2°/₀ 22	2°/₀
Zerzabelshof	Nürnberg	1°/₀ Nürnberg	1¹/₀ Nürnberg	1¹/₀ 22¹/₀	13°,
Ziegel	Beilngries	¹/₀ Beilngries	¹/₀ Eichstädt	10 10	23°,
Ziegelhaus	Rothenburg	6 Schillingsfürst	1¹/₀ Windsheim	9¹/₀ 24	7
Ziegelhof (Dietb)	Eichstädt	°/₀ Eichstädt	¹/₀ Eichstädt	°/₀ °/₀	20°,
Ziegelhof	Neustadt	3 Erlbach	3¹/₀ Windsheim	7¹/₀ 30°/₀	11
Ziegelhütte	N. Ansbach	°/₀ St. Ansbach	°/₀ Ansbach	°, 19¹/₀	°,
Ziegelhütte (Villersdorf)	Ansbach	4¹/₀ Ansbach	4¹/₀ Ansbach	4¹/₀ 23°/₀	4°,
Ziegelhütte (Lehrberg)	Ansbach	2°/₀ Ansbach	2°/₀ Ansbach	2°/₀ 21°/₀	2°,
Ziegelhütte (Burggriesbach)	Beilngries	3¹/₀ Beilngries	3¹/₀ Eichstädt	11¹/₀ 11¹/₀	19°,
Ziegelhütte (Enßdorn)	Beilngries	8 Greding	5¹/₀ Eichstädt	9 9	16°,
Ziegelhütte (Tambach)	Dinkelsbühl	5¹/₀ Wassertrüdingen	2°/₀ Ansbach	6°/₀ 17°/₀	8°,
Ziegelhütte i. Behrmannshof					
Ziegelhütte (Dürlaßrin)	Eichstädt	4¹/₀ Eichstädt	4¹/₀ Eichstädt	4¹/₀ 4¹/₀	19°/₀
Ziegelhütte (Ennersholz)	Eichstädt	2¹/₀ Eichstädt	2°/₀ Eichstädt	2°/₀ 2°/₀	18°/₀

Namen der Orte.	Einverleibt dem Bezirksamte.	Stunden.	Landgerichte.	Stunden.	Bezirksgerichte.	Stunden.	Entfernung vom Sitze des Appell.-Ger. Eichstädt. Stunden.	Schw.-Ger. Ansbach. Stunden.
Ziegelhütte (Wachenzell)	Eichstädt	2 6/8	Eichstädt	2 6/8	Eichstädt	2 6/8	2 6/8	19 6/8
Ziegelhütte (Arnsberg)	Eichstädt	4 6/8	Kipfenberg	1 6/8	Eichstädt	4 6/8	4 6/8	25
Ziegelhütte (Feuchtwangen)	Feuchtwangen	3/8	Feuchtwangen	1/8	Ansbach	7	22	7
Ziegelhütte (Großhabersdorf)	Fürth	6 3/8	Cadolzburg	3 4/8	Fürth	6 1/8	23 6/8	5 4/8
Ziegelhütte (Heidenheim)	Gunzenhausen	3 6/8	Heidenheim	6/8	Eichstädt	12 4/8	12 6/8	11 4/8
Ziegelhütte (Steinhardt)	Gunzenhausen	5 6/8	Heidenheim	2 6/8	Eichstädt	13 6/8	13 6/8	14
Ziegelhütte (Windischhausen)	Gunzenhausen	6	Heidenheim	2 6/8	Eichstädt	10	10	14
Ziegelhütte	Uffenheim	1	Uffenheim	1	Windsheim	5 1/8	31 6/8	11 4/8
Ziegelhütte	Weißenburg	3 6/8	Pappenheim	2 4/8	Eichstädt	8 6/8	8 6/8	14
Ziegelhütte (Heilsbronn)	Heilsbronn	6/8	Heilsbronn	7/8	Ansbach	5	19 4/8	5
Ziegelhütte (Schnaittach)	Hersbruck	3 6/8	Lauf	2 6/8	Nürnberg	7	25	18 6/8
Ziegelhütte (Hohholz)	Neustadt	2 4/8	Erlbach	4	Windsheim	8 4/8	31 6/8	11 6/8
Ziegelhütte (Kurzenaurach)	Neustadt	2 4/8	Erlbach	4/8	Windsheim	5 1/8	27 6/8	8 6/8
Ziegelhütte (Neuhof)	Neustadt	4 4/8	Erlbach	1 6/8	Windsheim	6	26	6 4/8
Ziegelhütte (Willmersbach)	Neustadt	3 6/8	Neustadt	3 4/8	Windsheim	7 6/8	31 4/8	12
Ziegelhütte (Altdorf)	Nürnberg	6 6/8	Altdorf	4/8	Nürnberg	6 6/8	17 4/8	17 6/8
Ziegelhütte (Leuzenbronn)	Rothenburg	6/8	Rothenburg	6/8	Windsheim	7 6/8	29 4/8	10
Ziegelhütte (Schillingsfürst)	Rothenburg	4 1/8	Schillingsfürst	4/8	Windsheim	9	28	6 4/8
Ziegelhütte (Sulz)	Rothenburg	5 3/8	Schillingsfürst	1 3/8	Windsheim	9 4/8	24	7
Ziegelhütte (Bibart)	Scheinfeld	1	Bibart	—	Windsheim	5 6/8	32 6/8	13 3/8
Ziegelhütte (Oberscheinfeld)	Scheinfeld	1 6/8	Scheinfeld	1 4/8	Windsheim	7 1/8	35 6/8	16 4/8

Namen der Orte.	Einverleibt dem Rentamte.	Stunden.	Landgerichte.	Stunden.	Bezirksgerichte.	Stunden.	Entfernung vom Sitze des Appell.-Ger. Eichstätt	Schw.-Ger. Ansbach
							Stunden.	
Ziegelhütte (Burghaslach)	Scheinfeld	3¾	Scheinfeld	3¾	Windsheim	6¾	34¾	15¾
Ziegelhütte (Geckenheim)	Uffenheim	1	Uffenheim	1	Windsheim	5¼	31¾	11¾
Ziegelmühle (Gollhofen)	Uffenheim	1¾	Uffenheim	1¾	Windsheim	5¾	31¾	12¾
Ziegelmühle (Kirchabbing)	Beilngries	4¾	Greding	1¾	Eichstädt	6¾	6¾	18¾
Ziegelmühle (Wettelsheim)	Gunzenhausen	5¾	Heidenheim	3¾	Eichstädt	9¾	9¾	13
Ziegelmühle	Scheinfeld	1¾	Scheinfeld	1¾	Windsheim	7¼	35¾	15¾
Ziegelmühle (Pfaffenhofen)	Uffenheim	2¾	Uffenheim	2¾	Windsheim	2¾	28¾	9
Ziegelstadel (Pietenfeld)	Eichstädt	2	Eichstädt	2	Eichstädt	2	2	21¾
Ziegelstadel (Emskirchen)	Neustadt	2¾	Erlbach	2¾	Windsheim	7	29¾	10
Ziegelstadel (Scheinfeld)	Scheinfeld	¾	Scheinfeld	¾	Windsheim	5¾	34¾	14¾
Ziegelstadel (Georgensgmünd)	Schwabach	5¾	Roth	3¾	Fürth	10¾	12	10¾
Ziegelstadel	M. Schwabach	¾	St. Schwabach	¾	Fürth	5	17¾	10
Ziegelstadel (Ellingen)	Weißenburg	1¾	Ellingen	¾	Eichstädt	7¾	7¾	12
Ziegelstein	Nürnberg	1¾	Nürnberg	1¾	Nürnberg	1¾	23¼	13¾
Ziegenbach	Scheinfeld	3¾	Bibart	2¾	Windsheim	7¾	35	15¾
Ziegenberg	s. Heiligenkreuz							
Ziegendorf	Heilsbronn	2	Heilsbronn	2	Ansbach	4	18¾	4
Ziegenbühl	Neustadt	1¾	Neustadt	1¾	Windsheim	6¼	31¾	12¾
Ziegler	Feuchtwangen	3	Herrieden	2¾	Ansbach	4¾	21¾	4¾
Ziegler	Neustadt	3¾	Neustadt	3¾	Windsheim	8¼	34	14¾
Zimmern	Weißenburg	4¾	Pappenheim	¼	Eichstädt	6¾	6¾	17¾
Zimmersdorf	Feuchtwangen	3¾	Feuchtwangen	3¾	Ansbach	6¾	19	6¾
Zinselhof	Feuchtwangen	2¼	Feuchtwangen	2¾	Ansbach	7¼	20	7¾
Zirndorf	Feuchtwangen	3¼	Feuchtwangen	3¾	Ansbach	6¾	19¾	6¾
Zirndorf	Fürth	1¾	Fürth	1¾	Fürth	1¾	21¾	10¾
Zischendorf	Feuchtwangen	2¾	Feuchtwangen	2¾	Ansbach	7¼	24¾	7¾
Zöllersmühle	Uffenheim	1¾	Uffenheim	1¾	Windsheim	5¾	31¾	12
Zollhaus	Dinkelsbühl	6¾	Wassertrüdingen	¾	Ansbach	9	16	9
Zollhaus	M. Nürnberg	¾	St. Nürnberg	¾	Nürnberg	¾	21¾	11¾
Zollhaus	s. Blechhaus							

Namen der Orte.	Einverleibt dem Bezirksamte.	Stunden.	Landgerichte.	Stunden.	Bezirksgerichte.	Stunden.	Entfernung vom Sitze des Appell.-Ger. Eichstädt. Stunden.	Schw.-Ger. Ansbach. Stunden.
Zollhaus (Klein-schwarzenlohe)	Schwabach	$3\frac{5}{8}$	Schwabach	$3\frac{5}{8}$	Fürth	$4\frac{6}{8}$	$19\frac{4}{8}$	$12\frac{6}{8}$
Zollhaus (Worzeldorf)	Schwabach	$2\frac{6}{8}$	Schwabach	$2\frac{6}{8}$	Fürth	$4\frac{4}{8}$	$18\frac{6}{8}$	12
Zollhaus	Uffenheim	1	Uffenheim	1	Windsheim	$4\frac{1}{8}$	$30\frac{4}{8}$	$10\frac{6}{8}$
Zollmühle	Gunzenhausen	$5\frac{1}{8}$	Heidenheim	$3\frac{4}{8}$	Eichstädt	$9\frac{6}{8}$	$9\frac{6}{8}$	13
Zollmühle	Weißenburg	$1\frac{6}{8}$	Ellingen	$\frac{6}{8}$	Eichstädt	$8\frac{4}{8}$	$8\frac{4}{8}$	$12\frac{6}{8}$
Zumberg	Feuchtwangen	1	Feuchtwangen	1	Ansbach	$7\frac{3}{8}$	21	$7\frac{3}{8}$
Zumhaus	Feuchtwangen	$2\frac{4}{8}$	Feuchtwangen	$2\frac{4}{8}$	Ansbach	8	$24\frac{4}{8}$	8
Zumloch	Feuchtwangen	2	Feuchtwangen	2	Ansbach	$6\frac{6}{8}$	23	$6\frac{6}{8}$
Zweiflingen	Ansbach	$4\frac{6}{8}$	Leutershausen	1	Ansbach	$4\frac{6}{8}$	$23\frac{6}{8}$	$4\frac{6}{8}$
Zwernberg	Dinkelsbühl	2	Dinkelsbühl	2	Ansbach	$9\frac{2}{8}$	$23\frac{3}{8}$	$9\frac{6}{8}$
Zwieselhof	Schwabach	$2\frac{3}{8}$	Schwabach	$2\frac{3}{8}$	Fürth	$3\frac{6}{8}$	$18\frac{4}{8}$	9

www.ingramcontent.com/pod-product-compliance
Lightning Source LLC
Chambersburg PA
CBHW031438270326
41930CB00007B/761